庫
33-690-2

根をもつこと

(上)

シモーヌ・ヴェイユ 著
冨原眞弓 訳

岩波書店

Simone Weil

L' ENRACINEMENT

Prélude à une déclaration des devoirs
envers l'être humain

目　次

根をもつこと

第一部　魂の欲求

義務の観念は権利の観念に先立つ(1)。権利の観念は義務の観念に従属し、これに依拠する。ひとつの権利はそれじたいとして有効なのではなく、もっぱらこれに呼応する義務によってのみ有効となる。権利に実効性があるかいなかは、権利を有する当人ではなく、その人間になんらかの義務を負うことを認める他の人びとが決める。しかるに義務は承認と同時に有効となる。たとえだれからも承認されずとも、その十全性はいささかも失われない。だが、だれにも承認されない権利などなにほどのものでもない。

人間は一方で権利を有し、他方で義務を有するというのは意味をなさない。権利や義務といった語は観点の相異を示すにすぎない。このふたつの語の関係は客体と主体の関係である。個としてみた人間にはもっぱら義務しかない。そして、その義務のなかにはその人自身にむけられるべき義務も含まれる。さらにその人の観点からみるならば、他の人びとはただ権利だけを有する。ひるがえって他の人びとの観点からみるならば、彼らがその人にたいして義務を負っていると自覚するかぎりにおいて、その人もまた権利を有する。宇宙にただひとり存在する人間は権利をいっさい有さず、ただ義務だけを有するだろう。

権利の観念は事象的次元に属するので、外在性および現実性の観念と切りはなせない。

義務が事象の領域におりてきたとき、権利の観念は現れる。よって権利の観念には、つねにある程度まで事象の詳細と個別の状況をめぐる考慮が含まれる。諸権利は、つねに一定の条件とむすびついて現れる。ひとり義務のみが無条件たりうる。義務はあらゆる条件をこえた領域に位置する。この世をこえたところにあるからである。

一七八九年の人びとはこのような領域が実在することを認めなかった。(2) ゆえに彼らは権利の観念から出発した。だが同時に絶対的な原理を措定しようと欲した。この矛盾のせいで彼らは言語と概念の混乱に落ちこみ、この混乱からたぶんに昨今の政治的・社会的な混乱が生まれた。永遠で普遍的で無条件的なものの領域は、事象的な諸条件からなる領域とはことなる。そこにはことなる観念が宿っており、これらの観念は人間の魂のもっともひそやかな部分とむすびつく。

義務は個々の人間しか拘束しない。集団としての集団にたいする義務は存在しない。しかし集団を構成し、集団に奉仕し、集団を指揮し、集団を代表する個人にたいする義務は存在する。集団にむすびついた生活の一部であっても、集団と関係なくいとなまれる生活の一部であっても、この義務は存在する。

同一の義務がすべての人間を拘束する。とはいえそれぞれの義務は、状況によってさまざまにことなる行為に対応する。いかなる人間も、なんぴとであるかを問わず、いかなる状況にあっても、赦しがたい過ちをおかさずして義務の要請をまぬかれることはできない。ただし、ふたつの現実的な義務が事実として両立不可能であって、どちらか一方をあきらめざるをえない場合はこのかぎりではない。

社会秩序における不完全性の度合は、秩序に内在する両立不可能性の多寡によりはかられる。

ただし両立不可能ゆえにあきらめざるをえない義務が、たんに事実として放棄されるにとどまらず、それが義務であることまで否認されるなら、そこには罪がある。

義務の対象《オブジェ》となるのは、人間的な事象においてはつねに個としての人間である。あらゆる人間にたいして義務が存在する。人間であるというただその事実ゆえに。そこに他の条件はいっさい介入しない。たとえその人自身がいっさいの義務を認めないとしても。

この義務はいかなる現実の状況にも依拠しない。法解釈にも、慣習にも、社会構造にも、力関係にも、過去からひきついだものにも、歴史の想定された方向性にもいっさい依拠しない。いかなる現実の状況も義務を要請しえないのである。

この義務はいかなる協定にも依拠しない。協定であれば、当事者の意向しだいで修正が可能である。一方、義務にかんしては、当事者の意向にいかなる変化が生じようと、いささかの修正も加えられることはない。

この義務は永遠である。人間の永遠なる運命に呼応するからだ。ひとり人間のみが永遠の運命を有する。人間の集団はこれを有さない。よって、人間の集団にたいする直接かつ永遠の義務は存在しない。個としての人間にたいする義務のみが永遠である。

この義務は無条件である。そこになんらかの根拠があるとしても、その根拠はわれわれの世界のものではない。地上にあってこの義務にはまったく根拠がない。人間的な事象のなかで、これだけがいかなる条件にも服さない唯一の義務である。

この義務に根拠はないが、普遍的な同意が得られている事実によって立証できる。また、今日に伝えられた複数の古文書においても表明されている。利害や情念に妨げられていない個々の全事例において、この義務は万人に認知されている。この認知の度合によって進歩の度合がはかれる。

この義務は個々の例により程度こそ違え、いずれも混乱し不完全なかたちであるにせよ、実定法(3)なるものによって表明されている。これらの実定法はこの義務と齟齬《そご》をきたす度合にしたがい、またその度合に精確に比例して非合法の誹《そし》りをうけてよい。

この永遠なる義務は、人間の永遠なる運命に呼応しているとはいえ、人間の永遠なる運命を対象とするものではない。人間の永遠なる運命はいかなる義務の対象にもなりえない。外的な行動に左右されるものではないからだ。

人間が永遠なる運命を有するという事実は、ただひとつの義務だけを要請する。すなわち敬意という義務を。この敬意が虚構ではなく現実において具体的に表明されてはじめて、義務はまっとうされる。さらに人間の地上的な欲求という媒介によらずして、この敬意が表明されることはない。

この点で人間の意識が変化したことはない。何千年もまえのエジプト人たちは、死後に魂が「わたしはなんぴとも飢えで苦しむままに放っておいたことはない(4)」といえるのでなければ、魂の義しさが認められることはないと考えていた。すべてのキリスト者は、ほかならぬキリストの口から「わたしは飢えていたが、あなたは食べものをくれなかった(5)」と宣告される危険にさらされていることを知っている。だれもが進歩というと、まずは人びとが飢えに苦しまないような人間社会の状態への移行だと考える。一般的な表現でつぎのように問題を提示してみよう。自身はたっぷりと食料を蓄えていて、戸口にはいまにも餓死しそうな人がいるのに、なにも与えずにやりすごすような輩に罪がないとはだれも思うまい、と。

自分に救う手立てがあるときに、だれかを飢えの苦しみのうちに放置しない。これが人間にたいする永遠なる義務のひとつである。(6) この義務はもっとも自明なものなので、人間にたいする永遠なる義務の一覧表を作成するさいにこれを原型とすべきである。この一覧表を厳密に確定するには、さきの例を出発点として類推していかねばならない。

ゆえに人間にたいする義務の一覧表は、飢えにも似た生にかかわる人間の欲求の一覧表に対応すべきである。

これらの欲求のうち、あるものは飢えとおなじく身体的である。列挙するのはむずかしくない。暴力からの保護、住居、衣服、暖房、衛生、病気の看護にかかわるものだ。

身体的な生ではなく精神的な生にかかわる欲求もある。とはいえ身体的な欲求とおなじく、これらもまた地上的なものであって、われわれの知性のうかがい知るかぎり、人間の永遠なる運命と直接にはかかわらない。身体的な欲求とおなじく、地上で生をいとなむには必要なものである。これらがみたされなければ、人間は多かれ少なかれ死に類する状態へと、多かれ少なかれ純然たる植物的な生に近い状態へとすこしずつ落ちこんでいく。

これらの精神的な欲求を識別し列挙するのは、身体の欲求とくらべて格段にむずかしい。しかし、これらの欲求が存在することはだれもが認めている。征服者が被征服民に加えうるありとあらゆる残虐行為、すなわち大量虐殺、四肢の毀損、飢餓戦略とおなじく奴隷の境遇や集団の強制収容もまた、自由や母国が身体的な欲求ではないにもかかわらず、一般にはすべて身体に加えるのと同種の手段とみなされる。身体をそこなわずに人間の生をそこないうる残虐さが存在することも、万人が意識している。それは魂の生に必要なある種の糧を奪いとる残虐さである。

無条件的であると相対的であるとを問わず、永遠のものであると変遷するものであるとを問わず、直接的であると間接的であるとを問わず、人間的な事象にたいする義務はことごとくひとつの例外もなく、人間の生にかかわる欲求に由来する。あれやこれやの特定の個人に直接かかわらない義務であっても、人間にとっては糧に類する役割をはたす事柄をその対象とする。

われわれは麦畑に敬意を払わねばならない。麦畑だからではなく人間にとっての糧だからである。

同様に、祖国、家族、その他いかなるものであっても、集団には敬意を払わねばならない。集団だからではなく一定数の人間の魂を養う糧だからである。

事実として、この義務は多様な状況におうじて多様な態度や行為を要請する。だがそれじたいとして考えるなら、この義務は万人にとって同一である。なかんずく当の集団の部外者にとっても、この義務はまったく同一である。

人間の集団に払うべき敬意の度合はきわめて高いが、それはさまざまな考察にもとづく。

第一に、いかなる集団も唯一無二であり、ひとたび破壊されるや他をもっては替えられない。小麦の一袋はべつの小麦袋で埋めあわせられる。だが、ある集団が成員である魂に与える糧は、宇宙をくまなく探してもその等価物はみいだせない。

第二に、集団はその持続性によりすでに未来へと入りこんでいる。いま生きている人びとの魂にとっての糧だけでなく、いまだ存在しないが来るべき諸世紀に生まれてくる人びとの魂にとっての糧をも宿しているのだ。

第三に、そのおなじ持続性により集団は過去へと根を張りめぐらす。集団とは、死者たちが蓄えてきた霊的な富を保存し、かつ伝達する唯一無二の装置である。この装置の媒介により死者は生者に語りかけるすべを得る。人間の永遠なる運命と直接の絆をつむぎうる唯一無二の地上的なものとは、この運命についてまったき認識を得た人びとの放つ、世代から世代と伝えられてきた輝きである。

これらの理由から、危機に瀕する集団への義務が全面的な犠牲を求める事態もありうる。だからといって集団が個人よりも優位にあるという意味ではない。また、困窮する個人を救う義務が全面的な犠牲にむすびつくとしても、救われる側になんらかの優位性があることを意味するとはかぎらない。

農民は自分の畑をたがやすために、状況によっては疲労や病気、ときには死の危険にすら自身をさらさねばならない。だが、それもパンのためでしかないことを意識している。

同様に、全面的な犠牲の瞬間にあってさえ、いかなる集団にたいしても糧にたいして払うべき敬意に類する敬意しか払うべきではない。

しかるに役割の転倒が生じるのは稀ではない。ある種の集団は糧となるどころか、逆に魂を食らいつくす。このような場合、そこには社会的な病がある。第一の義務は治癒を試みることだ。状況しだいでは外科的手段に着想を得る必要もあろう。

この点でも、集団の内部にいると外部にいるとを問わず、義務は同一である。

集団がその成員の魂に充分な糧を与えないこともある。その場合は改善策が必要となる。

あるいはまた、死んだ集団も存在する。魂をむさぼり食らうこともないが、糧を与えて養うこともない。一時的な仮死ではなく息絶えているのが確実なら、その場合にかぎりこれらの集団を滅ぼすべきである。

最初におこなうべきは、糧や睡眠や熱といった肉体の生の欲求に対応する魂の生の欲求にかんする研究である。これらの欲求を列挙し定義せねばならない。

これらの欲求を欲望、気まぐれ、空想、悪癖と混同してはならない。また、本質的なものと付随的なものとを識別せねばならない。人間に必要なのは米やジャガイモではなく糧である。薪や炭ではなく暖房である。魂の欲求もおなじだ。同一の欲求に呼応する多様でありながら等価値の充足を認めねばならない。さらにまた魂の糧と、その代替物という錯覚をしばし与える毒とを区別せねばならない。

このような研究が存在しないとき、たとえ政府に善き意図があっても、その場しのぎの施策をほどこすしか手はなくなる。

以下、いくつかの指標をあげておく。

秩　序

魂の第一の欲求にしてその永遠なる運命にもっとも近い欲求、それは秩序である。すなわち義務の実践にあたって、その他の同様に厳正なる義務に違反せずにすむように、社会の諸関係で織りなされた布地というべき秩序である。この秩序が不備な場合にのみ、魂は外的状況から精神的な暴力をこうむる。死や苦痛の脅威により義務の遂行をはばまれても、脅威をものともせずに進むことはできるし、たとえ傷を負ったとしてもたかだか肉体に負うにすぎない。だが複数の厳密な義務により求められる複数の行為が、事実として並立不可能な状況に追いこまれるなら、その人間は防ぎようもなく善への愛において傷を負ってしまう。

今日、さまざまな義務のあいだに無秩序があり、並立不可能性の度合はきわめて高い。

この並立不可能性を強める方向ではたらく人はみな、混乱を生みだす。この並立不可能性を減じる方向ではたらく人はみな、秩序を生みだす。問題を単純化すべくある種の義務を否定する人はみな、心のなかで犯罪と手をむすぶのだ。

不幸なことに、義務の並立不可能性を減じる方法はない。あらゆる義務を並立させる秩序という概念が虚構ではないという確信すらもてない。義務が事象の次元におりてくるやいなや、独立した数多くの関係性がさまざまに関与してくるので、義務の並立可能性ではなく並立不可能性のほうがよほどありうる話に思えてくる。

だが、日々われわれは宇宙の実例を目撃している。宇宙では、独立した無数の機械的運動がひとつの秩序を生みだすべく協働しているが、その秩序はさまざまな変容を経てなお揺るがない。ゆえにわれわれは世界の美(7)を愛する。その美の背後に、自分の善への願望をみたすために手に入れたいと欲する叡智に類するなにかの現存を感じるからだ。

真に美しい芸術作品(8)もまた、より低い次元にせよ総体からなる実例を呈示する。そこでは独立した諸要因が、人智をこえるやりかたで唯一無二の美を生みだすべく協働するのだ。

さらにまた、さまざまな義務の感覚は、万人にとって揺籃から墓場まで同一でありつづける、唯一無二の堅固で不変な善への願望から生じる。心の奥でこの願望がたえず頭をもたげるので、あれやこれやの義務が並立できない状況にいつまでも心おだやかではいられない。そこで、こうした状況の存在そのものを忘れるべく虚偽に走るか、状況から逃れるべくやみくもにもがき暴れるしかない。

真正なる芸術作品を、さらには世界の美を、いやなによりもわれわれが渇望してやまない未知なる善を観照するなら、第一の対象たるべき人間的秩序にたえず思考を向けようとするわれわれの奮起に活力が与えられるだろう。

暴力をそそのかす大物煽動者たちでさえ、機械的で分別になじまない諸力が宇宙に君臨するのをみて、おのれを励ましたのである。

彼らよりも正しく世界をみつめるならば、われわれはさらに大いなる励ましを得るだろう。分別になじまないあまたの諸力さえも、理解できぬままわれわれが愛をこめて美と呼ぶなにかにうながされて、おのれに課された限定をうけいれ、均衡にむけて組成され、ひとつの統一体をめざして協働するさまを目の当たりにするならば、励まされることうけあいである。

真の人間的秩序についての思念をたえず意識にとどめ、必要とあらば全面的な犠牲を捧げるべき対象とむきあうように、この思念とむきあうならば、夜陰のなか、導き手もなく、だが自分の欲する方向に思いをとどめつつ歩を進める人間とおなじ境地に、われわれもまた身をおくことができるだろう。(9) このような旅人には大いなる希望がある。

真の人間的秩序とは第一に来るべき欲求である。だが、それは厳密な意味での諸欲求をこえたものだ。このことに思いいたるには他のもろもろの欲求を認識せねばならない。欲求を欲望、気まぐれ、空想、悪癖と区別し、糧を珍味や毒と区別する第一の特徴は、欲求に対応する糧に限界があるように欲求にも限界があるということだ。吝嗇漢[10]にとって手にする黄金が充分すぎることはない。だがいかなる人間にも、食べられるだけたらふくパンを与えられていれば、もうこれで充分だと思う瞬間がやってくる。糧は満腹をもたらす。魂の糧についても同様である。

第二の特徴は第一の特徴とつながっている。すなわち、もろもろの欲求は相反する諸欲求の対により規定され、ひとつの均衡を生みだすべく結合させられねばならないということだ。人間は糧を必要とする。だが、食事と食事のあいだの間隔も必要だ。暖かさとおなじく涼しさも、休息とおなじく鍛錬も必要だ。魂の欲求についても同様である。中庸[11]と呼ばれるものは、現実には、相反する諸欲求のいずれをも満足させない。中庸とは真の均衡の戯画にすぎない。真の均衡のみが、相反する諸欲求をその十全性において充足させるのだ。

人間の魂に欠かせない糧は自由である。語の具体的な意味における自由は選択の可能性のうちにある。もちろん、そこで問題になるのは現実的な可能性である。どこであれ共同体の生があるところでは、共益の課する諸規則により選択の幅が制限されることは避けられない。[12]

だが自由は課される制限の幅におうじて伸び縮みするものではない。また、よりいっそう計量化しにくい条件下にあっても、その十全性を失うことはない。

これらの規則は充分に合理的かつ単純でなければならず、平均的な注意力をそなえた人間であればだれでも、理解したいと思うならば、一方でこれらの規則の有用性を、他方でこれらの規則を課した現実の必要性を理解できなければならない。これらの規則は、外国または敵国のものとみなされる権威ではなく、当の権威に服する人びとによって親身に愛されうる権威に由来する必要がある。また、安定性があり、数的には限定的で、まずまずの一般性があり、思考がこれらの規則を総括的に吸収できて、なんらかの決定がなされるたびに、いちいちこれらと衝突せずにすむものでなければならない。

これらの条件をみたすならば、善意の人びとの自由は事実においては制限をうけても、意識においてはなんら欠けるところがない。自由を制限する規律はこれらの人びとの存在そのものと融けあっているので、禁止された可能性は思念にすらのぼらず、あえて斥ける必要も感じないからだ。同様に、不快または有害なものを食べないという習慣は、教育によって植えつけられていれば、ふつうの人間にとって食物の領域における自由の制限とは感じられない。子どもだけが制限を感じるのだ。

善意を欠く者や子どもっぽさを抜けだせない者は、いかなる社会状態にあっても自由ではない(13)。

選択の可能性が共益をそこなうまでに拡がりすぎると、人間は自由を愉しめなくなる。無責任、幼児性、無関心といった避難所、倦怠しかみいだせない避難所に逃げこむか、大きすぎる自由をもてあまし、自分がいつなんどき他人に害をおよぼすかと戦々恐々として責任の重さにうちひしがれるか、このいずれかを強いられるからだ。このような場合、自分は自由を所有していると勘違いし、あまつさえこの自由を享受していないと感じるので、あげくに自由など善ではないと考えるにいたる。

服従

服従は人間の魂の生にかかわる欲求である。服従には二種類ある。さだめられた規則への服従と、首長とみなされる人間への服従である。服従は同意を前提とする。うけとられた個々の命令にたいする同意ではなく、万一の場合にはおのれの良心の要請にしたがうという唯一の留保つきで、一括して与えられる同意である。懲罰の恐怖や報奨の誘惑ではなく同意こそが、服従をうながす事実上の主動因であって、この従順には隷属の翳りすらないことが、ひろく一般に、そしてほかならぬ首長によって認知される必要がある。さらに、命令をくだす者たちもまた命令に服していることが周知されねばならない。加えて、社会の序列《ヒエラルキア》の総体がひとつの目標へと方向づけられており、その目標の価値とさらには偉大さとが、序列の最上段から最下段にある者まで万人によって感知されねばならない。

服従は魂に必要な糧であり、服従を決定的に奪われた人間は病に蝕まれる。だれにも釈明する必要のない最高指導者(14)に統治される集団は、ひとりの病者の手におのれの命運をゆだねているのだ。

したがって、ひとりの人間が社会組織の頂点を終生占める場合、イギリス国王の例にならって象徴であるべきで、首長であってはならない。さらに儀礼一式によって一般民衆よりも厳格に自由が制限されねばならない。かくて実質的な首長たちもまた、首長でありながら自身もあおぐべき上位者をいただく。他方、首長たちは継続性を断つことなく交替できるようになり、その結果、それぞれの統治に不可欠な服従をもって報われる。

強制と残虐行為で大量の人間集団を屈服させる人びとは、自由と服従という生を育むふたつの糧を同時に奪ってしまう。それらの集団にとって、自分が力ずくで屈服させられた権威に内的な同意を与えることは不可能になるからだ。また利得の餌が幅をきかすような状況を助長する者は、人びとから服従を奪いさる。服従の原理たるべき同意は売買できる対象ではないからだ。

あまたの兆候《シーニュ》が示すところだが、われわれの時代の人びとはひさしく服従に飢えている。しかるに、この飢えは人びとを隷従させるために濫用されたのである。

責任

自発性と責任、すなわち自分は有用であり不可欠でさえある存在だという感覚は、人間の魂の生にかかわる欲求である。

この欲求を完全に奪われているのは失業者である。たとえ援助を得て衣食住をまかなえていても、事情は変わらない。経済生活においては無であり、政治生活への関与を支える投票用紙も意味をなさない。

未熟練労働者の状況も失業者とさほど変わらない。

この欲求をみたすには、自身の利益に直結はしないが自身にも関係があると感じる種々の問題について、ことの大小は問わずしばしば決断を求められる状況がなければならない。さらには継続的な努力も求められねばならない。加えて、自身がその成員である集団のたずさわる全工程を、自身が決断する必要もついぞなく、とくに供すべき見解をもたない領域をも含め、思考のなかでわがものとして吸収できるのでなければならない。そのためには、この全工程を成員ひとりひとりに周知し、これに興味をよせるように要求し、その価値と有用性と、場合によっては偉大さをも感知させ、そこで自身のはたす役割をはっきりと自覚させる必要がある。

いかなる種類の集団にせよ、これらの満足を成員にもたらさない集団には欠陥がある。よって変革されねばならない。

それなりに個性的な人間であれば、自発性の欲求は指導力を発揮したいという欲求にまでいたる。その任に堪えうる者であればだれにせよ、その生涯の一時期、地元や地域での充実した活動、大量の啓蒙工作や青年運動などをつうじて、指導力を発揮する機会を与えられるべきである。

平　等

平等は人間の魂の生にかかわる欲求である。平等とは、万人に同量の敬意と配慮が払われるべきとする認知のうちに、制度習俗がひろく有効かつ具体的に表明した公的認知のうちに存する。敬意はあるがままの人間に払われるべきであり、敬意に程度の差はないからである。

したがって、個々の人間のあいだに避けがたく存在する差異が、敬意の程度における差異を含意してはならない。個々人の差異が敬意の差異として感知されぬために、平等と不平等のあいだにある種の均衡が求められる。

平等と不平等とのある種の結合は、機会の平等によって構成される。いかなる人間も自分のはたしうる役割にみあった社会的地位に達せるなら、また、いかなる人間もその出生事由だけで能力修得の機会が奪われないように教育がひろく普及するならば、希望はすべての子どもにとってひとしくなる。かくて人間はみな互いに希望において平等となる。若いころは自分自身にかんして、やがては自分の子どもたちにかんして。

しかしながらこの組み合わせも、他の諸要因のひとつとしてではなく単独ではたらくなら、均衡を生みだすどころか大きな危険をはらむことになる。

第一に、低い地位にあり、それゆえ苦しんでいる人間にとって、この状況は自分の能力の欠如から生じたものであり、しかも周囲のだれもがそのことを知っていると知ることは、慰めになるどころか苦い思いを倍加させるにすぎない。性格にもよるがすっかり意気消沈する者や犯罪に加担する者さえ生みかねない。

第二に、その結果、高みへと押しあげる一種の吸上げポンプが、社会生活のなかで不可避的に作動しはじめる。そのとき上昇運動と下降運動とのあいだに均衡を生じるのでなければ、社会的な病が生まれる。農家の雇い人の息子が成人して大臣になるのが現実的であるのとおなじ確率で、大臣の息子が成人して農家の雇い人になるのが現実的でなければならない。この第二の可能性の度合は、危険水域に近い度合の社会的強制なくしては考えられない。

この種の平等はそれが単独で限界もなく機能するなら、社会生活にそれじたいを解体しかねないほどの流動性を与えるだろう。

平等と差異を組み合わせるにあたり、これほど大ざっぱでない方法もある。第一の方法は比例である。比例は平等と不平等との組み合わせとして定義される。そして宇宙のいたるところで、比例こそが均衡の唯一の要因なのである。

この比例が社会的均衡に適応された場合、個々の人間にはその人が享受する権力や福利にみあった職責が、さらに能力が欠けていたり誤ったりしたさいにはその権力や福利にみあった危険《リスク》が課せられるだろう。たとえば無能な雇用主、または配下の労働者にたいして失策をした雇用主は、無能な未熟練労働者、または雇用主にたいして失策をした未熟練労働者とくらべて、その魂と身体の双方においてはるかに重大な呵責を与えられねばならない。さらにまた、すべての未熟練労働者にこの事情を知らしめねばならない。したがって一方ではある種の危険《リスク》の再編成がなされねばならず、他方では刑法における処罰の概念の再考がなされねばならない。再考にあたっては、処罰の決定のさいに社会的地位がつねに大幅な加重《かちょう》情状となる配慮がなされねばならない。高度な公的職権の行使に重大な私的危険《リスク》が付随すべきであるのは言をまたない。

平等を差異と両立させるもうひとつの方法とは、差異からいっさいの量的性格を可能なかぎり剝ぎとることだ。程度の差ではなく質の差しかないところに不平等は存在しない。

金銭をあらゆる行為の唯一もしくはほぼ唯一の動機《モビル》とし、あらゆる事象の唯一もしくはほぼ唯一の尺度とすることで、人間はいたるところに不平等の毒を拡散させた。この不平等に可動性《モビル》があるのは事実である。不平等はだれにも固定されていない。金銭は得られることもあれば失われることもあるのだから。そうはいっても不平等は厳として存在する。

ふたつの種類の平等があり、それぞれにことなる刺戟剤が呼応する。旧制度下のフランスのようにほぼ不変の不平等は、上位者への偶像崇拝――ただし抑圧された憎悪が混入していないとはいえない――と、上位者の命令への屈従をひきおこす。他方、可変的で流動的な不平等は上位栄達の願望をひきおこす。このような不平等は不変の不平等と同様に平等からはほど遠く、同様に不健全である。一七八九年の大革命は平等を前面に押しだしたが、現実には、前者の形態の不平等を後者の形態の不平等で代替させることを承認したにすぎない。

社会に平等が広まるにつれて、ふたつの形態の不平等にむすびついた二種の刺戟剤のはたらきは徐々に抑制される。その結果、べつの刺戟剤が必要となる。

人間のことなる境遇の一方に他方とくらべて優劣がつけられるのではなく、単純に別物であるとみなされる度合におうじて、平等はいよいよ増大する。大臣《ミニストル》の職と鉱夫《ミヌール》の職が、詩人の職と数学者の職のように、単純にふたつのことなる天職であればよい。鉱夫の境遇に付随する物理的な過酷さは、それを堪えしのぶ人間の名誉に数えられるべきなのだ。

戦時において軍隊にしかるべき精神がやどっていれば、兵士は司令部ではなく最前線にいることに幸福と矜持を感じる。将軍は戦闘の帰趨がおのれの思考に拠っていることに幸福と矜持を感じる。そして同時に、兵士は将軍に感嘆し、将軍は兵士に感嘆する。このような均衡がひとつの平等を成立させる。この種の均衡がさまざまな社会的境遇においても存在するなら、そこには平等が成立するだろう。

これはすなわち、それぞれの境遇に固有かつ嘘偽りのない敬意の象徴《しるし》が与えられることを含意する。

序列《ヒエラルキア》

序列は人間の魂の生にかかわる欲求である。序列は上位者にたいするある種の崇敬、ある種の献身により構成される。ただしそのさい、上位者は個々の人格《ペルソナ》や彼らの行使する権力においてではなく、象徴として認知される。彼らがその身に象徴するものとは、万人の上にある領域であって、その領域は各自が同胞にたいして義務をはたすときに世界に現れでる。上位者が自己のはたすべき象徴たる機能を自覚し、この機能こそ下位者の献身がむかう唯一の合法的な対象であると認識するとき、真正なる序列が成立する。かくて真正なる序列のもたらす結果として、各自は自己の占める位置に精神的な居心地のよさをおぼえるのである。

名誉

名誉は人間の魂の生にかかわる欲求である。人間であるかぎりにおいての個々人に払われるべき敬意は、たとえそれが現実に払われたとしても、名誉の欲求をみたすにはいたらない。この敬意は万人にとって同一であり不変だからである。そうではなく、名誉はたんに人間であるかぎりにおいての個人にかかわるのではなく、周囲の社会との関係における個人にかかわるものなのだ。名誉の欲求があますところなくみたされるのは、ある個人を成員とする集団が、それ自身の過去に含まれており外部にも公的に認められている偉大さの伝統に、その個人を部分的にあずからせるときだろう。

たとえば名誉の欲求が職業生活のなかでみたされるには、それぞれの職業に対応する集団が存在し、職務遂行のさいに披瀝する偉大さ、勇敢さ、誠実さ、寛大さ、創意工夫の才といった多くの宝を、当該集団が生ける記憶として現実に保持できるのでなければならない。

あらゆる抑圧は名誉の欲求にたいする一種の飢餓を生みだす。なぜなら、抑圧された人びとの体現してきた偉大さの伝統は、社会的威信に欠けているせいでいまだ認知されるにいたっていないからだ。

これが征服のもたらす結果である。ヴェルサンジェトリクス(15)はローマ人にとって英雄ではなかった。もし一五世紀にイギリス人がフランスを征服していたなら、われわれフランス人でさえジャンヌ・ダルク(16)のことなどおおかた忘れさっていただろう。現在われわれはアンナン人(17)やアラブ人(18)にむかってジャンヌ・ダルクのことを語る。だが彼らは、われわれフランスで彼らの英雄や聖人のことが語られていないことを知っている。よって、われわれが彼らを押しこめているのは名誉の侵害という現状である。

社会的抑圧もおなじ結果をもたらす。ギンヌメール(19)やメルモーズ(20)の名は、社会的威信が航空業界にはあるがゆえに公衆の意識のなかに入りこんだ。一方で、ときに鉱夫や漁夫がやってのけた信じがたい英雄的行為のほうは、鉱夫や漁夫の仲間うちでさえほとんどとりざたされていない。

名誉剥奪の最終段階は、ある種の範疇の人びとに加えられる敬意の完全な剥奪である。それぞれに様態はことなるが、フランスでは娼婦、前科者、警察官、移民や植民地原住民からなる下層プロレタリアートなどの範疇がある。このような範疇は存在してはならない。

犯罪をおかした人間を社会的敬意の埒外におくのは犯罪だけであり、刑罰がその人間をふたたび社会のなかに組みいれるのでなければならない。

刑罰

刑罰は人間の魂の生にかかわる欲求である。刑罰には二種類あって、懲戒的なものと刑法的なものがある。前者の刑罰は過失をくいとめる安全装置である。こうした過失を打破する闘いは外的な支えがなければ困難にすぎよう。だが魂にもっとも欠かせない刑罰は犯罪への刑罰である。犯罪をおかす人間は、個々の人間を他のすべての人間にむすびつける永遠なる義務の網目の埒外に自分自身をおく。その人間がふたたび網目のなかに復帰するには刑罰によるほかはない。ただしその復帰は当人がすすんで同意するなら十全なものとなり、そうでないなら不完全なものにとどまる。飢えに苦しむ人に敬意を示す唯一の方法が食物を与えることであるのと同様に、法の埒外に押しだされた人に敬意を示す唯一の方法は、法のさだめた刑罰に服させることによってその人を法の内側に復帰させることである。

一般によくあるように刑法がたんに恐怖にもとづく強制の手続きでしかないとき、この刑罰への欲求はみたされない。

この欲求がみたされるには、まずは刑法にかかわるいっさいに、厳粛かつ神聖なる性格がそなわらねばならない。すなわち、法の威厳が裁判所、警察、被告、受刑者に伝わらねばならない。このことはさほど重要でない事件であっても、自由の剝奪を招きうるかぎりにおいて該当する。刑罰が名誉でなければならないのは、それが犯罪の恥辱をぬぐいさる手続きであるのみならず、公益にたいする一段上の献身へと人をうながす補助教育とみなされるからだ。さらにまた、懲罰の厳しさは蹂躙された義務の性格に対応すべきであって、社会の安寧という利益に対応すべきではない。

警察にたいする不信、司法官《マジストラ》の軽率さ、刑務所の体制、前科者の決定的な社会的格下げ、一回の強姦やある種の殺人よりも一〇回の軽い窃盗にたいしてはるかに過酷な処罰をさだめ、たんなる不幸にたいしても処罰をさだめるという懲罰規定、これらすべてはわれわれのあいだに刑罰の名にあたいするなにものかが存在するのを妨げている。

犯罪とおなじく過失についても、刑罰をまぬかれる確率は、社会の階梯を上がるのではなく下るのにつれて高くならなければならない。さもなければ受刑者の苦しみは権力による強制または濫用とさえ感じられるだけで、刑罰としては成立しなくなる。刑罰が存立するためには、受刑の苦しみが、たとえ刑期後の記憶のなかであっても、なんらかの瞬間において正義の感覚をともなうものでなければならない。音楽家が音によって美の感覚を呼びさますように、刑法制度は苦痛によって、さらにやむをえない場合は死によって、犯罪者のなかに正義の感覚を呼びさますのでなければならない。徒弟がけがをすると「仕事が身体にしみこんだ」といわれるのと同様に、刑罰はその肉体に苦しみを与えて犯罪者の魂に正義をしみこませる手段なのである。

刑罰をまぬかれるための陰謀が上層部でおこなわれるのを阻止する、その最上の手続きとはなにかという問題は、もっとも解決のむずかしい政治課題のひとつである。この課題を解決するには、一名もしくは数名の人間がこの種の陰謀を阻止する任務を負い、なおかつ彼ら自身はこれに加担する誘惑に屈しないような状況に身をおくのでなければならない。

言論の自由(21)

言論の自由と結社の自由はたいてい一括して言及される。それは誤りである。自然な集まりはべつであるが、結社は魂の欲求ではなく実務生活の便法にすぎない。

これとは逆に、種類を問わずあらゆる言論にたいして制限も留保もなく与えられる全面的かつ無限定な表現の自由は、知性にとっての絶対的な欲求である。したがってそれは魂の欲求である。知性が居心地の悪い思いをしているとき、魂のすべてが病んでしまう。この欲求に呼応する充足の性質と限界は、魂のさまざまな能力の構造じたいのなかに刻みこまれている。長方形の長辺を無際限に延長しても短辺は限定されたままとどまるように、同一の事柄が限定的であると同時に無限定的であることは可能だからである。

人間において知性は三様に行使されうる。第一に、知性は技術的問題にはたらく。すなわちすでに措定された目標にいたる手段を探索する。第二に、ある方向性を選ぶにあたって意志が熟考するとき、手掛かりとなる光を与える。第三に、他の諸能力とは分断されて純粋に理論的な思弁のなかで単独ではたらき、このさい暫定的にせよ実践行動への配慮はすべて排除される。

健全な魂において知性はかわるがわるこの三様の在りかたで行使され、そのつど自由の度合もことなる。第一の機能における知性は奉仕者である。第二の機能においては破壊者である。それゆえ、完徳の域にない人間の場合がそうであるように、悪の側にくみするのをつねとする魂の部分に、知性が悪を擁護する論拠を供給しはじめるや、これを沈黙させねばならない。しかし知性が単独で分離されてはたらくときは、主権者たる自由を享受すべきである。さもなくば、人間はなにか本質的なものを欠くことになる。

健全な社会についても同様である。したがって出版の領域においては、絶対的自由が担保されることが望ましい。ただしその場合、出版される著作がいかなる度合にせよ著者を拘束せず、読者にたいするいかなる忠告も含まないことが了解されねばならない。そこでは悪しき主義主張を擁護する論拠であっても、全貌をあますところなく開陳してかまわない。これらの論拠の公表は良いことであり健全なことである。だれにせよ自分のもっとも糾弾する論拠に敬意を示すのはいっこうにかまわない。そのさい、この種の著作のめざすところが人生の諸問題にたいする著者の立場の確定ではなく、各問題にかかわる所与《データ》の完全で正確な列挙への予備研究的な貢献であることが周知されねばならない。著作の出版が著者の身にいかなる種類のものにせよ危険を招かぬよう、法で未然に防ぐべきだろう。

逆に、言論と呼ばれるもの――実態としては振る舞い――に影響をおよぼす意図のある出版物は、行為を構成するのであるから行為とおなじ制限に服するべきである。いいかえるなら、それらの著作はいかなる人間にも不当な損害を与えるべきではないし、なによりも人間にたいする永遠の義務が法によって厳粛に認知された以上、それらを明示的にせよ暗示的にせよ否定するような要素を含んでいてはならない。

行動の埒外にある領域と行動の一部をなす領域、これらふたつの領域の区別を法律用語により紙上で公式化することは不可能である。そうはいってもこの区別は文句なく明解である。この二領域の分離は、その意欲さえ充分に強ければ、事実として確定するのはむずかしくあるまい。

たとえば、日刊や週刊の出版物が後者の領域に属するのはあきらかである。雑誌類も同様である。雑誌類はみな、ある種のものの考えかたを生みだす光源だからだ。この手の機能を放棄した雑誌のみが全面的自由を主張できる。

文学についても同様である。道徳と文学の主題をめぐって昨今もちあがった論争において、才能ある人びとがこぞって職業的連帯感から一方の側にくみし、他方の側には愚か者と卑怯者しかいないせいで論点がぼやけてしまったのだが、さきの考えをもってすればこの論争を解決することもできよう。

だがそうはいっても、これら愚か者や卑怯者の言い分にかなりの程度まで理があったのも事実である。作家というものは二股かけるという容認しがたい手法をあやつる。今日ほど作家がしきりに良心の導き手なる役割を主張し、そのくせ担いそこねている時代はかつてない。事実、戦争に先立つこの数年、学者のほかにはだれもこの役割を作家と争おうとした者はいなかった。この国の精神的な生にあって司祭が占めていたかつての地位は、いまや医師や小説家が占めるにいたったわけだが、この経緯をもってしてもわれわれの進歩なるものの価値を測るに充分である。ところで、だれかが作家に彼らの影響のおよぶ方向性について釈明を求めるやいなや、彼らは憤慨して芸術至上主義《ラール・プール・ラール》(22)の聖なる特権の背後に身をひそめてしまった。

たとえば疑いもなくジード[23]は、『地の糧』や『法王庁の抜け穴』といった自著が、数百人もの青年の生の実践的な行動規範に影響をおよぼしたことをつねに承知していたし、そのことを誇りにも思っていた。そうであるなら、これらの書物を芸術至上主義の触れるべからずの柵の背後にしまいこむ理由もなく、走っている汽車からだれかを突きおとす若者を投獄する理由もまったくあるまい。それならいっそ犯罪を擁護すべく芸術至上主義の特権をふりかざすこともできよう。かつてシュルレアリスト[24]もそれと遠からぬ振る舞いにおよんだ。かくも多くの愚か者がこのたびの敗戦における作家の責任をしきりに云々したのであるが、不幸にしてそれらはことごとく正しかったのである。

ある作家が純粋な知性に与えられる全面的な自由を得て、法的に認知された道徳原則に逆らう著作を発表したとしよう。その後、その作家が周知の事実として影響力の光源となったとき、それらの著作が自身の立場の表明ではないことを公衆に知らしめる用意があるかどうかを問うのはたやすい。その用意がないというのなら、作家を罰することもたやすい。嘘をついているのなら、名誉を失墜させるのもまたたやすい。さらに、ある作家が世論をみちびく影響力のひとつに数えられる地位を得た瞬間から、無際限の自由への権利は主張できなくなると認められねばならない。ここでもまた法的な定義は不可能だが、事象そのものは現実に識別不可能というわけではない。法的条文で表明しうる事象の領域において、法の主権を制限する理由はいっさいない。条文による成文法ではなく衡平法《エキテ》(25)にもとづく判断によっても、法の主権は申し分なく行使されるからである。

加えて、知性にとって本質的というべき自由の欲求そのものも、教唆や煽動《プロパガンダ》や執拗な影響からの保護を要請する。影響力もまた強制の一様態である。恐怖や身体的苦痛はともなわないが、れっきとした暴力には変わりがないという特殊な様態の強制であるが。現代の技術はこの種の強制にきわめて効果的な手段を提供する。このような強制はその本性からして集団的なもので、人間の魂はその餌食となる。

公安上の抜きさしならぬ必然に迫られてもいないのに、国家《エタ》(26)がこのような強制手段にうったえることは犯罪をおかすにひとしい。むしろ国家はこの手段が利用されるのを阻止すべきである。たとえば広告は厳格に法によって規制されねばならない。総量は大幅に削減されよう。いやしくも思考の領域に属する事象にふれることは厳禁される。

同様に、出版、放送、それらに類するいっさいの抑圧もありうる。ひろく承認されている道徳原則に抵触するからだけではない。口調や思考の低劣さ、悪趣味、卑俗さ、巧妙に人心を腐敗させていく精神的影響力といった理由にもよる。このような抑圧は言論の自由をいささかなりとも侵蝕せずに施行できる。たとえば、ある新聞が廃刊に追いこまれたとしても、編集にたずさわった人びとがほかに適切と思えるところで出版する権利は奪われない。また違反がさほど重大でない場合は、解散もせずにおなじ新聞を別名で刊行してもかまわない。ただ、その新聞はおおやけに破廉恥の刻印をうけるし、ふたたびその刻印をうけぬともかぎらない。言論の自由はもっぱら留保つきでジャーナリストにのみ付与されるのであって、新聞に付与されるべきではない。ひとりジャーナリストのみが言論をかたちづくる能力を有するからである。

一般に表現の自由とは知性の欲求であり、知性はもっぱら個とみなされた人間のうちにのみ存すると考えるなら、表現の自由をめぐる問題はすべて解明されるだろう。知性の集団的行使なるものはない。したがって、いかなる集団も合法的に表現の自由を主張することはできない。いかなる集団もそのような欲求を露ほどもいだいていないのだ。

それどころか思想の自由を保護するには、集団がなんらかの見解を表明するのを法で禁じる必要がある。なぜなら集団というものは、なんらかの見解をいだきはじめるや、かならず自己の見解をその成員に押しつけようとするからだ。早晩、さまざまな重要度を有する多くの問題について、各人が集団を脱することなく集団の見解に逆らう見解を表明することは、程度の差こそあれきびしく阻止されるにいたる。しかも自身がその成員である集団との決裂はつねに多くの苦悩をともなうが、最小限にみても心情的な苦悩はまぬかれえない。危険や苦しみの可能性は行動にあっては健全かつ必要な要素であるが、知性の行使にあってはそれと同程度にひるがえって不健全な要素となりはてる。ほんのすこしでも懸念があると、その人間の勇気の度合にしたがって鈍化なり硬直なりをもたらす。知性を構成するきわめて繊細かつ脆弱な精密機器に誤差を生じさせるには、それ以上のものは必要ないのだ。この点では友情さえ大いなる危険である。思想の表明が明示的にせよ暗黙裡にせよ〈われわれ〉という小さな語に先行された瞬間、知性はすでに敗れさっている。そして知性の光が翳りをみせるや、ほとんど時をおかずに善への愛もふみ迷うことになる。

直接的で実践的な解決策は政党の廃止である。第三共和政期に生じたがごとき政党間の抗争は堪えがたい。他方、抗争から不可避的に帰結する単一政党などは悪の極致である。とすれば政党ぬきの公生活しか残らない。今日、このような考えは新奇で大胆に響くかもしれない。それならそれでけっこうだ。いまは新機軸が求められるのだから。しかし事実としては一七八九年の伝統につらなっている。一七八九年の人びとにとって政党廃止のほかに可能性はなかった。直近の半世紀にわれわれが体験した公生活など、彼らにはおぞましい悪夢でしかなかったろう。人民の代表が政党の従順なる成員に落ちぶれるまでに自己の尊厳をすてさるとは、彼らには思いもよらなかったはずだ。

そもそもルソーは政党間抗争がおのずから共和国の死を招くことを論証し、その行く末を予言した。いまこそ『社会契約論』(27)を読むことを奨励すべきだろう。現在、事実上、政党の存在したいたるところで民主主義は滅んでいる。周知のようにイギリスの政党には比類なき固有の伝統、精神、機能がある。他方、合衆国の競合する政治集団《グループ》が政党ではないこともまた周知のとおりである。公生活が政党間の抗争でなりたっているところでは、民主主義は民主主義撲滅を使命とする政党の結成を阻止できない。例外措置法をつくるなら、民主主義はみずからの息の根をとめる。例外措置法をつくらないなら、蛇にみいられた鳥とおなじく危険な状況におちいる。

二種類の集団を区別せねばなるまい。利益を分かちあう集団と概念を分かちあう集団である。前者では組織化と規律がある程度まで許容されるが、後者では両方とも厳禁されねばならない。昨今の状況においては、自身の利益つまり賃金やこれに類するものを守るべく人びとが集団を結成し、きわめて厳しい制限を加えられ公権力にたえず監視されつつ活動することを許しても支障はあるまい。しかし、これらの集団が概念に手をだすことを許してはならない。思想がそのなかで活発に醸成される集団は、集団というよりは多少とも流動的な環境《ミリュー》(28)であるべきだ。ひとつの行動がそこから生まれたなら、その行動を是とする者以外の人間によって実行にうつされるべき理由はない。

たとえば労働運動にこの区別を導入するなら、手のつけようのない混乱に終止符をうつことができるだろう。戦争に先立つ時期には、三つの方針がたえず労働者を誘いこみ迷わせてきた。第一に、賃金闘争。第二に、弱まりながらもかろうじて命脈をたもっている往時の労働組合《サンディカリスト》精神、すなわち理想主義的で多少なりとも自由主義的な精神の残滓。第三に、諸政党。この混乱のせいで、ストライキ決行のさなかで苦しみ戦っている労働者でさえ、自分を動かしているのは給与なのか、往年の労働組合精神の昂揚なのか、政党に指導された政治戦略なのかを了解できずにいるというのもめずらしくない。もちろん部外者が了解するすべもない。

このような状況はあってはならない。戦争が勃発したとき、フランスの労働組合は死んでいたか死に瀕していたかであった。何百万もの加盟者がいたにもかかわらず、いやむしろだからこそかもしれない。これら労働組合はながらく惰眠を貪っていたが、侵略者への抵抗運動をきっかけとして生命の萌芽をとりもどした。だからといって命脈をたもてる保証はない。労働組合がそれぞれ単独でも致命的な毒によってほぼ息の根をとめられたことに、まったく疑問の余地はない。

組織内の労働者が工場の出来高払い制のなかで小銭《スー》に執心するのとおなじくらい、労働組合運動においても金銭勘定で頭がいっぱいだとすれば、労働組合の存続はありえない。第一に、小銭への執着がひきおこさずにはいない一種の精神的な死が生じるから。第二に、現在の社会状況において、労働組合が国の経済生活に不断にはたらきかける要因である以上、最終的には政府方針に足並をそろえる強制加盟の単一職業別組織への変貌は避けられないから。こうなると労働組合は生ける屍にひとしい。

他方、労働組合が政党と手をたずさえ共存できないこともまた、おなじくあきらかである。組合と政党の共栄など力学法則の次元に属する不可能事である。さらに同種の理由により、社会党は共産党と手をたずさえ共存することはできない。後者はいわば党としての資質を社会党には太刀打ちできないほど具備しているからだ。

加えて、給与にたいする執心は共産党の影響をさらに強める。金銭の問題はほぼ万人にとって切実な関心を呼びさますのだが、同時に万人にとって致命的なまでの倦怠をもたらすので、この倦怠を埋めあわせるべく共産主義的な解釈をおびた革命という黙示録的展望が欠かせなくなってくるのだ。ブルジョワ階級が似たような黙示録的な欲求を感じずにいるのは、大きな数字には一種の詩情があり、金銭とむすびついた倦怠を若干やわらげる威信を感じさせるからにすぎない。ところが金銭が小銭のスー単位で数えられるとき、倦怠はむきだしになる。それにしても大小ブルジョワ階級がファシズムによせる嗜好は、とどのつまり彼らもまた倦怠をおぼえていることを示している。

ヴィシー政府はフランスの労働者むけに強制加盟の単一職業別組織を創設した。当節の流行にならってこの組織を同業組合《コルポラシオン》(29)と名づけたのは遺憾である。じっさい同業組合というのはこんな組織とは似ても似つかないはるかに美しい存在を意味するというのに。しかしながらこれら生命なき組織が、労働組合活動の死にたえた部分を肩代わりすべく残っているのは幸運である。よってこれらを撤廃するのは危険だ。むしろ、賃金や直接的と称される権利要求のための日々の行動は、これらの組織に担わせればよい。政党についていては、自由のゆきわたった風土《クリマ》のなかで厳禁されるなら、非合法的にも存続しにくくなると期待できよう。

その場合、労働組合にわずかでも真の生の火花が残っていたなら、組合は徐々にであっても、労働者の思考を表明し労働者の名誉を支える代弁者にもどれるだろう。つねに全世界に責任を負うべき存在と自負してきたフランス労働運動の伝統にしたがい、労働者は正義にかかわる万事に関心をいだくだろう。そこには必要におうじて賃金の問題も含まれるが、さほど頻繁にではなく、もっぱら人間を悲惨な困窮から救う場合にかぎられる。

いうまでもなく労働者は、法に規定された様態にのっとって、職業別組織に一定の影響をおよぼすべきである。

職業別組織にストライキの宣告を禁じ、それを労働組合の専権事項としても、おそらくなんの不都合もあるまい。そのさい、この重責にみあった危険をともなうものとし、いっさいの強制を禁じ、経済生活における継続性を担保するという条件がつく。

ロックアウトについては、これを全面的に禁止すべきでないという理由はみあたらない。

概念を分かちあう集団の認可には、ふたつの条件が課されねばならない。ひとつは追放《エクスコミュニカシオン》(30)が存在しないこと。成員募集は思想的親近性にのっとって自由におこなわれてよいが、なんぴとも成文化された定型表現《フォルミュル》に結晶化された主張全体への帰依を求められるべきではない。一方、ひとたび入会を許された成員は、名誉にもとる過失や細胞工作の違反でないかぎり除名されてはならない。後者の違反は不法な組織を含意するので、いっそう重い罰則が科されるべきである。

この点では真に公安上の措置がとられねばならない。経験から知られるところでは、全体主義国家《エタ》は全体主義政党により樹立され、全体主義政党は言論の違反にたいして除名処分をもって自己を確立してきたのである。

もうひとつの条件は、現実に概念の伝播がおこなわれること、その伝播が一般的次元に属する諸問題を探求する小冊子、雑誌、タイプ印刷された会報のかたちで具体的に確認できることである。あまりに画一的な意見の一致がみられるとき、当該集団は疑わしいものとみなされよう。

いずれにせよ概念を分かちあう集団はすべて、法に抵触したり統制により成員を強制したりしないかぎり、おのれの是とする方向に進むことを許される。

利益《アンテレ》を分かちあう集団については、その監督にあたってひとつの区別を前提とすべきだろう。「アンテレ」という語はときに欲求を意味し、ときにまったく別物を意味するからだ。貧しい労働者にとって「アンテレ」は食糧や住居や暖房をさす。雇用主にとっては別物をさす。この語が第一の意味に理解されるとき、公権力の行動は主として諸利益の促進や維持や保護の方向にはたらかねばならない。逆の場合は、利益を分かちあう集団の活動はたえず公権力の監視と制限をうけ、必要とあれば抑止の対象とならねばならない。いうまでもなく、もっとも厳しい制限ともっとも過酷な懲罰は、本性からして最大の権限を有する利益集団の活動にたいしてのみ科されるのがふさわしい。

結社の自由と呼ばれてきたものは、これまでのところ現実には諸結社の享受する自由でしかなかった。ところで結社は自由である必要などない。結社は手段であるから、服従させねばならない。自由は人間にしかふさわしくない。

思考の自由について、自由なくして思考は存在しないというのは、おおむね正論である。だが思考が存在しないとき思考はもはや自由でないというのも、これをうわまわる正論である。この数年、思考の自由はあふれかえっていたが、思考は存在しなかった。肉がないのに肉にかける塩をほしがる子どもの状況に似ている。

安寧

安寧は魂の本質にかかわる欲求である。安寧とは魂が恐怖や脅威の重圧下にない状態を意味する。ただし偶発的な事情がかさなるときや稀で短い期間については、このかぎりではない。持続的な魂の状態としての恐怖や脅威は致命的ともいうべき毒である。失業の危惧、警察の弾圧、外国人征服者の存在、近々に生じうる侵略の予感、あるいは人智をこえるかとみえる他のすべての不幸が、毒をもたらす原因となる。

古代ローマでは、主人は奴隷の眼につく広間に鞭をこれみよがしにおいていた。その光景が奴隷の魂を隷従に不可欠の半死状態に突きおとすことを知っていたからだ。他方、エジプト人によれば、義人は「わたしはだれにも恐怖を与えなかった」と死後に宣言できなければならなかった。

たえざる恐怖がたんなる潜在状態の域にとどまり、ごく稀にしか苦しみとして感じられないとしても、病であることに変わりはない。それは魂の半麻痺状態である。

危険《リスク》

危険は魂の本質にかかわる欲求である。危険の不在は一種の倦怠をひきおこし、倦怠は恐怖とは別様にだが同程度にまで魂を麻痺させる。さらに、明確な危険もないのに漠然とした苦悩をかきたてることで、倦怠と苦悩という二種類の病を同時に感染させる状況も存在する。

危険《リスク》とは、熟考された反応をひきおこすひとつの危機《ダンジェ》をさす。したがって、この危機は魂の諸能力をこえて魂を恐怖で押しつぶすにはいたらない。ときに危険には賭けの要素が含まれる。明確な義務ゆえに危険と対峙することを迫られるとき、危険は最高の刺戟剤ともなる。

恐怖と脅威から人間を守るといっても危険を撤廃するという意味ではない。逆に、一定量の危険が社会生活のあらゆる局面でたえず存在することを意味する。なぜなら危険の不在は勇気をそこない、いざというときに魂を恐怖にたいする最小限の内的な自己防衛もできない状況に追いこむからだ。ただし危険が宿命と感じられない場合にのみ、危険が現れでるように配慮せねばならない。

私有財産

私有財産は魂の生にかかわる欲求である。四肢の延長のごとく自分のために存在する事物にとりまかれていないと、魂は孤立し途方にくれてしまう。あらゆる人間には抑えがたい性癖があり、ながらく継続的に仕事や快楽や生の必要のために利用してきたものを頭のなかで占有しようとする。かくて庭師はしばらくたつと庭は自分のものだと感じるにいたる。だが占有の感覚と法的な所有とが一致しないとき、人間は苦痛にみちた剝奪感にたえず脅かされることになる。

私有財産が欲求のひとつに認知されるなら、万人にとって日常的な消費財とはことなる事物の所有も含意されよう。この欲求の様態は状況しだいで大きく変化する。だが大半の人びとが住居とその周囲のわずかな土地、および技術的な問題がないときは仕事道具を所有することは望ましい。土地と家畜は農作業の道具に数えられる。

土地が管理人の指令をうけた農業労働者や日雇いの手伝いによって耕作され、その収益を手にする都市居住者によって所有されるなら、私有財産の原則は侵害される。この土地の関係者のなかで、様態はことなるにせよ土地と無縁の者はだれもいないからだ。小麦〔の供給しうる収益〕の観点からではなく、土地が所有の欲求にたいして与えうる充足という観点からみて、この土地は無駄に使われている。

この例と家族で自己所有の土地をたがやす農民の例とは両極に位置するが、この両者のあいだに、人間の占有への欲求が多少の差こそあれ無視されている無数の中間例が存在する。

共有財産

集団的財産への参与、すなわち物質的な享受ではなく所有の感覚から構成される参与は、私有財産への欲求に負けず劣らず重要な欲求である。法的所有権というより精神状態の問題なのだ。真の市民生活がいとなまれているところでは、各個人は公共建造物、公園、および壮麗な式典を自分のものだと感じる。かくて、おおむね万人の願いもとめる奢侈がもっとも貧しい人びとにも与えられる。もっともこの種の充足を供給すべきは国家《エタ》だけでなく、あらゆる種類の集団もその任を負うのであるが。

近代の大工場は所有の欲求について大いなる濫費をしている。労働者も、取締役会に雇われた工場長も、工場をみたこともない取締役会の重役も、工場の存在さえ知らない株主も、当該工場のうちに所有への欲求をみたす充足感の欠片すらみいだせないのだから。

交換と獲得の様態が物質的かつ精神的養分の濫費をひきおこすのなら、これらの様態は変革されねばならない。

所有と金銭のあいだに本来的な絆はいっさい存在しない。今日確立されている絆は、利用可能な原動力をもっぱら金銭に集約させた体制《システム》が生みだした事実にすぎない。この体制は不健全であるから、集約の逆をいく解体を進めねばならない。

所有が実質的であればあるほど合法的とみなされる、これが所有の是非をみきわめる真の規準である。より正確にいうならば、この世の富に含まれた可能性を万人にそなわる所有の欲求をみたすべく効果的に活用できればできるほど、所有にかかわる法律はますます申し分ないものとなる。

したがって現在みられる獲得と所有の諸様態は、所有の原則の名のもとに変革されねばならない。私有にせよ共有にせよだれの所有の欲求もみたさない所有は、その種類を問わずことごとく無とみなされると考えてさしつかえない。

だからといって所有は国家《エタ》に移譲すべきだという意味ではない。むしろ真の所有を生みだす努力をすべきであろう。

真　理

真理の欲求は他のすべての欲求よりも神聖である。しかし一度もそう言明されたことはない。きわめて高名な著者の書物のなかでさえ恥ずかしげもなく開陳される物的な誤謬の甚大さと深刻さを理解するや、読むことに恐怖さえおぼえる。これでは疑わしい井戸の水を飲むように、おっかなびっくりで書物を読むことになる。

日に八時間働き、夜は教養を身につけるべく苦労して読書に励む人びとがいる。だが、大きな図書館で真偽を検証する余裕はない。書物を字義どおり真にうける。こういう人びとに虚偽を丸呑みさせる権利はだれにもない。著者はみな誠実な人柄だからと弁護することになんの意味があるというのか。彼らは八時間も身を粉にして働いてはいない。わざわざ時間を与えて誤謬を避ける努力をさせるために、社会は彼らを養っているのだから。脱線事故をおこした転轍《てんてつ》手が自分は誠実な人柄であると申したてても、まともな対応はしてもらえまい。

ましてや、寄稿者がときに真理の巧妙な改竄《かいざん》に同意しなければ首になるのが周知の新聞にたいして、その存続を許容するのは恥ずべきことである。

大衆は新聞など信用していない。だが、その不信が彼らを守るともいえない。新聞が真理と虚偽の両方を含んでいるとだいたいは知っているので、掲載記事をこのいずれかの範疇に振りわける。ただし振りわけかたは当てずっぽうで自分の好みに左右される。かくて大衆は虚偽にとりこまれてしまう。

ジャーナリズムが虚偽の捏造と一体化するとき犯罪を構成することはだれもが知っている。だが、それは懲罰の対象になりえない犯罪だと思われている。ひとたびある活動が犯罪的だと認められたにもかかわらず、いったいなにゆえにこれを罰しえないというのか。罰しえない犯罪というこの奇妙な見解はどこからきたのか。これこそ法的精神の醜悪きわまる歪曲にほかならない。

犯罪性を識別しうる犯罪はことごとく懲罰の対象となりうること、機会をとらえてすべての犯罪を罰する決意であることを、そろそろ宣言すべき時期ではなかろうか。公衆衛生上の簡単な措置を講じるならば、真理への侵害から民衆を守ることもできよう。

第一の措置は、特別な選別と養成をうけた司法官《マジストラ》から構成され、高い敬意をもって遇される特別法廷の創設であろう。これらの法廷は回避可能な過誤のすべてを公的弾劾により罰する役目を担い、頻繁な累犯であきらかな不誠実ゆえに加重にあたいする場合には投獄や懲役を科することができる。

たとえば古代ギリシアの讃美者《アマン》がマリタン[31]の最新刊のなかに、「古代のもっとも偉大なる思想家たちでさえ奴隷制を断罪すべきとは考えなかった[32]」という一節を読んで、マリタンをくだんの特別法廷に召喚したとしよう。その讃美者は奴隷制について今日まで残っている唯一の重要なテクスト、すなわちアリストテレスのテクストを法廷にもちこむだろう。そして司法官につぎの一節を読ませるだろう。「ある者たちが断言するところでは、奴隷制は本性にも理性にも反している[33]」と。そしてこの讃美者は「ある者たち」が「古代のもっとも偉大なる思想家たち」の数に入らないと推測する根拠は皆無であると指摘するだろう。誤謬の回避がきわめて容易だったにもかかわらず、たとえ意図していなかったにせよ、ひとつの文明全体にたいして赦しがたい誹謗中傷を活字にしたかどで、法廷はマリタンを譴責《けんせき》するだろう。すべての日刊紙、週刊誌その他、すべての雑誌、放送は法廷の譴責、必要とあらばマリタンの回答をも公衆に知らしめる義務を負うだろう。もっともこの事例で回答があるかどうかは疑わしい。

過日、『グランゴワール』[34]誌はスペインの無政府主義者《アナキスト》がおこなったと称される演説を全文《イン・エクステンソ》掲載した。ところが、この無政府主義者はパリの集会で弁士として告知されていたものの、じっさいには最後の瞬間になってスペインを離れることができなかった。このような場合は特別法廷も無用の長物ではあるまい。こういった例の不誠実さは二プラス二が四である以上に自明の理なので、投獄や懲役でさえも厳しすぎる罰とはいえないだろう。

この体制下で、活字文書や放送に回避可能な誤謬を認めたなら、だれでも特別法廷に告発することが許される。

第二の措置は、放送や日刊紙によるあらゆる種類のあらゆる宣伝活動《プロパガンダ》の厳禁であろう。これら二種類の手段にたいしては、偏向しようのない情報の提供しか許すべきではない。

上述の法廷がこれらの情報が偏向しないように監視する。

さらに誤った断定だけでなく意図的かつ偏向的な黙殺の点でも、この法廷は報道機関を裁かなくてはならない。

その内部で概念をやりとりし、かつそれらの概念を世に知らしめようとする環境《ミリュー》は、週刊、隔週刊、月刊の機関誌しか発行する権利をもたない。読者の思考を鈍らせるのではなく研ぎすまそうとするなら、これより短い刊行間隔はまったく必要ない。

説得手段の修正もくだんの法廷による監督で担保される。また、あまりに頻繁に真理の改竄がおこなわれるなら、法廷はその機関誌を廃止できる。ただし編集人はその機関誌をべつの名称で再発行してもかまわない。

これらの措置をおこなっても公共の自由への侵害はいっさい生じない。それどころか人間の魂のもっとも神聖なる欲求、教唆と誤謬からの保護という欲求がみたされるだろう。

しかし、だれが裁判官の公平性を保証するのかという反論もあろう。身分の完全な自律性はいうまでもないが、それ以外の唯一の保証としては、彼らがことなる社会的環境《ミリュー》の出身であり、生まれながらに広範な領域におよぶ明晰かつ緻密な知性をかねそなえ、法律的な教育ではなく、まずは霊的な教育、ついで知的な教育がおこなわれる学校で養成されることが挙げられよう。そこで彼らは真理を愛する習慣を身につけねばならない。

このようなかたちで真理を愛する人びとを確保できないのであれば、民衆における真理への欲求をみたす可能性はいっさいなくなるだろう。

第二部　根こぎ

根をもつこと、それはおそらく人間の魂のもっとも重要な欲求であると同時に、もっとも無視されている欲求である。また、もっとも定義のむずかしい欲求のひとつでもある。人間は、過去のある種の富や未来へのある種の予感を生き生きといだいて存続する集団に、自然なかたちで参与することで、根をもつ。自然なかたちでの参与とは、場所《リュー》(1)、出生、職業、人間関係を介しておのずと実現される参与を意味する。人間は複数の根をもつことを欲する。自分が自然なかたちでかかわる複数の環境《ミリュー》を介して、道徳的・知的・霊的な生の全体性なるものをうけとりたいと欲するのである。

ことなる環境《ミリュー》のあいだで交わされる相互の影響は、自然につむがれる人間関係への根づきとおなじく、成長には欠かせない要因である。ただし、ある環境《ミリュー》が外部の影響をうけいれるさいにも、その影響は即効性のある養分とみなされるのではなく、自身の生命力を活性化させるための刺戟とみなされるべきだ。さらには外的な養分をあらかじめ消化吸収したうえで、そこから活力を得るのでなければならない。なおかつ、環境を構成する個々の人間は、自分が属する環境を介してのみ外的な養分をうけとるべきである。真にすぐれた画家が〔外的な養分の宝庫である〕美術館をおとずれるとき、自身の独創性はいっそう強められる。このことは地上のさまざまな民族や社会環境にもあてはまる。

軍事的征服がおこなわれるたびに根こぎが生じる。よって、征服はほとんどつねに悪である。征服者がおのれの征服した国《ペイ》(2)に住みついて現地の民族と混じりあい、みずから現地に根をおろす移住民となるとき、根こぎは最小限に抑えられる。ギリシアにおけるヘレネス族(3)、ガリアにおけるケルト族(4)、スペインにおけるモール族(5)の場合がそうだ。だが、征服者がおのれの掌握した地域になじまぬまま居坐るならば、服従を強いられる民族にとって、根こぎは死にいたる病となる。根こぎがもっとも深刻な病状を呈するにいたるのは、大量の強制移送がおこなわれたとき、あるいは現地の伝統がことごとく暴力的に廃されたときである。たとえば、ドイツ占領下のヨーロッパやナイジェリアの湾曲部(6)において、あるいはゴーギャン(7)やアラン・ジェルボー(8)の言を信じるならば、フランス占領下のオセアニアにおいて生じたように。

たとえ軍事的征服がなされなくとも、金銭にもとづく権力や経済的な支配は、その土地柄になじまない影響をおよぼし、ついには根こぎの病をひきおこす。

最後に、国内の社会的な関係性も、根こぎをもたらす危険きわまりない要因となりうる。今日、わが国の地方には、征服はべつとして、この病を蔓延させる毒がふたつある。ひとつは金銭だ。金銭はいっさいの動機を金儲けの欲望にすりかえ、それが侵蝕するいたるところでもろもろの根を破壊する。この欲望がやすやすと他の動機をうちまかすのは、他の動機にくらべて微々たる注意力しか要求しないからだ。じつに数字ほど明晰にして単純なものはない。

労働者の根こぎ

完全に、たえまなく、金銭に縛られている社会階層がある。賃金労働者である。なかでも、出来高払いの賃金体系が導入されて以来、小銭《スー》単位の勘定にたえず注意をむけざるをえない労働者がそうだ。根こぎの病はこの階層において尖鋭化された。わが国の労働者はそうはいってもフォード氏(9)の労働者のように移民ではない、とベルナノス(10)は書いた。ところが、われらが時代の主たる社会的困難は、わが国の労働者もまたある意味の移民だという事実にもとづく。地理的にはおなじ場所にとどまるとはいえ、精神的には根こぎにされ、追放され、いわばお情けで、労働に供される肉体という名目であらためて認知されるにすぎない。失業はいうまでもなく二乗の根こぎである。労働者は、工場にも、自分の住まいにも、彼らの味方と称する党や組合にも、娯楽の場にも、真の憩いをみいだせない。たとえ知的文化を吸収しようとしても、そこにも憩いはみいだせない。

根こぎの第二の要因とは、今日考えられている意味での教育にほかならない。ルネサンスはいたるところで教養人と大衆を分断し、文化を国民的伝統から切りはなしはしたが、すくなくともこれをギリシアの伝統のなかに投げこんだ。その後、国民的伝統と文化との絆がとりもどされることはなく、しかもギリシアのほうは忘れられてしまった。その結果、外界から切りはなされた狭苦しい環境において、内向きの雰囲気のなかで醸成された文化が生まれた。それは、技術をつよく志向すると同時に技術の影響にさらされており、功利主義《プラグマティスム》に芯まで染まり、専門化によって極端なまでに細切れにされ、この世界との接触のみならずもうひとつの世界への通路までも失ってしまった文化である。

今日、いわゆる教養ある環境に属する人間でさえ、一方で、人間の運命にかかわる見解をまったくいだかず、また一方で、たとえばすべての星座が四季をつうじて見えるとはかぎらないことすら知らない。小学校に通う現代の農民の子のほうがピュタゴラスよりよほど物知りだと、一般には思われている。たんにその子が、地球は太陽のまわりを回っていると、すなおに復唱するからという理由で。だが現実には、その子はもはや星を見上げもしない。教室で語られる太陽は、その子が眼にする太陽とはなんの関係もない。ポリネシアの子どもたちに「わたしたちの先祖ガリア人は金髪でした」とむりやり復唱させて、彼ら自身の過去から引きはなすように、このような教育は農民の子どもを周囲の宇宙から引きはなす。

今日、大衆教育と称される手順とは、閉じられた環境で生成され、あまりに多くの欠陥があり、しかも真理にまったく意を払わない現代の文化から、まだそこにかろうじて残っていた純金を大衆化の操作によって拭いさったうえで、学びたいと願う哀れな人びとの記憶のなかに、ひからびた残滓を親鳥がひな鳥に口移しで餌を与えるように押しこむことを意味する。

そもそも、学ぶがために学びたいという願望、つまり真理への願望はいまや希少である。文化の威信はまず例外なく社会的なものとなりはてた。息子を小学校教師(11)にするのを夢みる農民においても、息子を高等師範学校生《ノルマリアン》(12)にするのを夢みる小学校教師においても、あるいは著名な学者や作家におもねる上流社会の人びとにおいても。

試験は学齢期の青少年にたいして、小銭《スー》が出来高払いの労働者に植えつけるのとおなじ強迫観念を植えつける。自分は小学校教師になる頭がなかったから農民でいるという思いを胸に農民が大地をたがやすとき、社会の組織は深いところで病んでいる。

マルクス主義の名で知られる曖昧かつ大なり小なり誤った概念の混淆物《メランジュ》、それはマルクス以来、その生成に関与してきたのが凡庸なブルジョワ・インテリだけで、しかも労働者にとってはまったく異質の養分であって同化吸収のしようもなく、そのうえ栄養価はゼロという代物である。なぜならマルクスの著作に含まれていた真理はほぼすべて、この混淆物から抜きとられてしまったからだ。ときには、さらに質の落ちる科学的大衆化という上塗りまでほどこされた。すべてが労働者の根こぎの完遂に貢献した。

根こぎは人間社会にとって他に類をみないもっとも危険な病である。おのずから増殖していくからだ。真に根こぎにされた存在にはふたつの行動様式しかない。ローマ帝国期の奴隷の大半がそうだったように、死の等価物というべき魂の無気力状態[13]に落ちこむか、あるいはまだ根こぎの害をこうむっていないまたは部分的にしかこうむっていない人びとを、往々にして暴力的な手段にうったえて完全に根こぎにする行動に身を投じるか、そのいずれかである。

ローマ人はひと握りの逃亡者[14]にすぎなかったが、寄りあつまって人為的にひとつの都市《シテ》を築いた。やがてローマ人は地中海域の諸民族から固有の生を奪い、祖国を奪い、過去を奪いつくすのだが、その掠奪ぶりが徹底していたので、後世はその言い分を真にうけて、彼らこそかの地の文明の創始者だと勘違いした。ヘブライ人は逃亡奴隷[15]にすぎなかったが、パレスティナの諸民族[16]をことごとく殲滅するか隷属状態に追いやるかした。ヒトラーが全権を掌握した時期のドイツ人は、ヒトラー自身もくり返し主張したように、現実にプロレタリアートすなわち根こぎにされた国民だった。一九一八年の屈辱(17)、インフレーション、過度の工業化、なによりも未曾有の深刻さをともなった失業の危機が、ドイツ人に重篤きわまる心の病を患わせ、責任感の欠如を生みだした。一六世紀以降、有色人種の虐殺と隷属化に手を染めてきたスペイン人とイギリス人は、かの地の生の深い部分に触れあうこともない策謀家だった。フランスの海外領土《アンピール》の一部(18)についても同様だ。もっとも、この海外領土はフランスの伝統の力が弱まった時期に築きあげられたのだが。自身が根こぎにされた者は他者を根こぎにする。根をおろす者は根こぎをしない。

革命というおなじ名のもとに、またしばしば同一の合言葉と宣伝文句のもとに、まったく正反対のふたつの構想が隠されている。第一の構想とは、労働者の根づきをうながす社会変革をめざすことであり、第二の構想とは、労働者を苦しめてきた根こぎの病を社会全体に撒きちらすことだ。第二の作業は第一の作業の前ぶれであると言ったり考えたりすべきではない。それは嘘である。それらはふたつの相反する方向性であって、交わることはない。

今日では、労働運動の闘士のみならず一般の労働者のあいだでも、第一の構想よりも第二の構想のほうがはるかに優勢である。根こぎの状態がつづき、根こぎが災禍を積みかさねるほどに、第二の構想がいよいよ優勢になるのは言をまたない。近い将来、この悪影響が償いがたいものになることは容易に理解できる。

保守主義者の側にもこれに類する状況がある。少数の人びとは労働者のあらたな根づきを心から願い求めているが、彼らの願いがむすびつく表象《イマージュ》の多くは、未来へとつながるものではなく過去から借りてきたものであって、しかもその過去たるや部分的には虚構なのである。その他の人びとは、もっぱら、端的に、プロレタリア階級が強いられている「人間素材」の状態の維持または悪化を願っている。

かくて、すでにして少数派である善を心から願い求める人びとは、なんら共通点のない革新と保守の二陣営に分裂し、いっそう弱体化している。

フランスの突然の崩壊はいたるところで万人を驚愕させた。だが、この現象はこの国がいかに根こぎにされていたかを示したにすぎない。根の大半を蝕まれた樹は最初の衝撃で倒れる。フランスが他のヨーロッパ諸国にもまして痛ましい光景を呈したとすれば、それは現代文明とそのもたらす毒素が、ドイツをのぞくヨーロッパのどの国よりもフランスに深く浸透していたからだ。ただ、ドイツでは根こぎが攻撃的なかたちをとったのに、フランスでは嗜眠《しみん》と呆然自失のかたちをとった。フランスとドイツの相違の原因は多少とも隠されてはいるが、本気で探るならばその一端はつきとめられよう。逆にいえば、ドイツの恐怖の第一波にさらされてもさほど動じず踏みとどまったのは、伝統がもっとも生き生きともっともよく保存されていた国すなわちイギリスだった。

フランスにおいてプロレタリアの境遇《コンディション》に生じた根こぎは、労働者の大部分を無気力な自失状態に追いこみ、残りを社会にたいする臨戦態勢へと投げこんだ。労働者の生きる環境《ミリュー》において力ずくで根を断ちきった金銭が、ブルジョワの生きる環境においてはその根をゆっくりと徐々に蝕んでいった。富は国籍を選ばないのだ。かろうじて残っていた国《ペイ》へのわずかな愛着は、なかんずく一九三六年以降[19]、労働者への恐怖と憎悪によって駆逐されてしまった。農民は一九一四年の戦争で根こぎの寸前まで追いつめられた。おのれの演じた肉弾の役割[20]、生活のなかでたえず存在感を強めていく金銭、そして都市の腐敗とのあまりに頻繁な接触のせいで意気消沈したのだ。知性はといえば、もはや消滅したにひとしい。

この国を覆いつくす病は一種の眠りのかたちをとり、もっぱらそのせいで内戦は回避された。フランスは眠りを妨げかねない戦争を憎んだ。一九四〇年の五月と六月のおそるべき攻撃で参ってしまい、みせかけの安寧のうちに眠りを貪りつづけるために、ペタン元帥(21)の腕のなかに飛びこんだ。その後、敵の暴虐がこの眠りを堪えがたい悪夢に変えたので、フランスは身をもがきながら、自分をめざめさせてくれる外からの救いを不安におののきつつ待ち望んでいる。

戦争の影響下に根こぎの病がヨーロッパ全域で深刻化した事実に、当然ながら戦慄すべきである。わずかに希望をいだかせる唯一の兆候は、つい最近までほとんど忘れさられていた記憶、フランスでいえば一七八九年の記憶をいくらかでも甦らせたことだ。

オリエント諸国についていえば、数世紀来、とりわけこの半世紀のあいだに、白人たちはみずからが患っていた根こぎの病をこれらの地域に蔓延させてきた。日本は活性化したこの病がいかに重篤になりうるかをたっぷりと証明してみせた。インドネシア(22)は消極的な罹病の一例である。インドにはいまだ生きた伝統が残っているが、根こぎの病にかなり蝕まれていて、おおっぴらに伝統の名において語る人びとでさえ、かの地に西洋風かつ現代的な国家をうちたてようと夢みるしまつだ。中国はきわめて謎めいている。ロシアはこれまでもつねに半ヨーロッパ的かつ半オリエント的であったが、中国とおなじく謎が多い。この国を栄光でつつみこむ活力の源が、直近二五年の歴史から判断するにドイツ人とおなじく活発な種類の根こぎに端を発するのか、それとも各時代の底辺の層から湧きでて地下水脈のごとくほとんど変わらない民衆の深遠な生命力によるのか、いまだ知るすべはない。

アメリカ大陸の場合、ここ数世紀、その人口増加はなかんずく移民によって支えられてきたのだが、今後この大陸がおよぼす支配的な影響力は、根こぎの危機をはなはだしく悪化させるだろう。

このように絶望的といってよい現況では、地表で命脈をたもっている小島〔飛び地〕のごとき過去に救いを求めるほかあるまい。といっても、ローマ帝国についてムッソリーニがくりひろげたばか騒ぎを認めよという意味でも、これとおなじ手法でルイ一四世を利用せよという意味でもない。征服は生命とかかわらない。しかし成就のまさにその時点で、死とはかかわる。パリにせよタヒチにせよ、区別なくいたるところで、万難を排して死守すべきは、いまも生きている過去の一滴一滴である。そのような過去はこの地上に多くは残っていないのだ。

過去から顔をそむけ、未来にのみ思いをはせてもむなしい。そもそも未来に可能性を認めることは危険な幻想である。未来と過去を対立させるのは愚かである。未来はなにも生みはしないし、なにも与えない。未来を築きあげるべくすべてを与え、ときに生命さえも捧げるべきは、われわれ人間のほうだ。ところで、与えるためには持っていなければならない。しかるに、われわれは自分が過去から継承し、吸収し、同化し、再生した宝のほかには、なにひとつ与えるべき生命、与えるべき活力を持ちあわせていない。人間の魂が欲するさまざまな欲求のなかで、過去ほど死活にかかわるものはないのだ。

過去への愛は反動政治の動向といっさい関係がない。あらゆる人間の活動とおなじく革命もまた、その活力を伝統から汲みとる。このことをマルクスはいやというほど痛感していたので、階級闘争を歴史解明の唯一の原理とみて、階級闘争の伝統をはるかな昔にまでさかのぼらせるべく躍起になった。二〇世紀初頭にあってなお、同業組合精神《コルポラシオン》の唯一の反映であるフランスの労働組合主義《サンディカリスム》ほど中世に近いものは、ヨーロッパでは他に類をみない。この労働組合主義の消えいりそうな残滓は、いますぐにでも風を送ってやるべき熾火《おきび》のひとつに数えられる。

数世紀来、白人たちは自国にせよ他国にせよ世界のいたるところで、愚かしくも前後のみさかいなく過去を破壊してきた。それでもいくつかの点でこの時期に真の進歩が生じたとすれば、それは破壊が熾烈をきわめたせいなどではなく、その熾烈さにもかかわらず微量の過去が命脈をたもってきたおかげである。

破壊された過去は二度ともどらない。過去の破壊はおそらく最大の犯罪である。今日、微量ながら残っている過去の保存は最優先課題《イデー・フィクス》となるべきだろう。残虐さがきわめて抑制された形態であってさえヨーロッパ人の植民地政策がひきおこす殺伐たる根こぎを食いとめねばならない。ひとたび勝利をおさめたあとで、敗れた敵をさらに深く根こぎにして罰してはならない。根こぎによる敵の殲滅は可能ではないし必要でもない。敵の狂気をいっそう悪化させるならば、自身が敵よりも深刻な狂気に落ちこむだけだ。なかんずく意識にとめおくべきは、社会的影響をおよぼしうる政治的・法制的・技術的改革をすすめるにあたり、人びとがふたたび社会に根づくための配慮をおこたらないことだ。

人びとを囲いこむべきだという意味ではない。風通しの良さがこれほど欠かせないことはかつてなかった。根をもつことと外界との接触をふやすことは補いあう。一例として、技術的に可能なところではどこでも、それもすこし努力するなら広範な地域で可能になるはずだが、つぎのような状況を実現させられよう。労働者を各地に分散して住まわせ、それぞれに家屋とささやかな土地と機械を所有させる。かわって青少年のためには、かつての「フランス巡歴」(23)を必要とあらば国際的な規模にして再現する。労働者には頻繁に組立工房《アトリエ》で研修する機会を与え、自分の制作する部品が他の諸部品と結合されていく過程を体験させ、見習いを養成する手伝いをさせるのもよい。加えて、給料を効果的に保障する。こうすればプロレタリア階級の不幸は消滅するだろう。

基幹産業の国有化、私有財産の撤廃、団体協約締結権の労働組合《サンディカ》への移譲、工場選出の代表団、雇用の管理権などの法制上の手段をもってしても、労働者のプロレタリア状態は解消できない。貼られているレッテルが革命的であろうと修正主義的であろうと、提示される方策はことごとく法制上の処置にすぎない。しかるに、労働者の不幸もその治癒方法も法制上の次元にはない。マルクスが自身の思想に誠実であったなら完璧に理解しただろうに。なぜなら『資本論』の最良の部分ではこのことが自明の理とされているからだ。

労働者の権利要求のうちに彼らの不幸の治癒方法を探すべきではない。想像力をはじめ身も心も不幸のなかにどっぷり浸かっている彼らが、どうすれば不幸の烙印の押されていない状態を想像できるというのか。不幸から逃れようとしゃにむに奮闘しても、黙示的な夢想に絡めとられるか、国家帝国主義と選ぶところなく奨励しがたい労働者帝国主義に埋めあわせを求めるか、そのいずれかに落ちつくだけだ。

労働者の権利要求のうちに探すべきは、彼らの苦悩の兆候《シーニュ》である。ところで権利要求のすべて、あるいはほぼすべては根こぎの苦しみをあらわす。労働者が雇用の管理権と国有化を求めるのは、まったき根こぎである失業の恐怖にとりつかれているからだ。私有財産の撤廃を望むのは、お情けで入国を許された移民のように職場に入れてもらうのに、ほとほと嫌気がさしているからだ。それは一九三六年六月の工場占拠の心理的な原動力でもあった。労働者は、数日のあいだ、混じりけのない純粋な歓びを味わった。おなじ職場にありながら、わが家にいるような気がしたのだ。それはまた、明日のことを考えたがらない子どもの歓びでもあった。だれにせよ分別をわきまえた者なら、明日がよりよい日になるとはとても考えられないのだから。

一七八九年の革命に端を発するフランスの労働運動は、叛逆の叫びという以上に、本質においては抗議の叫びであった。抑圧された人びとをおしつぶす無慈悲で過酷な運命への抗議の叫びなのだ。集団活動から期待できるかぎりにおいて、この運動には多くの純粋さが含まれていた。しかし運動は一九一四年に終焉をむかえ、以後はその残響しか聞こえてこない。社会の毒が不幸の意味さえ貶めてしまったのだ。この運動の伝統を再発見する努力をすべきだが、そっくり蘇生するのは望むべくもあるまい。苦痛の叫びがいかに美しく響こうとも、これをまた聞いてみたいと望んではならない。苦痛を癒やそうと望むほうが人間にはふさわしい。

労働者の苦痛を具体的に列挙するなら、変革すべき事柄もおのずと列挙されよう。まず、一二歳か一三歳で学校を出て工場に入る子どもがこうむる衝撃《ショック》をなくさねばならない。この衝撃にいつまでもうずく傷を負わされずにすむなら、それだけで文句なくしあわせになれる労働者も少なくないだろう。しかし彼らは自分の苦しみが過去に由来しているることを知らない。学校での子どもは、成績のよい生徒であってもよくない生徒であっても、存在を認められたひとりの人間であり、周囲の人びとはその子の成長をうながすべく、その子の最良の感情にうったえてきた。ところが卒業から一夜あけるやたちどころにして、その子は機械のたんなる付属に、事物ですらないなにかになりさがる。しかも、その子が陋劣きわまる動機にうながされて服従するとしても、その子が服従しさえすれば周囲はいっさい気にもかけない。労働者の大半は、すくなくとも人生におけるこの移行期に、ある種の内的な眩量《めまい》とともに自分はもはや存在していないという印象をいだかされる。一方、知識人やブルジョワには、その最悪の苦しみのただなかにあってさえ、この内的な眩暈を体験する機会はめったにおとずれない。ところで労働者がかくも早い時期にこうむる最初の衝撃は、往々にして消すことのできない痕跡を残す。それは労働への愛を決定的に不可能にしてしまいかねない。

変革すべきは以下の状況である。就労中にそそぐべき注意力の配分、怠惰や疲労をのりこえさせる刺戟の性質——ただし今日ではその刺戟たるや失業の恐怖と雀の涙の賃金でしかない——、服従の性質、労働者に求められる自発性や熟練や内省の貧弱さ、思考によっても感情によっても企業の全作業工程に関与できないという事態、自分の手になる事物の価値や社会的有用性や目的をめぐる完璧なまでの無知、職場の生活と家族の生活との完全な分断などだ。この種の列挙はいくらでもつづけられる。

改革の意欲をのぞくと三つの要因が生産体制において作用する。すなわち技術的・経済的・軍事的な要因である。今日、生産における軍事要因の重要性は、戦争遂行における生産の重要性に対応する。換言すれば重要性はきわめて大きい。

軍事的な観点からは、産業の巨大流刑地に集結させられた何千もの労働者のうち、真の熟練労働者がごく少数であるという事態は、二重の愚である。現在の軍事的状況は、一方で工業生産が分散化されることを、他方で平時の労働者の最大数がすぐれた熟練工であることを要請する。かつ、ひとたび国際的危機もしくは戦争に見舞われたならば、時をおかず増産体制へと移行すべく、これら熟練労働者の指令下に大量の女性、少年、成年男性をすみやかに組織化することを要請する。熟練労働者の不足ほどイギリスの戦時生産の停滞に貢献したものはない。

だが高度な技能を有する熟練工に、機械に貼りつく未熟練工の機能を肩代わりさせるわけにはいかない。そうである以上、戦時下はともかく、この機能は廃すべきである。軍事上の必要が人間の最良の渇望と矛盾せずに一致するというのはきわめて稀である。これを利用しない手はあるまい。

技術上の観点からは、電気というかたちでのエネルギー移送はさほど困難ではないので、かならずや大規模の地方分散が可能となるだろう。

機械のほうは生産体制の変容をもたらす段階に達していない。ただ、現実に使用されている自動調整の可能な諸機械から判断するに、努力を惜しみさえしなければおそらく変容をめざす努力は報われるだろう。

一般に、社会主義のレッテルのもとで提示されるあらゆる措置をはるかにしのぐ規模の社会的に重要な改革とは、技術研究の構想そのものの変容だろう。これまでは、新型機械の技術研究にたずさわる技術者がつぎの二重の目的以外のなにかを考慮しうるなど、だれひとり夢想さえしなかった。ひとつはそれらの研究を命じた企業の利潤を増加させること、もうひとつは消費者の利便性に奉仕することだ。このような脈絡で生産の利便性が語られるとき、問題になっているのはより大量かつ安価な生産だからである。ようするに、生産の利便性とはじつは消費上の利便性にほかならない。これらふたつの利便性をさす語はたえず混同されて使われている。

この機械を動かすことになる労働者については、だれも考えようとしない。そんなことが可能だとさえ思いいたらない。たまに漠然と安全装置に思いをはせるのが関の山だ。だが現実には、指の切断も工場の階段をぬらす鮮血も日常茶飯事である。

ほんのわずかな注意力の兆候《マルク》、存在するのはこれだけだ。だれも労働者の心理的充足のことなど考えもしない。そうするには並々ならぬ想像力の努力を要請するからだ。のみならず、労働者の肉体を傷つけずにすます工夫すら考えようとしない。もし考えていたなら、鉱山掘削用にもっとべつの道具をつくりだしただろう。それにしがみつく人間を八時間ぶっつづけに揺さぶりつづける、あのおそるべき圧縮空気の鑿岩《さくがん》機などではなく。

さらにまた、新型機械が資産の不動性と生産の硬直性を増大させ、すでに一般的な失業の危険をさらに悪化させるのではないかと、だれひとり自問する者もいない。

たとえ労働者が争議によって賃上げと規律の緩和を手にしても、その間にもどこやらの研究所の技術者が特段の悪意もいだかぬまま、労働者の身も魂も疲れはてさせる機械を、あるいは労働者の経済的困窮を悪化させる機械を発明しているとすれば、そのような争議がなんの益をもたらすというのか。これらの研究所の精神が変わらないとすれば、経済の部分的もしくは総括的な国有化がなんの益をもたらすというのか。国有化がおこなわれた場所で精神の変化が生じたという話は、これまでのところ寡聞にして知らない。ソヴィエトの宣伝広報《プロパガンダ》さえ、独裁者たるプロレタリアートの使用にふさわしく抜本的な新型機械がロシアで発明されたとは主張していない。

とはいえ、マルクス研究をつうじて抗いがたい迫力でたちあらわれる確信があるとすれば、それは技術の変容すなわち新型機械において結実する変容をともなわぬかぎり、階級間の関係の変化など純然たる幻想にとどまるという確信である。

労働者の立場からいえば、機械は三つの特性をそなえている必要がある。第一に、筋肉や神経や器官を疲弊させることなく、例外はのぞき、肉体を切りさくことなく操作されねばならない。

第二に、常態化した失業の危険をかんがみるなら、生産の機器全般は需要の多様化に対応すべく、可能なかぎり順応性に富んでいなければならない。ゆえに同一の機械が複数の用途に供されて、可能ならばきわめて多様で、ある程度まで無限定な用途に対応すべきである。これはまた、平時から戦時への移行を円滑にするための軍事的必然である。なおかつ労働の歓びを育むに適した要因でもある。なぜなら、倦怠および倦怠から生まれる嫌悪ゆえに労働者にひどく怖れられている単調さを、この多様性によって回避できるからだ。

第三に、これらの機械類は平時にあっては熟練工の仕事に対応すべきである。これもまた軍事的必然である。加えて、労働者の尊厳と心理的充足にとっても不可欠な要因である。すぐれた熟練工が大勢を占める労働階級はプロレタリアートではない。

調整可能で複数の用途に供される自動機械が大々的に開発されるならば、さきほどの要請はかなりの程度までみたされるだろう。この領域における初期の実用化はすでにおこなわれているし、この方面に大きな可能性があることも確かである(24)。こうした機器類が完成するなら、機械に貼りつく未熟練工は不要となる。ルノーのような巨大企業にあっては、仕事中に楽しげなようすの労働者はほとんどいない。その少数の特権的な人びとのなかに、複数のカム(25)により調整可能な自動旋盤をあやつる者たちがいる。

だが肝要なのは、労働者の心理的充足に機械がおよぼす影響を技術的な語彙で問題提起するという考えである。問題が提起されたあとは技術者が解決をめざせばよい。これまでも多くの問題を解決してきたのだ。ただ、技術者がそれを望まねばならない。そのためには、新型機械の開発拠点が資本家の利害の網目に絡めとられないような配慮をせねばならない。当然ながら国家が補助金で開発拠点を掌握すべきだろう。労働者の組織が奨励金をだしても支障はあるまい。影響と圧力を与える方法はほかにもあるだろう。労働組合《サンディカ》が真の生命力をとりもどすには、新技術を考案する研究所と恒常的に連繋すべきだろう。技術者養成学校のなかに労働者に好意的な雰囲気をつくるなら、このような連繋をうながす準備となろう。

現在にいたるまで、技術者が製造上の要請以外のなにかを考慮したことは一度もなかった。もし技術者が製造にたずさわる労働者の要請をたえず念頭におくようになれば、生産技術全体が徐々に変容していくにちがいない。

以上のことは、技術者養成学校と技術系学校における教育の題目とすべきだろう。ただし真に実質のともなった教育でなければならないが。

この種の問題についての研究はいますぐ始めても益こそあれ害はあるまい。

これらの研究の主題は容易に定義できる。ある教皇はいった。「物質は品位を高められ、労働者は品位を貶められて工場から出てくる」[26]。マルクスはこれとまったくおなじ考えをはるかに力づよく表現した。技術的進歩を達成しようとする者は、以下の確信をたえず思念にとどめおくべきだ。すなわち、製造の現状において気づきうるあらゆる種類のあらゆる不備のなかで、一刻の猶予なく緊急に改善すべき不備とは、右のように労働者が貶められている事態であり、この事態を悪化させることは断じてつつしみ、これを緩和させるためならあらゆる手をつくすべきであると。今後、この考えは工場内でなんらかの責任ある地位にある人びとにとって、職務上の義務や信義にかかわる感覚の一部となるべきだろう。さらにまた、労働組合にその責務をはたす能力があるとするならば、この考えを万人の意識へと浸透させることはその本質的な仕事のひとつとなろう。

労働者の大半が高度な技術を有する熟練工であって、しばしば創意と自発性を証明せねばならず、自分の生産と機械に責任をもたされるならば、現行の労働規律はいっさいの存在理由を失うだろう。自宅で働く労働者がいてよいし、できれば協同組合方式で組織される小さな工房《アトリエ》で働く労働者がいてもよい。今日、大きな工場よりも小さな工場においで、職権はいっそう堪えがたいやりかたで行使される。小さな工場が大きな工場の猿真似をするからだ。しかるにここでいう工房は小さな工場ではなく、あらたな精神の息吹がやどるあらたな型の産業機構となろう。ひとつひとつは小さくても、有機的な絆をしっかりと共有しているので、いっしょになってひとつの大きな企業体を形成する。大企業というものには、さまざまな汚点があるにもかかわらず、今日の労働者をひきつける独特の詩情があるのだ。

ひとたび兵営のごとき労働者の囲いこみが消滅すれば、出来高払いに不都合はなくなる。なにがなんでも迅速にという強迫観念を含意せず、自発的に達成された仕事への通常の報酬算出法となろう。服従はもはや秒刻みの屈従ではない。単独もしくは複数の労働者は期限内に遂行すべき一定数の注文をうけ、仕事の手順を自由に選べるだろう。このような状態は、ある命令によって課せられた同一の動作を、つぎの命令によってべつな動作が無期限に課されるまさにその瞬間まで、いつまでとも知れず際限なく反復するしかないといった認識とはまったく別物である。惰性的な死せる事物にふさわしい時間との関係があれば、思考する生きものにふさわしい時間との関係もある。両者を混同するのは誤りである。

協同組合的であるにせよそうでないにせよ、これらの小さな工房は兵営のごときものであってはならない。労働者がときには自分の仕事場や機械を配偶者にみせるのもよい。一九三六年六月、工場占拠のおかげでそれを実現させて幸福をかみしめたように。放課後、子どもたちは工場をおとずれて父親と合流し、仕事がほかのなにより熱中できる遊びである年ごろに、仕事のやりかたを学ぶのが望ましい。その後、見習工になるころにはあらかた仕事を習いおぼえているだろうから、仕事の腕をさらに磨いて完璧をめざすなり第二の仕事を身につけるなり、どちらかの道を自分で選ばせればよい。かくて労働は、子どもらしいこの讃嘆のおかげで生涯をつうじて詩情に彩られ、最初の出会いの衝撃ゆえに生涯をつうじて悪夢の色合いをおびることもなくなるだろう。

意気を阻喪させる昨今でさえ、農民は労働者ほどたえず外的な刺戟で奮起させられる必要がない。それは右のような差によるのかもしれない。九歳か一〇歳そこらで野良仕事をする子どもはつらい思いをするだろう。それでも、仕事がおとなの専売特許のすばらしい遊びに思えた瞬間が、ほぼ例外なくあったはずなのだ。

労働者の大半がまずは幸福だと思えるようになれば、本質的かつ憂慮すべきとみえる多くの問題は解決ではなく解消されるだろう。問題は解決されぬまま提起されたことすら忘れられよう。不幸は偽りの問題の温床である[27]。そこからさまざまな強迫観念が生まれる。これらの強迫観念をやわらげる方法は、これらが要求する養分を与えることではなく、不幸そのものを消滅させることだ。腹に傷を負っているせいで渇きをおぼえる人がいるなら、水を飲ませるのではなく傷を癒やしてやらねばならない。

不運なことに、修正がきくのはおおむね若者たちの運命にかぎられる。ゆえに若い労働者の養成にむけて、手始めに見習期の充実にむけて大いなる努力を払わねばならない。国家がその任にあたるべきだ。国家以外の社会要因では荷が重すぎる。

見習期の修業にかんする雇用主の怠慢ほど、資本家階級の本質的な義務不履行をあらわすものはない。ロシアでは犯罪的怠慢と呼ばれているたぐいのものだ。この点についてはどれほど強調しても強調しすぎることはないし、かくもわかりやすく文句のつけようのないこの単純な真理をどれほど喧伝しても喧伝しすぎることもない。この二、三〇年間、雇用主は優秀な熟練工の養成に無頓着だった。熟練労働者の不足は他の要因とあいまってこの国の凋落に貢献した。一九三四年と一九三五年のように失業の危機がもっとも深刻で生産が壊滅に瀕していた時期でさえ、工学・航空関連の工場が優秀な熟練工を求めたにもかかわらず得られなかった。雇用試験がむずかしすぎると労働者はこぼした。だが彼らは試験に合格できるような養成をうけてこなかったのだ。このような状況下でどうやって充分な武装化をするというのか。よしんば戦争がなくとも、熟練工不足は経年とともに悪化の一途をたどり、ついには経済生活そのものさえ不可能にしたにちがいない。

雇用主が資本主義体制《システム》から負託された責務を事実上はたせなかったことを、われわれはいまこそフランス全土および関係者本人たちに周知せねばならない。彼らには担うべき機能があるが、それはこの機能ではない。彼らが担うには重大かつ広範すぎる機能であることは、経験で証明ずみなのだから。このことがしかるべく了解されるなら、労働者はもはや雇用主を怖れなくなるだろう。雇用主のほうも不可避の改革に抵抗するのをやめて、本来の機能の控えめな枠内にとどまればよいのだ。これが雇用者にとって唯一の救いの可能性である。労働者がかくも執拗に雇用主をお払い箱にしたがるのは、雇用主を怖れているからなのだ。

雇用主は食前酒をたしなむ労働者を先見の明がないと責める。その彼ら自身の叡智をもってしても、見習工の養成をおこたれば二〇年後には労働者がいなくなる、すくなくともその名にふさわしい労働者はいなくなることを予見できなかった。あきらかに二年か三年先しか予見できないらしい。それとも彼らには倒錯した性癖があって、根こぎにされ一顧の価値もない存在である不幸な家畜の群を自工場に集めるのが好きなのだろうか。奴隷の屈従が自由人の屈従より完璧だとしても、奴隷の叛逆もまた自由人の叛逆より凄絶であることを、彼らは知らなかった。しかも奴隷の叛逆(28)を経験したにもかかわらず、その意味を理解しなかったのだ。

観点を変えるならば、見習工養成の問題にかんする労働組合の義務不履行もまた、これに劣らず破廉恥である。労働組合であるから生産の将来に関心をよせる必要はない。だが唯一の存在理由が正義の擁護である以上、見習工となる子どもの心理的苦悩に心を痛めるべきだった。事実、工場労働者のなかで真に悲惨な集団である青少年、女性、移民、外国人、植民地人は切りすてられてきた。彼らの苦しみの総和でさえ、組合活動においては、すでに充分な報酬を得ている集団《カテゴリー》の賃上げ問題ほどの重きをなさなかった。

この事実ほど、集団活動が現実に正義をめざすことがいかに困難であり、不幸な人びとが擁護されることがいかに困難であるかを物語るものはない。不幸な人びとはみずからを守ることができない。不幸がじゃまをするからだ。かといって部外者が彼らを守ることもない。人間本性の傾きは不幸な人に注意をむけないことなのだから。

カトリック青年労働者連盟(29)のみが若年労働者の不幸をひきうけた。このような機構の存在は、われわれのあいだでキリスト教が滅んでいないことを示すおそらく唯一の確かな兆候《シーニュ》である。

資本家が犯罪的な怠慢ゆえに民衆や国家の利益のみならず自身の利益までもそこない、資本家たる使命を裏切ったように、労働組合もまた仲間である悲惨な境遇の人びとを怠慢ゆえに保護しようとせず、おのが権益の確保に汲々として労働組合たる使命を裏切った。労働組合が責任を掌握し権力濫用の誘惑にさらされる日の到来を視野にいれて、くだんの裏切りを世に知らしめておくべきだろう。加入義務のある単一機構に変貌した労働組合の動きの悪さは、その精神的な変質がおのずから避けがたく到達した結果にほかならない。結局のところ、この点でヴィシー政府からの働きかけは無にひとしかった。労働総同盟(30)は力ずくで屈服させられた犠牲者ではない。すでにひさしく屈服させられるまでもない体たらくだったのである。

不幸な人びとの擁護は国家の得意技ではない。むしろ緊急かつ明白な公安上の必要と世論の圧力に後押しされるのでなければ、国家が擁護にのりだすことはまずありえない。

青年労働者の養成でいえば、公安上の必要はこれ以上ないほど緊急かつ明白である。世論の圧力のほうはいっそう強化すべきである。したがって真に労働組合的といえる諸機構、カトリック青年労働者連盟、種々の研究会、公的なものも含めた青年運動などの萌芽を利用して、ただちに強化に着手すべきである。

ロシアのボルシェヴィキは大企業の構築を提供して民衆を熱狂させた。あたらしいタイプの労働者大衆の構築を提唱することで、われわれはわが国の民衆を熱狂させられるのではないか。このような目標こそフランスの真髄《ジェニー》に合致するものといえよう。

青年労働者の養成とはいえ、たんなる職業訓練の枠内にとどめてはならず、いうまでもなく、すべての青年の養成とおなじく一種の教育を含んでいなければならない。そのためには、見習工の養成を学校ではなく生産現場の雰囲気のなかで実施するのが望ましい。学校ではまちがいなく成果があがらないからだ。とはいえ個々の工場にまかせるわけにもいかない。ここに創意工夫が求められる。職業学校の長所、工場実習の長所、現状の「青年錬成所《シャンティエ》(31)」の長所、さらにその他多くのものを統合するなにかが必要だろう。

しかるに青年労働者の養成は、とくにフランスのような国においては、なんらかの教養すなわち知的文化への参与を含意する。したがって思考の世界においても、彼らの居心地がよくなければならない。

いかなる参与、いかなる文化への参与をうながすのか。この主題ではひさしく議論が戦わされてきた。かつてある種の環境では、労働者の文化なるものがおおいに喧伝された。他方、労働者の文化だの労働者のものでない文化だのは存在せず、もっぱらひとつの文化が存在するだけだと主張する向きもあった。この考えから生じた結果は、結局のところ、もっとも聡明でもっとも勉学に熱心な労働者を愚鈍な高等中学生《リセアン》のように扱うことだった。もうすこしましな場合もあったとはいえ、包括的にいってこれが大衆化の原則であり、今日ではそのように了解されている。大衆化という語は、その実態に負けず劣らずおぞましいものだ。まずは合格といえる状態にまでこぎつけた暁には、まったくことなる語をみいだすべきだろう。

たしかに真理はひとつだが誤謬は数多い。人間にとっては特異例というべき完全の域にある文化はべつとして、あらゆる文化には真理と誤謬の混淆がみられる。もしわれわれの文化が完全の域に迫っているなら、社会的階級をこえた地点に位置しているはずだ。ところが凡庸な域にとどまっているので、その大半においてブルジョワ知識人の、より限定的にはしばらくまえから官僚的知識人の文化にすぎなくなっている。

この方向にさらに分析を進めるならば、マルクスのある種の考えのなかに以前は気づかなかった多くの真理をみいだすだろう。もっともこのような分析をおこなうのはマルクス主義者ではない。なぜなら、そのためにはあらかじめ鏡のなかの自分の姿を直視する必要があるのだが、それはあまりに骨のおれる作業だろうからだ。これを首尾よくやってのけるには、キリスト教に固有の徳から勇気を得るほかはない。

　われわれの文化を民衆に伝えるのにこれほど難儀するのは、この文化が高尚すぎるからではなく低俗すぎるからである。民衆にその細切れを投げ与えるまえに一段と劣化させておくとは、いかにも奇妙な解決法である。

　民衆が文化に近づくのを困難にする障碍がふたつ〔ママ〕ある。第一は時間と気力の欠如だ。民衆には知的な努力に捧げる余暇がほとんどない。それに疲労のせいで努力するにも限界がある。

　だが、このような障碍は重大なものではない。すくなくとも、それを重大だとみなす誤謬をおかさぬかぎりは。真理は魂の純度におうじて魂を照らすのであって、他のなにかの量の多寡に左右されはしない。重要なのは金属の量ではなく純度である。この領域では微量の純金も大量の純金に匹敵する。わずかの純粋な真理も多くの純粋な真理に匹敵する。同様に、完璧なギリシア彫刻一体は完璧なギリシア彫刻二体と同量の美を含んでいる。

ニオベの罪(32)とは量と善が無関係であると知らなかったことだ。だから子どもたちの死によって罰せられた。われわれもまた日々おなじ過ちをおかし、おなじように罰せられている。

ある労働者が、一年のあいだ熱意と忍耐をかたむけて幾何学の定理をいくつか学んだとする。その労働者は、おなじく一年のあいだ同様の熱心さで高等数学の一部を修得した学生とまったく同量の真理を、その魂のなかに迎えいれることになろう。

じつをいうと、このことが真であるとはなかなか信じられない。真であると証明するのもたやすくはあるまい。それでもキリスト者にとってはこれが信仰箇条とならねばならない。キリスト者ならば、真理とは福音書がパンに譬えた純粋な善のひとつであり、パンを求めて石を与えられることはない(33)ことを思いおこすはずだから。

余暇の欠如、疲労、天与の才能の不足、病気、身体的な苦痛などの物理的な障碍は、低位または中位の文化を獲得する妨げになっても、文化に含まれるもっとも貴重な善を獲得する妨げにはならない。

労働者の文化をはばむ第二の障碍は、労働者の生きる境遇には、他のすべての境遇とおなじく固有の感受性の傾向が対応しているということだ。したがって労働者ならぬ境遇の人びとが自分のために錬りあげた文化には、労働者の感受性になじまない異質なものがある。

これを解決する手立ては翻案の努力である。大衆化ではなく翻案である。この両者は似て非なるものだ。

知識人の文化に含まれているすでにして貧弱きわまる真理をとりだし、その質をさらに落とし、細切れにし、風味を失わせてしまうのではない。むしろ、労働者の境遇によって育まれた感受性をそなえる人びとのために、パスカルの言にしたがえば「心情にひびく」(34)言葉に置き換えて、それらの真理を十全なかたちで表明しなければならないのだ。

真理の置き換えはもっとも本質的でもっとも未知なる技法のひとつである。この技法のむずかしさは、これを使いこなすには真理のただなかに身をおいた経験がなければならず、真理が現れでる偶然かつ特殊なかたちの背後に真理をその裸性において把握しなければならない点にある。

そもそも置き換えは真贋をみきわめる規準である。置き換えができないものは真理ではない。同様に、視座によって外観を変えないものは実体をそなえた物質ではなく、実体を装っただまし絵にすぎない。思考にもまた三次元からなる空間が存在するのだ。

文化を民衆に伝えるのに適した置き換え様式の探究は、民衆にとって以上に文化そのものにとって救いとなるはずだ。文化にとってかぎりなく貴重な刺戟となろう。文化はこれまでの息もできない閉塞的な環境を抜けだし、もはや専門家の付属品ではなくなるだろう。昨今では、文化は高尚なものから低俗なものまで専門家の付属品である。ただし底辺に近づくにつれてより低俗になる。労働者をいささか愚鈍な高等中学生《リセアン》並みに扱うように、高等中学生を疲労困憊の学生並みに扱い、学生を健忘症に苦しみ再教育が必要な教師並みに扱うわけだ。文化とは新米教師を製造すべく教師があやつる装置であり、こうして製造された教師がさらなる新米教師を製造する。

根こぎの病が現在みせるすべての形態のなかで、文化の根こぎはもっとも警戒を要するもののひとつである。この病の最初の結果として、すべての領域において相互の関係性が断たれるがゆえに、個別のものがそれじたいとして目的とみなされてしまう。根こぎは偶像崇拝を生みだすのだ。

われわれの文化の歪みの例をひとつだけ挙げよう。幾何学的推論に必然の特性を付与するという申し分なく合理的な配慮により、幾何学は世界とまるで無縁なものとして高等中学生に提示されている。したがって高等中学生は幾何学にたいして遊戯に類する興味をいだくか、もしくは良い点数をとるための興味ぐらいしか示さない。これではそこに真理が含まれていると思えるはずがない。

単独あるいは精緻な連繫によるわれわれの行為の多くは幾何学的観念の応用であり、われわれの生きている宇宙は幾何学的関係性で織りなされた布地であり、幾何学的必然は時空に封じこめられた被造物たる人間が現実に服している必然であることを、大半の人びとは知らずにいる。幾何学的必然はあたかも恣意的であるかのように提示される。恣意的必然ほど不条理なものがあろうか。定義からして必然とは不可避的なものなのだ。

他方、幾何学を大衆化し経験に近づけようとすると論証がおろそかになる。これではなんの趣もない処方箋《レシピ》しか残らない。幾何学は風味を失い、本質を失った。必然を対象とする研究たること、これこそ幾何学の本質だというのに。しかるに幾何学の必然とは、地上の主権者たるこの必然と同一なのである。

これらの歪曲はいずれの型であっても回避するのはたやすい。論証か経験かで二者択一する必要はない。チョークをもってしても木や鉄をもってしても同様にたやすく論証できる。

研究を工房と関連づけて幾何学的必然を職業学校に導入する単純な方法がある。たとえば子どもにこう説明する。「やるべき仕事(これこれの条件をみたす品物を制作する)が複数あります。可能な仕事もあれば不可能な仕事もあります。可能な仕事はやってみせ、やらなかったものは不可能な仕事であることを、わたしに納得させなさい」と。このささやかな入口から幾何学のすべてを労働へと導入できよう。制作は可能性の経験的な証明である。だが不可能性の経験的な証明は存在しない。制作ではなく論証が求められる。不可能性とは必然の具体的な形式《フォルム》なのだ。

その他の科学についても、主として古典科学に属するいっさいは――アインシュタインと量子論は労働者の文化にもちこめないから――、人間の労働を支配する諸関係を自然界に移しかえるという類比的な方法論から生まれる。よって古典科学もまた、しかるべき呈示方法が得られさえすれば、しごく当然の結果として高等中学生《リセアン》よりも労働者に帰属すべきものとなろう。

ましてや「文学」の項目に分類されている文化の一部については言をまたない。なぜなら文学の対象とはつねに人間の境遇であり、人間の境遇をもっとも現実的かつ直接的なかたちで経験するのは、ほかならぬ民衆だからである。

例外はあろうが、総じて二流もしくはそれ以下の作品は選良《エリート》にふさわしく、文句なく一流の作品は民衆にこそふさわしい。

たとえば、不幸をほぼ唯一の主題とするギリシアの詩歌と民衆との出会いはどれほど強烈な共感を生むことか。ただし翻案および紹介の方法をわきまえておかねばなるまい。骨の髄まで失業の不安に蝕まれている労働者なら、弓矢を奪われたフィロクテテス(35)の状態と自身の無力な手をみつめる彼の絶望とを理解するにちがいない。おなじくエレクトラ(36)が飢えていたことも。昨今のような時期は例外としても、このことをブルジョワはとうてい理解できなかったのだ。ビュデ叢書(37)の校訂者たちも同様である。

労働者の文化をはばむ第三の障碍がある。奴隷のごとき屈従である。思考は現実に行使されるとき、本質からして自由な主権者である。思考する存在として一時間か二時間だけ自由な主権者であり、それ以外の時間は奴隷であるというのは、じつに八つ裂きにされるような葛藤を生むので、この苦痛から身を守るために思考のもっとも高貴なる形態を放棄せずにいるのは、まずもって不可能といってよい。

効果的な改革が実現するなら、この障碍は徐々に消えていくだろう。のみならず近年の隷従の記憶や消えつつあるその残滓は、解放の過程において思考をつき動かす強力な刺戟となろう。

労働者の文化は知識人と呼ばれる人びとと労働者との混淆《メランジュ》を条件とする。「知識人」とはおぞましい名称だが、今日これより美しい名称に彼らはあたいしない。このような混淆が現実に生じるのはむずかしい。だが現況はこれをうながす方向にある。多くの若い知識人がドイツの工場や農場で奴隷の状態に追いやられたからだ。「フランスの仲間《コンパニョン》」(38)で若い労働者たちと混じりあった者もいた。とりわけ前者は重要な経験をした。この経験によって粉砕される者も少なくあるまい。すくなくとも心身ともに叩きのめされるだろう。それでも数人は真になにかを体得するはずだ。

かくも貴重なこの経験であるが、そこから解放されるやいなや、屈辱や不幸を忘れたいという逆らいがたい誘惑によって失われる危険がある。いますぐにも、これら虜囚を経験して帰国した人びとを労働者と交流させ、強制下に始めた労働者との接触を今後もつづけさせねばなるまい。文化と労働大衆を近づけて文化にあらたな方向性を与えるために、自身の最近の経験を労働者にかわって再考する努力へと彼らをいざなうために。

現時点では、対独抵抗運動《レジスタンス》に挺身する組合機構がこうした交流の機会を提供するだろう。だが一般論として、労働組合《サンディカ》において思考の生活を確保すべきであるならば、従前とはまったくことなる知識人との接触が求められよう。これまで労働組合は彼ら自身の賃金を防衛させるべく、専門家集団たる知識人を労働総同盟の傘下に集めてきたのだ。まさに愚の骨頂である。

知識人と労働組合の自然な関係はこうなる。すなわち、組合は知識人を名誉組合員として認めるが、活動にむすびつく審議への介入は禁じる。一方で、知識人は講義や図書室を組織化して組合に無償で奉仕する。

虜囚として強制的に労働者と混じりあう機会を逸した若い世代のなかに、半世紀まえにロシアの学生を昂揚させた動向[39]に類する動向がより明確な思考をともなって出現し、学生が無名の労働者として自主的に長期の研修をおこない、農場や工場で大衆と混じりあうようになれば、きわめて望ましい状況であるといえよう。

要約すれば、なによりも根こぎによって定義されるプロレタリアの境遇を廃止することは、労働者が居心地よく感じられるような産業構造および精神文化を構築する責務と軌を一にするのである。

労働者自身もこの構築におおいに貢献すべきであるのは言をまたない。もっともことの性質からして、その貢献の度合は労働者の実質的な解放とあいまって高まるだろう。他方、労働者が不幸のなかに囚われているかぎり、この度合が最小にとどまるのは避けがたい。

まったくあたらしい労働者の境遇を構築するという課題は緊急を要するので、遅延をゆるさず検討すべきである。ただちにひとつの方向性が決定されねばなるまい。戦争が終わりしだい、字義どおりの意味で構築が始まるからだ。住居や建物が築かれるだろう。ふたたび戦争にならないかぎり、築かれたものは壊されることはないだろうし、生活はそれに順応していくだろう。数世代にわたり社会生活のすべてを決定する礎となるだろう石材を、成り行きで積みかさなるままに放っておくのは、およそ理屈にかなっていない。近い将来における産業企業体の構築についてあらかじめ明確に考えておくべきだろう。

万が一にも離反を怖れてこの必然を回避するような事態となれば、われわれにフランスの運命に介入する資格がないことが判明するだけだ。

ゆえに労働者をふたたび根づかせる計画の検討を急がねばならない。以下に実施可能な素案を要約しておく。

大工場は解消されるだろう。大きな企業体は多数の小工房《アトリエ》と連動する組立工房によって構成される。これら小工房は田園地帯に分散し、それぞれの工房では一名もしくは数名の労働者が働く。中央組立工房へは、専門家ではなく小工房の労働者が順繰りに定期的に働きにいく。この時期は祝祭の機会となろう。仕事は半日で切りあげられ、午後は同志的な絆や企業体への忠誠心の養成、講演への参加にあてられる。技術関連の講演では、各自が生産する部品の精確な機能と仲間の作業により克服された難題を把握し、地理関連の講演では、自分が製造の協力した製品はどこに送られるのか、これらの製品がどのような人びとに使われるのか、これらの製品がどのような環境や日常生活や人間的環境でどのような場を占めるのかを学習する。これに一般教養が加わる。それぞれの中央組立工房の隣に労働大学が設置される。大学は企業体の指令部と密につながっているが、企業体の所有物ではない。

機器類は企業体の所有物とはならず、各地に分散する小さな工房の所有となり、工房は工房で、個人にせよ集団にせよ労働者の所有となろう。さらに労働者は住宅と小規模の土地を所有する。

機器類、住宅、土地という三つの所有物は、労働者が結婚するとき国家から贈与される。ただし、困難な技術的試作を首尾よく完成させ、知性と一般教養を確認する試験に合格するという条件がつく。

機器類の選択は労働者の嗜好と知識にもとづくと同時に、生産のきわめて一般的な要請に応えるべきだろう。最大限に自動調整が可能で複数用途に供しうる機械でなければならない。

この三つの所有物は、相続による移譲も売却もゆるされず、いかなる手段によっても剝奪されえない(機器類のみは場合により交換できる)。これら所有の享受者にはもっぱら所有を放棄する権限しかない。ひとたび放棄したあとにべつの場所で同等の所有を手にするのは、不可能とはいわないまでも困難にはなろう。

労働者が亡くなると、所有物は国家に返される。もちろんそのさい、国家は残された配偶者や子どもに同等の福利を確保せねばならない。配偶者に技能がある場合はひきつづき所有できる。

これら贈与はすべて、企業体の利潤からの直接税、もしくは製品の売上からの間接税でまかなわれる。公務員、企業主、労働組合員、代議士からなる行政機関がその運営にあたる。

職業的無能力が裁判所で宣告された場合、この所有権は剝奪されうる。もちろん企業主の職業的無能力を罰するためにも同様の法的措置が整備されることを前提として。

小工房の経営者を志望する労働者は、審査機能を有する職業機構の認可をうけねばならない。認可されると二台または三台の機器類を追加購入する便宜がはかられる。だが、それ以上の台数は認められない。

試験に合格できない労働者は給与生活者の状態にとどまる。ただし、生涯をつうじて年齢の制限なく幾度でも試験に挑戦してよい。また年齢に関係なく複数回にわたって、職業学校でおこなわれる数か月の無償研修への参加を要請できる。

これら能力を欠くがゆえの賃金生活者は、協同組合系でない小工房で働くか、自工房で働く労働者の手伝いをするか、組立工房で単純労働にたずさわるかのいずれかとなろう。だが、この種の労働者は生産業では少数しか認めるべきではない。大多数は公共事業や商業に不可欠な労務や事務の職につかせるべきだろう。

結婚して生涯を自分の工房ですごす年齢まで、つまり性格によってことなるにせよ、二二歳、二五歳、三〇歳といった年齢まで、若い労働者はつねに修業中の身とみなされる。

子ども時代には、子どもが仕事中の父親のそばで手作業をして何時間もすごす余裕を、学校のほうで確保すべきである。数時間を学業に数時間を作業にあてるという半就学の形態は、その後も長くつづけるべきだろう。その後はきわめて変化のある生活様式が求められよう。「フランス巡歴」式の旅行が一例である。あるいは個人経営の労働者宅、共同経営の小工房、多様な企業の組立工房、「青年錬成所《シャンティエ》」[40]や「フランスの仲間《コンパニヨン》」[41]型の青年団体での合宿と労働でもよい。これらの滞在は各人の嗜好と能力しだいで幾度でもくり返し体験でき、数週間から二年までの期間にわたって労働大学でも継続できる。これらの合宿は条件つきにせよ年齢に関係なく体験できねばならない。さらに完全に無償で、社会的特典とは無縁でなければならない。

若い労働者が変化のある生活を存分に満喫して、そろそろ身を固めようと考えはじめるとき、根をおろす機が熟したといえよう。配偶者、子、住宅、食料の大半を供給する菜園、自分の愛する企業体との絆である労働、そして自分の誇りであり世界へと開かれた窓である労働、これらをもってすれば、ひとりの人間が地上的な幸福を感じるには充分である。

いうまでもなく、こうした青年労働者の表象は兵営のごとき生活の抜本的改革を含意する。

賃金については、第一に、労働者を困窮に追いやるほど抑えるべきではないのは言をまたないが、上記の状況が守られるならばまず怖れる必要はあるまい。第二に、賃金が労働者の関心を占拠し、労働者が企業体にいだく愛着を妨げてはならない。

調停その他の目的を有する協同組合組織は、もっぱら以下の効果のために、すなわち個々の労働者が金銭の問題に煩わされずにすむように機能せねばならない。

企業主という職業は医者の職業とおなじく、公益をかんがみて一定の保証を条件に国家が就業許可を与える職種のひとつである。そのさい経営能力だけでなく精神の高潔さも保証されねばならない。

開業資金は現状よりはるかに小規模でかまわない。貧しい若者でも企業主になる才覚と意欲があれば、信用貸付制度によって容易に企業主になれるだろう。

企業経営はこうして個人の手にとりもどされる。株式会社については移行措置をもうけたのちに、これらを撤廃し禁止を宣言してもまず不都合はあるまい。

もちろん企業の多様性に対応するきわめて多様な研究方式が求められよう。ここに素描された見取図は長年の努力の成果としてでなければ実現されえない。なかでも技術発明の努力は不可欠であろう。

いずれにせよ、このような社会生活の様態は資本主義でもなく社会主義でもない。

この生活様態はプロレタリアの境遇を解消するだろう。しかるに社会主義と称されるものは、事実上、あらゆる人間をプロレタリアの境遇へと突きおとす傾向があるのだ。方向性としては、もっか流行の兆しをみせる決まり文句的な「消費者の利益」ではなく、労働における人間の尊厳をめざす。前者は露骨に物質主義的な利益にすぎないが、後者は精神的な価値である。

こうした社会的構想の不都合なところは、この構想を言葉の領域から引きだすべく本気で不退転の意欲に燃える一定数の自由な人間が存在しなければ、たんなる言葉の領域を脱する可能性がまったくないことだ。そのような人間をみいだしうるのか、またはどこからか呼びよせうるのか、それとて確信はもてない。

しかしながらこの可能性を除外するならば、不幸のさまざまな形態、それもひとしくおぞましい諸形態のあいだでいずれかを選ぶしかなくなる。

このような構想の実現には長い時間を要するとはいえ、戦後の再構築にあたってはすみやかに工業労働の分散を原則とせねばならない。

農民の根こぎ

農民の根こぎの問題は、労働者の根こぎの問題に劣らず深刻である。病はまだそれほど重篤ではないが、いっそう破廉恥な状況にある。根こぎにされた人びとが大地をたがやすなど自然(本性)に反するからだ。このふたつの問題にはひとしく注意を払わねばならない。

農民に同等の注意を払うことができぬときには、労働者に公然と注意を払うべきではない。なぜなら農民というのはきわめて猜疑心が強く感傷的になりやすく、自分たちはなおざりにされているという苦悩につねづね苛まれているからだ。現在の苦しみのなかで自分たちが思念にのぼる機会がふえたという確信のうちに、農民が慰撫をみいだしているのは確かである。白状せねばならないが、たらふく食べられるときより空腹をかかえているときのほうが、農民に思いをはせる頻度は高まるものだ。あらゆる身体的な欲求をはるかに超越した次元に思念をよせてきたと称する人びとにあってさえ、この事情は変わらない。

労働者には奨励すべからざる傾向がある。民衆が話題になるや自分たちだけが対象だと思いこむのである。そこに正当な根拠はいっさいない。労働者が農民よりも声高に騒ぎたてるという事実を根拠として数えるのでなければ。ともあれ労働者は民衆寄りの知識人を首尾よく味方につけた。その結果、農民は政治的左翼なるものに一種の憎悪をいだくにいたった。ただし農民が共産主義の影響下にある場合や、彼らのなかで反教権主義が主たる情念と化している場合は例外である。ほかにも例外はあるかもしれない。

フランスにおける農民と労働者の分断は遠い過去にさかのぼる。一四世紀末の哀歌のなかで、農民が悲痛きわまる口調で、職人をふくむ他の社会階層からこうむる非道の数々を列挙している。

フランスの民衆運動の歴史のなかで、筆者の誤りでなければ農民と労働者が共闘したことはまずなかった。一七八九年の革命時でさえおそらく偶然の一致であって、それ以上のものではなかった。

一四世紀の農民は他の階層よりもはるかに不幸な人びとだった。たとえ物質的にはより恵まれていても、そして現状は事実そうなのだが、農民が自分は幸福だと思うことはめったにない。なぜなら村に数日の休暇をすごしにくる労働者がつい大言壮語の誘惑に負けてしまうので、農民にしてみればいっさいは街で生じるのであって自分は「部外者だ」(42)という感覚に苛まれている。

いうまでもなくこのような精神状態は、無線通信《テ・エス・エフ》、映画、『コンフィダンス』や『マリ＝クレール』といった絵入り週刊誌の普及でいよいよ悪化させられた。これらにくらべればコカインなどさしたる危険もない代物といえよう。

これが現状であるから、農民に自分は「関係者だ」(43)と感じさせるなにかを考案し作動させるのが、最優先の課題となろう。

ロンドンから発信される公的文書(44)においても、きまって農民よりも労働者への言及のほうがはるかに頻繁であったが、これもおそらくは遺憾とすべきだろう。対独抵抗運動《レジスタンス》で農民のはたす役割が労働者とくらべて微小であるのは事実である。だが、かえってこの事実こそ、われわれが農民の存在に気づいていることをくり返し証明すべきさらなる理由となろう。

フランスの民衆がある運動に賛同していると断じるには、農民の大半についてこれが妥当していなければならない。これを失念してはならない。

農民にも同様の約束ができぬときは、労働者に新規の改善案を約束しないことを鉄則とすべきだろう。一九三三年以前のナチス党のみごとな手管は、労働者にはもっぱら労働者のための党として、農民にはもっぱら農民のための党として、小市民《プチブル》にはもっぱら小市民のための党として自己を演出したことだ。なんの造作もなかった。万人に嘘をついていたのだから。われわれもおなじことをせねばならない。ただしだれにも嘘をつくことなく。これはむずかしい。しかし不可能ではない。

農民の根こぎは、ここ数年、労働者の根こぎとおなじく国家にとって致命的な危険だった。もっとも深刻な症状のひとつは七年か八年かまえに始まり、失業の危機のさなかにも進行した農村の人口減少である。

農村の人口減少は究極のところ社会的な死をもたらしかねない。これは自明の理だ。そこまでは行くまいと口ではいえよう。だがどうなるかわからない。目下、進行をとどめる要因はなにひとつみあたらない。

この現象については二点に注目すべきである。

白人たちはおのれの赴くいたるところにこの現象をもちこむ。これが一点である。この病はブラックアフリカにさえ達した。おそらく数千年来、小さな村落の集合からなりたってきた大陸だったというのに。すくなくとも彼らは自分たちの大地でしあわせに生きるすべを知っていた。よそ者がやってきて彼らを殺戮し、拷問し、奴隷の状態へと貶めるまでは。この接触のせいで彼らはしあわせに生きる能力を失いつつある。ゆえに、アフリカの黒人は植民地化された民族のなかでもっとも原初的ではあるが、結局のところ、われわれから教えを得る以上にわれわれに教えるべきものを有しているのではないかという疑念をいだかせる。われわれが彼らにほどこす恩恵なるものは、金満家が靴直し屋にほどこす恩恵に似ている(45)。この世のなにをもってしても労働の歓びの喪失を償うことはできないのだ。

もうひとつの注目すべき点は、全体主義国家の無尽蔵とみえる手立てもこの悪には無力であることだ。この件についてドイツでは幾度となく公式に断固たる告白がなされた。ある意味でけっこうなことだ。ドイツより首尾よくやってのける可能性が残されているわけだから。

大恐慌期におこなわれた在庫小麦の破棄は、当然ながら世論のはげしい顰蹙を買った。しかしよく考えてみれば、産業危機の時期に生じた離村のほうがさらに一段と破廉恥な現象である。自明のことだが、この問題を放っておいて労働者の問題を解決する望みはまったくない。過去の生から切りはなされた農民の流入が労働人口をたえず押しあげる状況では、労働者がプロレタリアート化するのを妨げる手立てはいっさいない。

戦争がみせつけたのは農民を蝕む病の重篤さである。兵士には若い農民がなったからだ。一九三九年九月、農民の言い分はこうだった。「フランス人として死ぬより、ドイツ人として生きるほうがましだ」。なにも失うものはないと思わせるほど農民を追いつめるとは、われわれはいったいなにをやらかしてしまったのか(46)。

政治上の大きな困難のひとつをはっきりと意識すべきである。労働者がこの社会で残酷な疎外感に苛まれている一方で、農民のほうはこの社会では労働者だけが居心地がよいのだと思いこんでいる。農民の眼には、労働者の肩をもつ知識人は、被抑圧者ではなく特権者の擁護をする人間としか映らない。このような心情に知識人が思いいたることはない。

農村における劣等感はかくも根が深いので、微々たる年金暮らしの小市民《プチブル》から現地民にたいする入植者の傲慢さで遇されるのを、富裕な豪農でさえあたりまえだと思うありさまである。金銭でも払拭されないとすれば、農民の劣等感はきわめて深刻であるというべきだろう。

したがって労働者に心理的な充足を与えようと決意すればするほど、農民にもその等価物をより多く与える覚悟を強めねばならない。さもなければ、労働者と農民のあいだに生じた不均衡は、社会にとっても、そしてその反動というかたちで労働者にとっても危険なものとなろう。

根をもつという欲求は、農民の場合、まず農地所有への渇望というかたちをとる。それは彼らにとって掛け値なしの渇望、健全で自然な渇望である。この方向で彼らに希望をさしだすならば、確実に彼らの気持をつかめるはずだ。所有の様態をさだめる法的資格ではなく所有の欲求そのものを聖とするのであれば、すぐにでもそうしてならない理由はない。農民が手にしていない耕地を徐々にその手に譲りわたすための法的手段にはこと欠かない。都市生活者の耕地所有権を正当化するものはなにもない。大規模農地の所有は技術的な理由による特例をのぞき正当化できない。この場合でさえ、各自がそれぞれ自分の区画では野菜などの農作物を集約的に栽培し(47)、同時に、協同組合方式で共有する広大な区画では近代機器による粗放耕作法(48)をおこなう農民の在りかたを構想できよう。

農民の心にうったえる措置とは、耕地を遺産分配による財産ではなく労働の手段とみなすことを決定づける措置だろう。こうすれば、より楽な仕事で収入は多い公務員の兄にたいする負債で一生うだつが上がらない農民の弟といった、破廉恥な光景はみられなくなるはずだ。

年金はたとえ最小限であっても、老人には強力な影響力をおよぼすだろう。年金という語は、不幸なことに若い農民を都市へとひきよせる魔法の呪文でもある。農村で老人のうける屈辱はひどいものであったりするが、年金が名誉あるかたちで与えられるならば、ほんの小額であっても老人に面目をほどこさせるだろう。

これとは対照的に、安定性がすぎると結果的に農民のなかに根こぎを生じさせる。農民の子どもは一四歳くらいで独立して耕作を始める。そのころの労働には詩情がある。いまだ労働にみあう体力はなくても陶酔がある。だが数年もたてば、この子どもらしい熱意は磨滅する。作業の手順は呑みこんでいて、いまや体力はあふれるばかりで、なすべき労働をやすやすとこなしても余りある充実ぶりだというのに。数年来、毎日毎日やってきた作業のほかになにもやることがない。かくて日曜はなにをしようかと夢想して週日をすごす。そうなった瞬間、この子はだめになる。

農民の子どもが一四歳にして労働と完全に出会うこの最初の接触、この最初の陶酔をおごそかな祝祭で聖化することによって、この陶酔をしっかりと魂の奥底に刻みこむべきだろう。すぐれてキリスト教的な村落では、このような祝祭は宗教的な彩りをおびるだろう。

しかしまた三年か四年後、あらたにおとずれる渇望をみたす糧も提供せねばなるまい。若い農民にとって渇望はひとつしかない。旅行である。すべての若い農民に、金銭的な負担なしで、フランス国内を、ときには国外をも、ただし都市ではなく田園地帯を旅行する可能性を与えるべきだろう。したがって「フランス巡歴」に類するなにかを農民のために組織せねばなるまい。そこに教育と教養にかかわる活動を加えてもよいだろう。なぜなら若い農民のなかで最良の人びとが、一三歳にしていわば自分に暴力を加えるかたちで学業を終わらせ、農作業に身を投じたのちに、一八歳や二〇歳ごろにふたたび自己陶冶への意欲をおぼえるのはめずらしくないからだ。似たようなことが若い労働者の身にもおこる。人員交換制度があれば、家族に欠かせない若者でも旅行にでられるだろう。そのさい完全に自発的な旅行であるべきなのは言をまたない。また両親にこれに異をとなえる権利はない。

農民にとって旅行という考えがどれほどの威力を発揮しうるか、それがたとえ実現以前の約束にすぎない状態であっても、こうした改革がどれほどの心理的な重要性を有しうるか、ましてや現実にこれが習俗となるにいたればなおのこと、その衝撃たるや想像すらできない。若者が農民たるのをやめることなく世界を渡り歩いたのちに自宅にもどるならば、不安な気持もおさまり落ちつきをとりもどし、一家をかまえる気になるだろう。

若い娘にもこれに類するなにかが必要だろう。『マリ＝クレール』にとって代わるものが。彼女たちの手に『マリ＝クレール』を残しておいてはならない。

若い農民にとって兵営は根こぎをもたらすおそるべき要因である。ゆえに軍事教練は所期の目的に逆らう結果をもたらすことになった。若者はたしかに教練は修得するのだが、以前にもまして戦闘にふさわしい気概を失っていた。なぜなら兵営をあとにする者はことごとく反軍事主義者になって除隊するからだ。軍事機構そのものの利益を守るためにも、各兵士の二年間を、いやたとえ一年でさえも職業軍人の好き勝手にさせてはならない。これは経験的に証明ずみである。資本主義に青少年の職業教育をまかせられないように、軍隊に青少年の軍事教練をまかせてはおけない。軍事教練が養成であって腐敗の温床とならぬようなかたちで、文民官僚も参画すべきだろう。

軍務をつとめる若い農民と若い労働者との交流は望ましいどころではない。後者は前者を仰天させようと躍起になるだけで、これはどちらの益にもならない。このような交流から真の接近は生まれない。共同の戦闘行為のみが接近をもたらすのだ。しかるに定義からして、兵営に共同の戦闘行為は存在しない。兵営とは平時に戦時の準備をする場所なのだから。

兵営を市街におく理由はまったくない。若い農民を収容するために、市街から離れた地に兵営を設えてもいっこうに支障はあるまい。

確実に娼家(49)の経営者の儲けは減るだろう。だがこうした手合いと公権力との共謀に終止符をうち、フランスの恥ずべき制度のひとつを廃止するという決然たる覚悟がなければ、いかなる種類の改革を夢想しようとも意味がない。

ついでにいっておくが、われわれはこの恥を維持するために高い代価を払った。フランス固有の体制にもとづき公的制度として確立された売春は、軍隊を堕落させるのに猛威をふるい、警察を完膚なきまでに腐敗させるのに貢献し、連鎖的に民主主義の崩壊をひきおこした。市民の眼に法を体現すべき警察があからさまに公衆の侮蔑を買っているときに、民主主義が生きのこるはずもないからだ。警察に暖かい敬意のよせられないような民主主義が存続しうることを、イギリス人には理解できまい。なんといってもイギリスの警察は娼婦という家畜を気晴らしに飼ったりはしないのだ。

このたびの敗戦の諸要因を正確に算定できるならば、われわれのあらゆる恥が、すなわちくだんの公娼制度、フランス人入植者の強欲、外国人に加えられる虐待などの恥ずべき要因が、ことごとく実質的にはね返ってきて敗北をまねいたことに気づくだろう。われわれの不幸については多くを語れるかもしれないが、この不幸が不当であると語ることはできない。

売春は根こぎにつきものの二乗感染という特性の典型例である。職業的娼婦の境遇は根こぎの極限状態をつくりだす。しかも、この根こぎの病にたいしてひと握りの娼婦が強力な感染力を行使する。国家がみずから音頭をとって若い農民と娼婦をとりもとうとするかぎり、健全なる農民層が生まれないのは自明の理である。農民層が健全でないかぎり、労働者階級もまた健全でありえないし、その他の人びとについても同様である。

いずれにせよ、農民の心理的充足を優先的に配慮する兵役体制の改革ほど、農民の共感を得るものはあるまい。

労働者にとってとおなじく農民にとっても、精神文化の問題は提起される。農民にも彼らに適した翻案が求められる。労働者とおなじものではいけない。

精神にかかわる事象でいえば、農民は現代世界から暴力的な根こぎをこうむってきた。以前の農民は、技術にせよ思考にせよ人間が必要とするすべてを、彼らの境遇に適したかたちで、しかも最良の質のものをその手にしていた。レティフ・ドゥ・ラ・ブルトンヌ(50)が自分の子ども時代について書いたものを読むなら、当時の農民のなかでもっとも不幸な者でさえ、今日の農民のもっとも幸福な者よりもはるかに好ましい運命を享受していたと結論せざるをえない。ところが、きわめて近いものであるこの過去もとりもどすことはできない。なんらかの方途をみいだして、農民が彼らにさしだされた精神文化と無縁でありつづけるのを阻止せねばならない。

科学は農民と労働者ではまったくことなる手法で提示されねばならない。労働者むけには、いっさいが機械工学に支配されるのは当然である。農民むけには、いっさいが太陽エネルギーの驚嘆すべき循環をその中核にやどすべきだろう。この循環のメカニスムにのっとって、太陽エネルギーは植物へと降りそそぎ、葉緑素の効能でそこにとどまり、穀粒や果実のかたちに固まって、それらを飲み食いする人間のなかに入りこみ、筋肉のなかへと移り、土壌をたがやすためについやされる。科学と関連するいっさいはこの循環を核として配置されうる。エネルギーの観念こそが森羅万象の中核に位置するのだから。この循環という考えは、農民の精神に浸透するとき、労働を詩情でつつみこむだろう。

一般論として、農村における教育はすべて、世界の美すなわち自然の美への感性をとぎすますことを主要な目的とすべきだろう。たしかに、観光客は農民が風景に興味をよせないことに気づいている。だが、骨のおれる労働の日々を農民と共有するならば、そしてこれが彼らと胸襟をひらいて話す唯一の手立てなのだが、あまりに仕事がきつくて自然の美を愛でる余裕がないと嘆く人びとをみいだすはずだ。

もちろん美への感受性をとぎすますといっても、「ごらんなさい、なんと美しいことか！」と口走ればすむ話ではない。それほど単純ではない。

近年、教養人のあいだで生じた民俗学〔民間伝承〕への共鳴の動きは、人間の思考のなかに自分の居場所があるという感覚を農民に回復させる一助となるべきだろう。思考にかかわるいっさいは都市に固有の特性であって、農民に分与されるのはその微々たる部分、ほんとうに微々たる部分にすぎず、それというのも農民はより大きな部分を理解する能力を欠いているからだ、と農民に提示することで昨今の体制はなりたってきた。

これはさほど露骨ではないだけの植民地的な心性である。植民地の現地人がヨーロッパ風教育を生半可にうけると、教養あるヨーロッパ人以上に自国の民衆をみくだすことがあるように、教師になった農民の息子もしばしば同様の振る舞いにおよぶ。

農民層が精神的にふたたび土地に根づくための第一の条件は、農村部の教師という職業が他とはことなる独自性を得て、その養成が都市部の教師の養成とは部分的だけでなく全面的に別物となることだ。ベルヴィル[51]の教師と小さな村で働く教師をまったくおなじ鋳型で養成するなど、これ以上はない非常識である。まさしく、その支配的特徴が軽挙妄動である一時代のあまたある愚挙のひとつといえよう。

第二の条件は、農村部の教師が農民のことを熟知しており、彼らをみくださないことだ。だからといって、農民層から教師を採用すればそれが達成できるとはかぎらない。教師の養成にあたっては、世界各地の民間伝承をたんなる好奇心の対象ではなく偉大なる事象として提示し、それらに重要な役割を与えるべきだろう。人間の思考がめぐらせた原初の思索における牧人の役割について、未来の教師たちに語ってやらねばなるまい。たとえば星辰をめぐる思索や、古文献のいたるところで反復される比喩が示すような善と悪をめぐる思索との関連において。さらに農民文学を読ませる。ヘシオドス[52]、『農夫ピアズの夢[53]』、中世の哀歌、真に農民的な数篇の現代作品などだ。だからといって文化一般への偏見をやしなうべきでないのは言をまたない。この準備段階を終えてから一年間、彼らの正体をあかさずに農家の手伝いとして他県に送りこむ。その後ふたたび彼らを師範学校に呼びよせ、自身の体験に照らして本質をみぬけるよう手助けをする。労働者地区の教師と工場との関係も同様である。ただ、こうした体験が生きるには精神的な準備が必要である。さもないと、この体験は共苦《コンパッション》(54)や愛ではなく侮蔑や嫌悪をひきおこすだろう。

諸教会が農村部の司祭や牧師に特別な身分を与えることは有益であろう。フランスの完全にカトリック的な農村において、日曜の数時間をのぞく日常生活からいっさい宗教的な気配が消えているのは、キリストがその譬え話の主題を田園生活から得たことを考えあわせると、まさに由々しき事態である。しかもそれらの譬え話の多くは典礼でとりあげられず、たとえとりあげられても聴衆の注意をひくことはない。教師の語る星辰と太陽は帳面や本のなかに住まっており、天空とはなんの関係もない。同様に、日曜に言及される譬え話の葡萄や小麦や羊と(55)、農民が日々その生のいくばくかを分け与えている現実の田園にみられる葡萄や小麦や羊とのあいだにも、なにひとつ共通点はない。キリスト教徒の農民はその宗教的な生においても根こぎにされている。一九三七年の大博覧会[56]で教会の存在しない村落を展示するという提案は、おおかたの人びとの指摘ほど非常識ではなかったのである。

カトリック青年労働者連盟の若者が労働者たるキリストという考えに意気昂揚したように、福音書の譬え話が田園の生に託した役割やパンと葡萄酒の聖なる機能に、農民はおなじような誇らしさを汲みとり、そこからキリスト教は自分たちのものだという感覚をひきだすべきだろう。

教育の非宗教化[57]をめぐる論争は、フランスの農村の生を毒した主たる根源のひとつだった。不幸にして論争はしばらく終わりそうにない。この問題について立場をはっきりさせずにおくのは不可能だ。なおかつ、さほどお粗末でない立場をみいだすことさえ不可能に近いのではないかと思える。

中立的な立場など嘘っぱちであるのは疑いえない。非宗教化された教育制度は中立ではない。一方ではサン＝シュルピス流の宗教[58]よりも格段にすぐれているが、他方では真性のキリスト教よりも格段に劣っている一種の哲学を、子どもたちに教えこんでいるからだ。しかし今日、真性のキリスト教はめったにみうけられない。多くの教師はくだんの哲学に宗教的熱意あふれる愛着をいだいている。

教育の自由をとなえても解決にならない。この語にはなんの意味もない。子どもを精神的に養成する職能は、だれにも帰属しない。子どもには帰属しない。そんな能力はないのだから。親にも帰属しない。国家にも帰属しない。かくもしばしば叫ばれる家族の権利なるものは論争上の便法にすぎない。自然にそうする機会に恵まれていながら、非キリスト教家庭の子どもにキリストの話をするのをひかえるような司祭は、信仰がたりないと断じられてもしかたがない。非宗教化された公立学校を現状のまま維持し、なおかつ宗派に属する私立学校との競合を許可あるいは奨励さえするのは、理論的にみても実践的にみても非常識である。私立学校は宗派に属するかいなかを問わず、自由の原理にもとづき認可されるのではなく、その学校が是とされる個別例において公益性を高めるという理由にもとづき、かつ公的な監督に服するという留保つきでのみ認可されるべきだ。

公的教育で聖職者に一定の役割を与えても解決にはならない。たとえ可能だとしても望ましくはない。それにフランスでこれを実現しようとすれば、内戦をひきおこさずにはいまい。

シュヴァリエ氏(59)の肝いりでヴィシー政府が数か月試みたように、子どもに神の話をするように教師に命じるのは、すこぶる趣味の悪い冗談である。

非宗教的な〔世俗の〕哲学に公的資格を残しておくのは、価値の序列に対応していないがゆえに恣意的かつ不当な措置である。このような措置はわれわれを全体主義へと真っ逆さまに突きおとす。非宗教化はある程度まで疑似宗教的な熱意をかきたてるが、ことの性質上その程度たるや微小なものにとどまる。一方で、われわれは火傷しそうな熱狂の時代に生きている。全体主義の偶像崇拝的な潮流は、真に精神的〔霊的〕な生をもって抗するのでなければ堰きとめられない。子どもに神のことを考えない習慣を植えつけるなら、彼らはわが身をなにかに捧げたい一心からファシストか共産主義者《コミュニスト》になるだろう。

権利の観念ではなく欲求とむすびつく義務の観念を考慮するとき、この領域における正義の要請をより明晰に了解できる。思索にめざめた若い魂は諸世紀にわたって人類が積みあげてきた宝を必要とする。非キリスト教的な文明にも純金の宝が含まれていることに気づかせないような偏狭なキリスト教のなかで子どもを育てるなら、その子にたいして過ちをおかすことになる。非宗教的な教育はさらに大きな過ちをおかす。非キリスト教的な宝を隠すだけでなく、キリスト教的な宝までも隠してしまうからだ。

フランスにおいて、キリスト教にたいして公教育がとりうる合法的かつ実践可能な唯一の態度は、キリスト教を人間の思考の生みだしたあまたある宝のひとつとみなすことだ。フランスのバカロレア合格者[60]が中世の詩歌、『ポリュウクト』、『アタリー』、『フェードル』[61]、パスカル、ラマルティーヌ、デカルトやカントなどキリスト教の浸透した哲学の諸説、さらに『神曲』[62]や『失楽園』[63]を知っていながら、一度も聖書を開いたことがないというのは、これ以上はないほど愚かしく理にかなっていない。

未来の教諭および教授[64]にこう告げるだけでよい。いつの世も、いずれの国でも、ごく最近のヨーロッパの一部地域はともかく、宗教はあらゆる文化や思考や人類の文明の発展に支配的な役割を演じてきたのだと。宗教への言及が皆無の教育など不条理の極みである。歴史科目ではフランスのことがフランスの子どもに多く語られるように、フランスがヨーロッパにある以上、宗教を語るにあたって一義的にキリスト教に言及されるのは当然である。

したがって教育の全段階において、もう少し年長の子どものためにたとえば「宗教史」と命名しうる科目を含めるべきだろう。聖書の章節、なかんずく福音書全体を読ませねばならない。こういった場合の鉄則なのだが、原典《テクスト》の真髄に入りこんで注釈するとよいだろう。

教義について語るときは、われわれの国でもっとも重要な役割をはたしたものとして、また第一級の人びとが全霊をあげて信じたものとして語るべきだろう。一方で、おびただしい残虐行為が教義のうちに口実をみいだしてきた事実も隠してはならない。だが第一に、教義に含まれている美を子どもに感じとらせる努力をすべきである。子どもが「これは真理ですか」と尋ねるとき、「これほど美しいのだから、確実に多くの真理を含んでいるはずです。これが絶対的な真理であるかいなかは、おとなになったときに自分で理解できるようになろうと努めなさい」と答えねばならない。教義に否定的な示唆を注釈に紛れこませることは厳禁すべきだろう。他方、肯定的な示唆もひとしく禁じられる。教諭もしくは教授は、その意欲があり必要な知識と教育上の才覚があるならば、キリスト教だけでなくあらゆる真正な宗教思潮について自由に生徒に語ってよい。ただし後者の場合はかなり抑えた調子で語るという条件がつく。宗教思想はその志向性において普遍であるときに真正である(ユダヤ教はこれに該当しない。民族の観念にむすびついているからだ)。

この解決策が実施されるならば、宗教は徐々にであっても、政治の党派を決するのとおなじ流儀で賛否を表明すべき対象ではなくなるだろう。そう期待せねばならない。かくてフランス各地の村でいわば水面下の内戦を演じてきたふたつの陣営、すなわち教師の陣営と司祭の陣営は解体されよう。もっぱら味わうべき美として提示されたキリスト教的な美との接触は、いかなる宗教的信心の教義教育よりもはるかに効果的に、しかもそれと意識させぬままに、この国の大衆の心を霊性でみたすだろう。もっとも、この国にそのような能力がまだ残っているならの話だが。

美という語を使ったからといって、耽美主義者の流儀で宗教的な事象を検討せよという意味ではまったくない。耽美主義者の視点は、主題が宗教であるときだけでなく芸術であるときも、ひとしく冒瀆である。美をもてあそび眺めつつ美と戯れることだから。ところで美とは食されるなにかである。美とは糧なのだ。キリスト教的な美をもっぱら美として民衆に与えるのであれば、それは糧となるような美でなければならない。

農村部の学校では、田園での生に言及した新約聖書の本文《テクスト》をくり返し注意をこめて読みきかせ、こまめに復唱や注釈をほどこすならば、失われた詩情を農村の生にとりもどすための大いなる助けとなろう。一方で魂の霊的生命のいっさいが、他方で物質的な宇宙にかかわる科学的認識のいっさいが労働行為へと方向づけられるならば、労働は人間の思考において正当な地位を占めるにいたる。労働はある種の牢獄であるのをやめて、

この世界ともうひとつの世界との接触となろう。(65)

たとえば農民が種をまきながら、内的な言葉にすることさえなく、心の奥底でつぎのふたつの要素に思いをはせるのもよいだろう。ひとつは、「もし、一粒の麦が死なずば……(66)」「種子は神のことば……(67)」「芥子種は種のなかでもっとも小さな種だが……(68)」などのキリストの比喩である。もうひとつは、穀粒がみずからを消費しつつ、バクテリアの助けを借りて土壌の表面に達するメカニスム、および太陽エネルギーが光となって降りそそぎ、植物の茎の緑のなかに捕らえられ、抑えがたい上昇運動となってもどっていくメカニスム、という二重のメカニスムである。地上のメカニスムを超自然〔超本性〕的なメカニスムの鏡とみなす類比は——そもそも「超自然的なメカニスム」という表現が使えるならば——一目瞭然となり、巷間の俚言のごとく労働の疲労がこの類比を肉体に入りこませる。つねに多少なりとも労働の努力とむすびつけられてきた労苦は、人間存在のまさに中核に世界の美を入りこませる苦痛となる。

これに類する方法によれば、労働者の仕事にも同様の意義が与えられるだろう。この方法はさほど苦もなく構想できよう。

こうしてはじめて労働の尊厳にまったき根拠が与えられる。なぜなら、ものごとの本質まで突きつめていくなら、霊的な根つまりは超自然的な次元に属する根をもたないような真の尊厳は存在しないからだ。

民衆学校(69)の責務は、労働に思考を注入してさらなる尊厳を労働に与えることであって、その折々で労働または思考にたずさわる仕切り付きの事物に労働者を変身させることではない。いうまでもなく、種をまいている農民は学校で教わった課題を思いだすのではなく、しかるべく種をまくために注意を払うべきである。しかし注意のむかう対象が思考の中身のすべてではない。はじめて身ごもったしあわせな若い女は産着を縫いながら、しかるべく縫うために注意を払う。それでも、おなかの子どものことは一瞬たりとも忘れはしない。この瞬間にも牢獄の作業場のどこかで、おなじように女性の徒刑囚がしかるべく縫うために注意を払っている。罰せられるのが怖いからだ。このふたりの女性は、おなじ瞬間に、おなじ作業をしていて、おなじ技術的なむずかしさにもっぱら注意をむけていると想像できる。にもかかわらず、それぞれの作業のあいだには深淵のごとき差異が横たわっている。あらゆる社会問題は、労働者を前者の状況から後者の状況へと移動させることに帰着する。

必要なのは、この世界ともうひとつの世界がその二重の美において現存し、労働の営為とむすびつくことだ。ちょうど、生まれようとする子どもが産着の制作において現存し、労働の営為とむすびつくように。個々の労働の動きや特定の操作を思考に直接に関係づけるようなかたちで思考を表象することで、このむすびつきは達成されるだろう。そのさい、深い同一化によって思考を存在の実体そのものに浸透させ、記憶のなかに刻みこまれた習慣によって思考を労働の所作につなぎとめるのである。

今日、われわれには知的にも霊的にもこのような変容をおこなう力がない。この変容の準備を始めることができるなら、それだけでもたいした成果といえよう。もちろん学校だけでは充分といえない。思考に似ていなくもない残滓をとどめている環境のすべて、すなわち各宗派の教会、各種の労働組合、文系・理系の諸学会もこの試みに手を貸すべきであろう。この範疇に政界を含めることはまず無理である。

われわれの時代には固有の使命、固有の召命がある。労働の霊性(70)を礎として文明を構築することだ。この召命を予感させるような思考、すなわちルソー、ジョルジュ・サンド、トルストイ、プルードン、マルクス、教皇たちの回勅、その他わずかに散見される思考のみが、現代における唯一の独創的な思考であり、ギリシアからの借り物でない唯一の思考である。われわれが全体主義体制の深淵に真っ逆さまに落ちていったのは、自分のなかで生まれつつあったこの偉大なる思考の高みにみずからが達していなかったからだ。だが、もしドイツが敗北を喫するようなら、われわれの破綻もいまだ決定的とはいえまい。おそらくいま一度の好機はおとずれよう。そう考えると不安におののかずにはいられない。たとえ好機に恵まれたとしても、あまりに凡庸すぎるわれわれは、いったいどうすれば失敗せずにすむというのか。

この好機を生かすことこそ、全体主義的な偶像にかわって諸国の民衆にさしだすにたる唯一の偉大なる召命である。だが、その偉大さを感知できるかたちで示さなければ、民衆は偶像の餌食でありつづけ、偶像が褐色のかわりに赤く塗りかえられるにすぎまい[71]。もし人びとにバターか大砲かを選ばせるならば、たとえバターのほうをはるかに強く望んでいても、神秘的な宿命が彼らの意に反して大砲を選ばせてしまう。バターにはあまりにも詩情が欠けている――、すくなくとも手もとにあるときには。手もとから消えるやいなやバターには一種の詩情がやどる。とはいえ、それまではバターを選びたいとはなかなか口にできないものだ。

現在、反枢軸連合国なかんずくアメリカは、ヨーロッパの飢えた民衆相手に時間をかせいでいる。われわれの大砲でバターを手に入れさせてあげようといって。これではひとつの反応しか、すなわち反枢軸連合は急ぐ気がないという確信しか生まない。バターを与えれば、人びとはそれに飛びつく。それからすぐさま身をひるがえして、適当なイデオロギーできれいな包装をほどこした見栄えのよい大砲をみせびらかす連中のもとに押しよせる。疲労困憊していれば安寧しか求めまいなどと思いこまぬように。人びとは近年の不幸ですっかり神経がすり減ってしまい、いまさら安穏とした気分にはなれないのだ。かくて人びとは駆りたてられるかのように、一九一八年以降がそうだったのだが、破れかぶれの享楽の陶酔(72)のうちに、もしくは鬱々たる狂信《ファナティスム》のうちにこぞって忘我の状態を求めようとする。魂の奥にまで深く食いこんだ不幸はその人間のうちに不幸となれあう傾向を生みだし、本人だけでなく周囲の者までも不幸のどん底に突きおとす。ドイツがその好例である。

ヨーロッパ大陸の不幸な民衆はパンにもまして偉大さを必要としている。そして偉大さには二種類しかない。ひとつは霊的な次元にかかわる真正の偉大さであり、もうひとつは世界征服という昔ながらの虚言である。征服とは偉大さの代替物《エルザッツ》なのだ。

真正の偉大さの今日的なかたちとは労働の霊性を礎とする文明である。この考えならいっさい反目をひきおこさずに推奨できる。霊性という語はなんらかの特定の系列にくみするものではない。昨今の状況にあっては共産主義者《コミュニスト》でさえおそらく撥ねつけはしまい。そもそも霊性の欠如という資本主義社会への非難を意味する引用なら、マルクスの著作のなかに苦もなく探しだせる。すなわち来るべきあらたな社会は霊性をそなえるべきだという意味で。保守主義者にこの語を押しやる覇気はあるまい。急進主義、反宗教主義、フリーメイソン(73)に共感する人びとも同様だ。キリスト者なら喜んでこの語をうけいれるだろう。この語はさまざまな陣営から意見の一致をひきだすはずだ。

このような表現にかかわるさいには身震いを禁じえない。どうすれば穢さずにふれられるだろう。どうすれば虚言を生みださずに扱えるだろう。われわれの時代はいちじるしく虚言にそこなわれており、この時代がかかわるものすべてを虚言に変えてしまう(74)。われわれは時代の子だ。時代よりも自分のほうがましだと考える理由はなにもない。

霊性といったたぐいの語を細心の配慮もなく公的領域に放りだし、その信憑性を失わせるのは、とりかえしのつかない悪をおこなうにひとしい。これらに類するものが出現しうるという希望の残滓をことごとく弑《しい》するからだ。これらをひとつの原因、ひとつの運動、ひとつの体制、またはひとつの国民などに関連づけられるべきではない。ペタンが「労働・家族・祖国」という語に加えた暴挙や第三共和政が「自由・平等・友愛」に加えた暴挙を、これらの語を相手にくり返してはならない。安直な合言葉にしてはならない。[75]

これらの語をおおやけに提唱するのは、今日の人間や集団をはるかに凌駕する思想、われわれが万事における指針として虚心坦懐に意識にとどめおく思考を表明するときにかぎらねばならない。この謙虚さが低劣な態度ほどには大衆を動員できなくてもかまわない。悪をはたらくのに成功するよりは失敗するほうがましである。

こうした思考が人びとの精神に徐々に浸みこんでいくには、鳴物入りで喧伝される必要はない。いまこの瞬間にあって万人のかかえる不安に応えようとする思考だからだ。だれもが技術の純然たる物質的進歩に起因する不均衡に苦しんでいる。表現こそわずかにことなるが、だれもがこのことを口にする。そしてまさに労働の領域での霊的進歩なくして、この不均衡は解消されえない。

唯一の障碍は大衆がいだく痛ましくも不幸にして当然すぎる猜疑心である。そのため、いささかでも高邁な調子をともなう表現にでくわすと、自分たちを丸めこもうと仕掛けられた罠だと思ってしまう。

労働の霊性を礎として築かれる文明とは、宇宙への人間の根づきが最高度に達成されたものであり、それゆえ全面的な根こぎといえる現状の対極に位置する。この文明は本性的にわれわれの現在の苦悩に呼応する憧憬なのである。

根こぎと国民

われわれの主たる疾病の概略を知るには、もうひとつの種類を異にする根こぎもまた研究の対象とせねばならない。それは地理的と名づけられる根こぎ、すなわち地域に対応する諸集団にかかわる根こぎである。いまやこれら集団の意味すらほぼ消滅してしまった。たったひとつの集団、つまり国民国家《ナシオン》(76)にかかわる集団をのぞいて。だが、ほかにも多くの集団が存在する、いや存在した。国民より小さな集団、ときに比べものにならないほど小さな集団もある。都市、村の集落、州、地方などだ。複数の国民をかかえている集団もあれば、複数の国民のそれぞれの一部をかかえている集団もある。

ただひとつ、国民だけがこれらすべてにとって代わった。国民《ナシオン》すなわち国家《エタ》である。なぜなら国民という語にたいして、同一の国家の権威を認める諸地域の統合という以外の定義はみいだせないからだ。われわれの時代には、金銭と国家とがそれ以外のすべての愛着の縁《よすが》にとって代わった、といえよう。

すでに久しい以前から、国民だけが人間にたいする集団の使命を、すなわち現在を介して過去と未来の絆を担保する使命をまっとうする役割を担ってきた。この意味で、国民は現在の宇宙に存在する唯一の集団だといえる。家族は存在しない。今日この名で呼ばれているものは、各人をとりまく人間の小集団にすぎない。それは父と母、夫と妻、子どもたちからなる集団で、兄弟姉妹ともなるとすでにやや疎遠である。昨今、多くの人びとをうちのめした苦難のなかで、この小集団はおよそ抗しがたい牽引力となり、ときに他の種類の義務を忘れさせるまでの力をふるうにいたった。突如として襲いかかった身も凍る冷たさのただなかで、そこにだけわずかばかりの生きた温もりをみいだせたからだ。いわば動物的な反射運動だった。

だが今日、自分が生まれる五〇年もまえに――いや二〇年か一〇年まえであっても――、すでに死んでいる祖先たちに思いをいたす者はだれもいない。自分が死んで五〇年のちに生まれるだろう、いや二〇年か一〇年のちであっても、自分の子孫たちに思いをいたす者もいない。よって集団とその固有の機能の観点からみて、家族などとるにたりないものだ。

この観点では職業もまたなにほどのものでもない。同業組合は、特定の労働の枠組のなかで、死んだ者と生きている者とやがて生まれくる者をつなぐ絆であった。今日、この機能をはたすようさだめられたものはなにひとつ存在しない。一九〇〇年ごろのフランスの労働組合主義《サンディカリスム》はこの方向での意欲を示していたったのだろうが、すぐに立ち消えになった。

村落、都市、郡、州、地方など、国より小さな地理的単位はことごとく数のうちに入らなくなった。複数の国もしくは複数の国のそれぞれの一部をかかえている単位も、おなじく数に入らない。たとえば数世紀まえに「キリスト教世界」と呼ばれたものは、今日のヨーロッパでその名で呼ばれるものとは似ても似つかない情愛にみちた響きを有していた。

ようするに時間的次元における人間にとってもっとも貴重な富〔善〕(77)、すなわち人間存在の限界をこえて過去と未来という二方向に開かれた時間における継続性という富〔善〕は、委託物としてあますところなく国家の手にゆだねられてしまったのだ。

ところがまさに国民のみが生きのびたこの時期、われわれは瞬時にして眩暈《めまい》をもたらす国民の解体を目のあたりにした。おかげでわれわれはすっかり途方に暮れてしまい、この事態について考察することさえきわめて困難なありさまなのである。

一九四〇年六月と七月のフランスの民衆は、闇に潜んでいた詐欺師どもに虚をつかれて祖国を奪いとられた民衆ではない。両手を離して祖国が地面に落ちるにまかせた民衆だった。のちに、それもずいぶん間をおいてから、落ちた祖国を拾いあげようと、人びとはいよいよ悲壮な努力に身をすりへらした。だが、すでにだれかが祖国の上に足をのせていたのだ。

ようやく国民としての感覚はもどってきた。「フランスのために死ぬ」という言葉は、一九一八年に絶えてひさしい抑揚をふたたびおびるにいたった。だがフランスの民衆を昂揚させた拒否の動きのなかで、飢え、寒さ、命令の全権を有する異国の兵士の腹立たしい常駐、家族との別れ、一部の者に課せられた追放や虜囚の身、これらすべての苦しみが、少なく見積もってもかなり大きな、おそらくは決定的な役割を演じていた。そのもっともわかりやすい証左は占領地域と非占領地域(78)を分かつ精神的な相違である。愛国的な熱意が、もともとロワール河以南よりも以北のほうにより大量に存在するわけではない。ことなる状況がことなる精神状態を生みだしたのだ。イギリスの抵抗の例やドイツ敗北の見込みもひとしく重要な要因だった。

今日、過去の追憶と未来への希望のほかにフランスの現実はない。帝政期ほどフランス共和国がうるわしく思えた時代はない。征服者の圧政下ほど祖国がうるわしく思えることはない。祖国を無傷でとりもどす希望がある場合にかぎるとしても。したがって現下の国民感情の強さによって、解放後の公的な生の安定にこの感情が寄与しうる実効性を判断すべきではない。

一九四〇年六月にこの感情が瞬時に崩れさった事実はあまりに屈辱的な記憶なので、人びとはこの事実に思いをいたさず考慮の外に追いやり、今後の立ち直りのことしか考えまいとした。私的な生においても、だれもが自身の無為無策をいわば括弧で囲いこみ、どこかの物置にことごとくしまいこんで、それらを数に入れずにすむ計算方法をみいだそうと躍起になっている。このような誘惑に身をゆだねるなら魂を滅ぼす。なによりもこの誘惑をうちまかさねばならない。

われわれはみなこの誘惑に屈した。各人をその名誉にかかわる内的心情において深く傷つけた例のあられもない屈辱ゆえに。この誘惑がなければ、かくも特異な事象をめぐる反省はすでに祖国についてのあらたな理論、あらたな構想を生みだしていただろう。

とりわけ社会的な観点に立つなら、祖国の観念について考える必然性は避けられない。あらためて考えるのではない。はじめて考えるのだ。筆者の誤りでなければかつて一度も考えられたことはないのだから。過去においても現在においてもこれほどの役割を演じてきた観念にしては、ずいぶんと奇妙な事態ではないか。われわれのなかで思考が現実にいかなる位置を占めているかがわかろうというものだ。

この四半世紀で、祖国の観念はフランスの労働者のあいだですっかり信用をなくした。一九三四年以降、共産主義者《コミュニスト》が三色旗と「ラ・マルセイエーズ」という大仰な付録をつけてこの観念をふたたび流通させたからだ(79)。そのくせ開戦の直前にいま一度これを眠りこませるのに、露ほどの抵抗もおぼえなかった。彼らが対独抵抗運動《レジスタンス》を始めたのは祖国の名においてではなかった。あらためて祖国の名をかかげたのは、敗北からようやく九か月ほどたってのことだ。その後、しだいに全面的な採用にいたった。ただし、そこに労働者階級と祖国との真の和解をみようとするのは単細胞にすぎるだろう。労働者が祖国のために死んでいく、これは紛れもない真実である。だが、われわれはいやというほど虚偽にまみれた時代に生きているので、自発的に流された血の効力でさえも、われわれを真理のなかにひきもどすには充分ではない。

何年ものあいだ労働者は、国際主義《アンテルナシオナリスム》は義務のなかでもっとも神聖なる義務であり、愛国心《パトリオティスム》はブルジョワ的偏見のなかでもっとも恥ずべき偏見であると教えこまれてきた。その後また何年もかけて、愛国心は神聖なる義務であり、愛国心ならざるものは売国にほかならないと教えられた。これではきまりきった反射運動や煽動的宣伝《プロパガンダ》による以外に、労働者をみちびく方策がなくなってもふしぎではない。

祖国の観念に一定の限られた位置をさだめる理論が与えられるまでは、まっとうな労働者運動など存在しえない。そもそも労働者の環境《ミリュー》でかなり以前から祖国の問題がしきりに論じられてきたからこそ、この環境のための理論化の必要があきらかになったのだ。だがこれは万国共通の必要である。今日、たいてい義務という語と抱きあわせで言及される祖国という語は、これまでまったく研究の対象にならなかったといってよい。容認しがたい事実である。一般論として、この主題で引用できるのはルナン(80)の陳腐な一頁しかない。

国民国家《ナシオン》は近年の事象である。中世においては、忠誠心は領主もしくは都市に、あるいはその両方にむけられ、さらにはそれらをこえて明確にはさだまらない地域へと拡がっていた。愛国心〔祖国愛〕《パトリオティスム》と呼ばれる感情はたしかに存在した。ときにはきわめて強烈な発露をともなって。ただしその対象は地域的に確定されていなかった。この感情は状況しだいでさまざまに変容する地表を覆っていたのである。

じっさい、歴史をどこまでさかのぼっても愛国心はつねに存在していた。ヴェルサンジェトリクスはほんとうにガリアのために死んだ。ときに全滅するにいたるまでローマの征服に抗ったヒスパニアの諸部族はヒスパニアのために死んだのであり、そのことを自覚していたしはっきりと言明もした。マラトンとサラミスの死者たちはギリシアのために死んだ。いまだローマの一属州には転落していなかったギリシアが、ドイツにたいするヴィシー政権下のフランスに似たものであった時代、ギリシアの諸都市《ポリス》の子どもたちは路上で協力者《コラボ》どもに石を投げつけ、今日のわれわれとおなじ憤怒をこめて彼らを裏切り者と呼んだのだ。

近年にいたるまで存在したことがなかったもの、それは愛国的感情に恒常的にさしだされた対象、結晶化(81)した対象である。もともと愛国心の輪郭はあいまいで、居場所がさだまらず、親和性や脅威におうじて拡散と収縮をくり返した。しかも領主や王といった人間への忠誠、または都市への忠誠など、さまざまな忠誠とも混じりあっていた。これらすべてがきわめて混沌とした、だが同時にきわめて人間的なものを作りあげていたのだ。各人が国《ペイ》にいだく義務感をあらわすために、たいていは「公事」や「公益」という語が使われてきた。ところがこれらの語は村落、都市、地方、フランス国、キリスト教世界、人類など、いかなる対象をも自在に意味しうる。

「フランス王国」についても云々された。この語彙には国《ペイ》への義務感と王への忠誠心とが混ざりこんでいる。しかるにこの二重の感情は、ジャンヌ・ダルク(82)の時代でさえ二重の障碍ゆえに純粋たりえなかった。パリの民衆がジャンヌ・ダルクを敵視したことを忘れてはならない。

第一の障碍は、シャルル五世(83)の治世後、フランスがモンテスキューの言葉(84)によれば君主制《モナルシー》であるのをやめて専制主義《デスポティスム》の状態へと落ちこみ、そこから脱けでるには一八世紀を待たねばならなかったことだ。今日、われわれは国家《エタ》への税金納入を当然だと思いこんでいるので、この習慣がどれほどの精神的衝撃を与えつつ導入されたかを想像することさえできない。一四世紀には税の支払いは、戦争のための例外的な分担金をのぞき、被征服国に課せられた不名誉と屈辱であり眼にみえる隷従の兆候《しるし》とみなされていた。スペインのロマンセ集(85)のなかに同様の感情が表明されているし、シェイクスピアにも「この地〔イギリス〕は……みずからを相手に恥ずべき征服をおこなったのだ」とある(86)。叔父たちに補佐された幼いシャルル六世は買収とおぞましい残虐行為によって、どこまでも恣意的で好き勝手に更新できる租税をフランス国民にうけいれさせた。この租税は貧民を文字どおりの飢餓へと追いやる一方で、王侯貴族によって濫費されることとなった。それゆえヘンリー五世のイギリス軍は最初のうち解放者として歓迎された。ある時期、アルマニャック派は富者の味方であり、ブルギニョン派は貧民の味方だったからだ。(87)

一挙に力ずくで屈服を強いられたフランスの民衆は、一八世紀にいたるまで自立を求めては騒動をおこすという体たらくだった。その数世紀のあいだ、家畜のごとく君主に追随するフランス人民は、他のヨーロッパ人から奴隷根性の染みついた民衆とみなされていた。

とはいえ同時に、民衆の心の奥底には押し殺された、それゆえにいよいよ苦々しい王への憎悪が生まれ、その伝統はついぞ絶えることがなかった。すでにシャルル六世時代の農民の痛切な哀歌のうちに感じとれるこの憎悪は、パリにおける神聖同盟(88)の奇妙な人気にも一役買ったにちがいない。アンリ四世の暗殺後、幼いルイ一三世にもおなじ目に遭わせてやると公言したかどで、一二歳の子どもが殺された。君主の弑逆者には地獄の劫罰を宣告せよと聖職者に命じる演説をもって、リシュリュー枢機卿(89)は自身の公生活《キャリア》の幕開けとした。かかる計画をいだく輩は狂信的な熱意に燃えているので、いかなる現世的な懲罰によっても制止しえないから、というのが言い分だった。

この憎悪はルイ一四世の治世末期にもっとも強烈な激昂に変わった。しかもひとしく強烈な恐怖によって抑圧されていたので、われわれの意表をつく歴史の倣いにしたがい八〇年遅れで爆発した。打撃をまともに食らったのはあの哀れなルイ一六世だった。このおなじ憎悪が一八一五年に本格的な王政復古(90)がおこなわれるのを妨げた。今日もなおこの憎悪のせいで、ベルナノスのような人物の支持にもかかわらず、パリ伯(91)がフランス民衆に気がねなく迎えいれられることは断じてない。ある意味では残念である。パリ伯が民衆に支持されるなら多くの問題が解決されるだろうに。だが、これが現状なのだ。

フランス人のフランス王国への愛に混じりこんだ毒素のもうひとつの源は、各時代のフランス王への恭順を誓った地域において、みずからを被征服国であると感じ、またそのように扱われた地域があったという事実である。千年かけてフランスを築きあげてきた四〇人の王(92)は、その征服事業にあたって、現代にこそふさわしい残虐さをしばしば披瀝してきた。これは認めねばなるまい。樹木とその果実に自然な対応関係(93)があるなら、事実として、果実が完全からほど遠いことに驚くべきではない。

たとえば歴史(94)をひもとけば、一三世紀初めにロワール河以南の地域でフランス人がおこなった征服と同程度の残虐行為ならみいだせるかもしれないが、ごく稀な例外はさておき、これをうわまわる残虐な事例はおそらくみいだせないだろう。文化、寛容、自由、霊的な生が高水準で存在していたこれらの地域は、その住人が彼らの「ことば」[95]と名づけたものへの強い祖国愛に動かされていた。彼らはこの語で祖国を意味していた。彼らにとってフランス人は、われわれにとってドイツ人がそうであるように、異邦の民であり蛮族であった。瞬時に相手を恐怖におとしいれるべく、フランス人は手始めにベジエ[96]の街の住民を皆殺しにし、望みどおりの効果を得た。そしてひとたび当地《ペイ》を征服するや、そこに宗教裁判所を設立した。被征服民のなかでくすぶりつづけた不穏な反抗心は、数世紀後、民衆に熱狂的なプロテスタント主義を信奉させる火種となった。これについてアグリッパ・ドービニエ[97]は、プロテスタント主義は教義の大いなる相異にもかかわらずアルビジョワ派の直系の末裔であると述べた。リシュリューへの叛逆のかどで斬首されたモンモランシー公[98]の亡骸にトゥールーズの民衆がよせた宗教的熱狂をみれば、かの地における中央集権への憎悪の烈しさがうかがえる。この押し殺されてきた抗議《プロテスタシオン》が、これらの地域を熱狂させてフランス大革命の渦中に放りこんだ。その後、これらの地域は急進社会主義にかたむき、宗教教育反対をとなえ、反教権主義にくみした。だが第三共和政期にはもはや中央権力を憎まなかった。大勢において権力を奪取し、その恩恵にあずかっていたからだ。

彼らの抗議が回をかさねるごとにさらなる熾烈な根こぎの様相を呈し、霊性と思考の次元ではさらなる下劣さを呈するにいたったことがわかる。また、かくも輝かしい文明を誇ったくだんの地域が、征服されて以降はフランス文化にさほど貢献しえなかったこともわかっている。フランスの思考は、これらの地域が征服後の数世紀にわたって生みだしたいっさいよりも、いまだフランス人ではなかった一二世紀のアルビ派(99)と南仏吟遊詩人《トゥルバドゥール》(100)にこそ多くを負っているのだ。

中世のブルゴーニュ伯領は独特かつ絢爛たる文化の中枢だったが、この文化は伯領の崩壊とともに滅んだ。一四世紀末のフランドルの諸都市はパリとルーアンにたいしてひそかに友好な関係にあった。それでも負傷したフランドル人は、シャルル六世の兵士に介抱されるぐらいなら死ぬほうを選んだ(101)。あるとき、くだんの兵士はオランダへと掠奪遠征をおこない、拉致してきた裕福な市民を殺すことにしたものの、憐憫をおぼえて、フランス王の臣下になるなら生命を助けてやると捕虜に提案をした。ところが捕虜は答えた。たとえ息絶えたのちも、できるものなら自分たちの骨はフランス王権への臣従を拒みつづけるだろうと。同時代のカタロニアのある歴史家はシチリアの晩禱事件(102)のくだりで、「その支配のおよぶいたるところ、あたうかぎりの暴虐をはたらくフランス人は……」と述べている。

ブルターニュ人は主君アンヌ・ドゥ・ブルターニュ(103)がフランス王シャルル八世との結婚を強いられたとき絶望した。これらの人びとが今日いや数年まえに復活したとして、自分たちの絶望は誤りだったと思いなおすにたる根拠をみいだせようか。ブルターニュの自治運動は、喧伝する策士の人格や彼らの追求する公言しがたい目的のせいで信用をいちじるしく失墜させた。それでもなお、この宣伝活動《プロパガンダ》が民衆の実態も感情も多少とも現実的に反映していることに疑いはない。この民衆のなかにはいまだ表面に現れる機会のない隠れた宝がある。フランスの土壌はこの宝に適しておらず、ブルターニュの文化は芽吹くことができない。その結果、ブルターニュのすべてが総じて社会の最下層に押しこめられてしまった。ブルターニュの男は読み書きのできない兵士の大半を提供し、ブルターニュの女は噂によるとパリの娼婦の大半を提供している。自治を与えても解決策にはなるまい。だからといって、病が存在しないという意味ではもちろんない。

フランシュ＝コンテは遠隔地のスペインを宗主国にいただき(104)、自由と幸福を享受していたので、一七世紀にはフランス領にならないために戦った。ストラスブールの人びとは、ルイ一四世の軍隊がなんの事前通告もなく、ヒトラー顔負けの誓約違反をもって、抵抗もうけずにゆうゆうと街に入城するのをみて涙した[105]。コルシカの最後の英雄パスカレ・デ・パオリ[106]は、自国がフランスの手中に落ちるのを妨げるために勇敢に一身を捧げた。フィレンツェの教会にはパオリを讃える記念碑がある。フランスではパオリへの言及は稀である。コルシカは根こぎに起因する感染の一例である。フランス人はこの島の住民を征服し、植民地根性を植えつけ、堕落させ、腐敗させたが、その後、警察署長、警察官、准士官、学寮監《ピオン》[107]その他これらに類する下級職についた彼らの横暴に、ひるがえって自分たちがさらされることになった。彼らは彼らで、こうした職権のおかげでフランス人をいわば征服された人民とみなすにいたった。さらにまた、植民地の多くの原住民にたいして暴虐で酷薄だという評判をフランスに与えるという貢献もはたした。

　征服した国を同化したとフランスの諸王が讃えられるとき、その実態はほかならぬ諸王がこれらの国を大々的に根こぎにしたということだ。根こぎはだれにでも使える安直な同化手段である。自分の文化を奪われた人びとは文化なしでとどまるか、征服者がありがたく恵んでくれる文化の断片をうけとるか、そのいずれかである。いずれにせよ、同化された人びとはことなる色合いの染みをつくるのではなく、同化の外観を呈するにすぎない。修正はされてもその文化の命脈がたもたれたまま人びとを同化すること、これこそ真の奇蹟である。そのような奇蹟はめったに実現されない。

たしかに旧制度《アンシャン・レジーム》下では、フランスの大いなる栄光のあらゆる瞬間に、きわめて強烈なフランス的意識なるものが存在した。たとえば、全ヨーロッパがパリ大学に参集した一三世紀。あるいは、ある地ではすでに光と熱を失う一方でよそではまだ火がついていないルネサンスがフランスで燃えあがった一六世紀。さらには、文芸の威光と軍隊の威光がつながっていたルイ一四世の治世初期。だが、種々雑多なフランスの地域をむすびつけたのが王でないのもまた事実である。これをやってのけたのはフランス大革命だった。

すでに一八世紀にはフランスのきわめて多様な環境において、おぞましい頽廃とならんで焔のごとき純粋な愛国心が存在していた。レティフ・ドゥ・ラ・ブルトンヌの兄弟の才気あふれる若き農民がその証人だ。まだ子どものころに公益への純粋な愛ゆえに兵士となり、一七歳で殺されたのだった。だが、かかる状況を生んだものはすでに大革命にほかならない。人びとは一八世紀のあいだずっと革命を予感し、待ちのぞみ、欲していた。

大革命はフランスの王冠に従属させられていた各地の人民を融合させ、唯一無比の大衆へと、しかも国民主権にたいする陶酔のなかでひとつにまとめあげた。過去に力ずくでフランス人にさせられた人びとも、いまや自由な同意によりフランス人となった。フランス人でない人びとの多くがフランス人になりたいと願った。あの革命以降、フランス人であるとは主権者たる国民であることを意味したからだ。たとえ期待されたとおりにすべての人民がいたるところで主権者になったとしても、フランスがその先陣を切ったという栄誉は奪われまい。そもそも国境はもはや重要性を失った。異邦人とはもっぱら暴君の奴隷にとどまった人民の謂いであった。真に共和的な魂をもった異邦人は名誉フランス人として認知された。

かくてフランスには、過去への愛ではなく過去とのかつてない暴力的な断絶に礎をおく愛国心という逆説が生まれた。にもかかわらず大革命は、フランス史の多少の差こそあれ地下水脈的な部分にその過去を有する。農奴の解放、都市の自由、社会的な闘争にかかわるすべてに。あるいはまた、一四世紀のもろもろの叛乱(108)、初期ブルゴーニュ派の運動、フロンドの乱(109)、さらにはドービニエ、テオフィル・ドゥ・ヴィオー(110)、レス枢機卿(111)

らの作家も加えてよい。フランソワ一世の時代に、民兵を組織する計画が領主たちの反対にあって却下された。そんなものが実現したら民兵の孫たちが領主になりあがり、領主自身の孫たちが農奴になりさがるという理由で。フランスの民衆をひそかに蜂起させる上昇力はかくも大きかったのだ。

しかるに百科全書派[112]はみな進歩の概念に囚われて根こぎにされた知識人だったので、その影響はさきの革命的伝統を呼びおこす努力を妨げる方向にはたらいた。さらにルイ一四世治下の長きにわたる恐怖政治が、こえがたい真空地帯を生みだした。この恐怖政治のせいで、専制の逆方向をめざしたモンテスキュー[113]の努力にもかかわらず、一八世紀の自由解放の潮流は歴史的な根をみいだせなかった。一七八九年は真にひとつの断絶であった。

当時、愛国心と呼ばれていた感情はひたすら現在と未来を志向していた。それは主権者たる国民への愛であり、その愛のおおかたは自身が主権の一端を担う誇らしさに根ざしていた。フランス人たる資格とはなんらかの事実ではなく、今日の政党または教会を支持することがそうであるように、意志にもとづく選択と思えたのである。

フランスの過去につながっていた人びとの場合、そのつながりは個人の忠誠かつ王家への忠誠のかたちをとった。よって彼らは異国の王に援軍をあおぐことに気まずさをおぼえなかった。彼らは裏切り者ではなかった。自分が忠誠を負うべきと信じるものに、ちょうどルイ一六世を死に追いやった人びとがそうだったように、どこまでも忠誠を尽くしたのだ。

のちにこの語がさし示すにいたった意味での愛国者は、当時、同時代人からも後世からも極めつきの裏切り者とみなされたタレイラン(114)のごとき輩にかぎられる。タレイランは通説のようにあらゆる政体《レジーム》に仕えたのではなく、あらゆる政体の背後にあるフランスに仕えたのだ。ただしタレイランのような人びとにとって、フランスとは主権者たる国民でもなければ王でもなかった。彼らが仕えたのは国家《エタ》たるフランスであった。その後の展開は彼らのほうに理があるとした。

なぜなら国民主権なる幻想があきらかに幻想であることが露呈して、もはや愛国心の対象たりえなくなったからだ。他方、王政は切られて植えもどされなかった植物に似ていた。愛国心は意味合いを変えて国家にむかわざるをえなくなった。だが同時に、愛国心は民衆の支持を失った。なぜなら国家は一七八九年によって創成されたのではなく一七世紀初期に端を発しており、王政への民衆の憎悪に染まっていたからだ。かくて一見驚くべき歴史の逆説により、愛国心は社会階層も政治陣営も変えてしまった。かつては左翼にいたのに右翼へと移ったのである。

この変化はパリ・コミューンと第三共和国初期につづく時期に完了した。一八七一年五月の大量虐殺(115)は、フランスの労働者に心理的に立ち直れないような一撃を与えた。さほど昔の話ではない。いま五〇歳かそこらの労働者なら、パリ・コミューン当時に子どもだった父親の口からぞっとする体験談を聞かされたかもしれない。一九世紀の軍隊はフランス大革命に固有の創作である。ブルボン家の諸王やルイ・フィリップ、あるいはナポレオン三世の命令に服する兵士でさえ、民衆に発砲するには極度の心理的抵抗をのりこえねばならなかった。一八四八年の短期の小競り合いをのぞくならば、一八七一年に大革命以来はじめてフランスは共和国軍を手にしたのだった。この軍隊はフランスの農村の実直な若者で構成されていたが、前代未聞のサディスティックな快楽に酔いしれて労働者を虐殺しはじめたのだ。そこには衝撃をひきおこすに充分なものがあった。

おそらく彼らを虐殺に駆りたてた主たる原因は、普仏戦争の敗戦の屈辱を相殺しようとする欲求だった。その後しばらくして、このおなじ欲求がわれわれフランス人を不運なアンナン人の征服へと駆りたてた。これらの事象が示すのは、恩寵の超自然的な介入がないかぎり、それ相応の心理的メカニズムが作用しはじめるやいなや、実直な人びとにとってさえ、手を染めるのをためらう残虐さや陋劣さなど存在しなくなるということだ。

第三共和政は第二の衝撃となった。性悪の王や皇帝が主権者たる国民を力ずくで黙らせているうちは、国民主権なるものを信じることができる。あの連中がいなくなりさえすれば……と考えるからだ。しかし王や皇帝がいなくなり、民主政が敷かれ、にもかかわらずどうあっても民衆が主権者とは思えないとなると、当然ながら動揺が生じる。

一八七一年は一七八九年に生まれた独特のフランス愛国心の終焉の年である。ドイツ皇太子フリードリヒ――後年の皇帝フリードリヒ三世(116)――は人間的で分別のある知的な人物で、戦役でおもむく先々で遭遇したこの愛国心の烈しさに仰天した。アルザス人(117)がフランス語をほとんど知らず、ドイツ語にごく近い方言を話し、最近といえる時期にフランスに武力征服されたにもかかわらず、ドイツの話を聞きたがらないことがフリードリヒには理解できなかった。だがやがて、フランス大革命の国に属し、主権者たる国民の一員となる誇らしさが動機であることに気づいた。ドイツへの併合によりフランスから切断されたからこそ、アルザス人はこの心情を部分的にせよ一九一八年まで維持しつづけたのかもしれない。

初期のパリ・コミューンは社会運動ではなく、愛国心の、もっといえば尖鋭化した排外主義の爆発であった。ともあれフランス愛国心の攻撃的な動向は、一九世紀のヨーロッパを不安におとしいれてきた。一八七〇年の普仏戦争はその直接の結果である。なぜならフランスはこの戦争を率先して企てたのではないにせよ、なんら合理的な根拠《モチーフ》もないままに宣戦布告をしたことに変わりはないからだ。ナポレオン帝政の征服の夢は一九世紀をつうじて民衆のなかに脈々と生きつづけた。と同時に、人びとは世界の自主独立に祝杯をあげていた。世界の征服と世界の解放は、事実上は両立不可能な栄光の二様態であるが、夢想のなかではみごとに折りあいがつくのである。

こうした民衆感情の昂ぶりは、一八七一年以降すっかり沈静化する。それでもふたつの原因により外見上は愛国心の継続性がたもたれた。まずは敗戦の遺恨《ルサンチマン》によって。まだあの時点ではドイツ人を恨むにたる合理的な根拠はなかった。ドイツ人は侵略してきたわけではなく、大々的な残虐行為におよんだわけでもない。アンナンへの最初の侵略遠征をおこなったフランスとしては、住民の大半がゲルマン系であるアルザス＝ロレーヌの件でドイツの人権侵害をなじるのは極りが悪かった。だが、われわれはフランスを敗北させたかどでドイツを恨んだ。勝利にたいするフランスの不可侵で永遠にして神的な権利が蹂躙されたかのように憤慨して。

ドイツにむけられた現在のわれわれの憎悪には、不幸にして正当すぎる多くの原因がみいだせるが、右のような奇妙な感覚もそこにいくらか混じりこんでいる。この感覚はまた、ごく初期のある種の対独協力者《コラボ》を駆りたてた動因でもあった。彼らはこう考えた。フランスが敗北の陣営にあるのは、カードの配りそこない、失策《へま》、勘違いのせい以外にありえない。フランスの本来の居場所は勝利の陣営であるから、不可欠の訂正をおこなうにあたり、もっとも容易でもっとも骨がおれずもっとも痛みのない手続きは陣営を変えることだと。一九四〇年七月、この精神状態がヴィシー政府のある種の階層《ミリュー》を支配したのだった。

しかしながら第三共和政期に、フランスの愛国心が生ける実質のほぼすべてを失っても消滅にいたらなかったのは、これに代わるものが存在しなかったからだ。フランス人は忠誠を尽くす対象としてフランス以外のものをもたなかった。一九四〇年六月、フランス人がしばしフランスをみすてたとき、あらゆる忠誠の絆を断たれた人民がいかに醜悪で惨憺たる様相を呈するかがあらわになった。だからこそ、その後ふたたびフランス人はひたすらフランスにしがみついた。とはいえ、たとえフランス人民が主権と称されるものをとりもどしても、一九四〇年以前とおなじ困難がまたしても立ちはだかる。フランスという語の意味する現実とは国家《エタ》にほかならないという困難である。

国家は冷たい存在で愛の対象たりえない。その一方で、愛の対象たりうるいっさいを抹殺し解消する。かくてわれわれは国家を愛せよと強いられる。ほかになにも存在しないから。これこそ現代人に課された精神的な呵責である。

おそらくこれが、各地に出現し、大衆の度肝をぬいた指導者という現象の真の原因である。目下、あらゆる国で、あらゆる大義の名のもとに、個人的な忠誠をよせられる人間が存在する。国家の金属的な冷たさを押しつけられて、人びとは対照的に血肉をそなえたものへの愛に飢えるようになった。この現象はまだしばらくは終わるまい。現状でもすでに破滅的な結果に見舞われているのだが、今後もまだ苦痛にみちた驚きが待ちうけているかもしれない。いかなる人間素材からでもスターを製造するハリウッドでは周知の技術のおかげで、いかなる人間でも大衆の讃美を手にいれられるのだから。

筆者の誤りでなければ、忠誠を捧げる対象としての国家という観念は、フランスとヨーロッパにおいてリシュリューの登場とともに出現した。リシュリュー以前は敬虔な愛にみちた口ぶりで公益、国《ペイ》、王、領主を語ることができた。しかしリシュリュー以後、様変わりした。だれにせよ公的な職能を行使する者がその行使にあたってまったき忠誠を誓うべき対象は、公衆でもなく王でもなくほかのなにものでもない国家《エタ》であるという原理を、リシュリューがはじめて採用したからだ。国家の厳密な定義はむずかしい。だが、この語がひとつの現実を映すことは不幸にして疑いえない。

リシュリューは当時の特徴ともいうべき明晰な知性の持ち主だったので、明解な語彙でもって道徳と政治を分かつ差異を定義した。その後、この差異をめぐって多くの混乱の種がまかれた。リシュリューの言い分はこうだ。国家の救済と魂の救済に同一の規則を適用するのはひかえねばならない。魂の救済は彼岸でおこなわれるが、国家の救済は此岸でしかおこなわれないからだと。

残酷なまでに正しい。ここからキリスト者はただひとつの結論しかみちびきだせない。魂の救済すなわち神にたいしては絶対的かつ無条件的なまったき忠誠を負うが、国家の救済という大義にたいしては限定的かつ条件的な忠誠を負うにすぎないという結論を。

ところがリシュリューは、自身をキリスト者だとおそらく大まじめに信じていたにもかかわらず、みちびきだした結論はまったくの別物だった。その結論とは、国家の救済をめざす責任者およびその配下たるもの、所期の目的を達成するためには、必要とあらば彼ら自身の身柄はいうにおよばず、君主も、人民も、諸外国も、さらにはいっさいの義務をも犠牲にしてはばからず、いっさいの例外なくあらゆる有効な手段を駆使すべし、であった。

より壮大な企てであるにせよ、これでは「政治第一」というシャルル・モーラスの主張とまったく変わらない。もっともモーラスは理にかなって無神論者だった。かの枢機卿たるや、その現実性のすべてが此岸にやどるものを絶対者とみなすことで、偶像崇拝の罪をおかした。もちろん鋼や石や木に真の危険はない。偶像崇拝という紛うかたなき罪の対象は、きまって国家に類するなにかである。この世の王国を与える約束のもとに悪魔がキリストにさしだしたのがこの罪だ(118)。キリストは拒んだ。リシュリューは応じた。そして報いをうけた。しかも自身はひたすら献身的に行動してきたと信じて疑わなかったし、ある意味でそれは真実だった。

リシュリューの国家への献身はフランスを根こぎにした。彼の政治方針とは、国家に逆らいうるいっさいを抑えこむべく、国内の自発的な生をあまさず組織的に抹殺することだった。この点において彼の行動に限界があるとみえるのは、ようやく着手しはじめた構想をまえに、おいおい段階をふんで進んでいくだけの狡猾さをもちあわせていたからだ。彼が人間精神をいかに浅ましい奴隷根性へと堕落させたかを感じるには、コルネイユの献辞(119)を読めばことたりる。後世はフランスの国民的栄光たる詩人を恥辱から救いだすべく、あれは当時の儀礼上の表現にすぎないと吹聴することを思いついた。だがそれは嘘だ。このあたりの事情を悟るにはテオフィル・ドゥ・ヴィオーの著述を読むだけでよい。テオフィルは不当な投獄のせいで夭逝したのに、コルネイユのほうは長寿をまっとうした。

文学には兆候《シーニュ》としての意義しかない。だが過つことのない兆候である。コルネイユの阿諛追従の言辞はリシュリューが人間精神そのものの隷従を欲したことの証左である。彼自身の人格《ペルソンヌ》にたいする隷従ではない。彼の自己放棄は真摯なものだったろうから。そうではなく、おのが身に具現される国家《エタ》にたいする隷従を求めたのだ。リシュリューの国家《エタ》構想はすでに全体主義的であった。当時の手段がゆるす程度であったにせよ、国《ペイ》をひとつの警察体制に最大限にまで服させて、おのれの構想を可能なかぎり実現した。かくてこの国の精神的な生の大半を破壊した。フランスがこの閉塞状態に屈したのは、諸侯が理不尽で残虐きわまる内戦で国を荒廃させてしまった結果、いかなる代価を払ってでも平和を購うことに同意したからだ。

初期には多くの点で一七八九年の予兆であったフロンドの乱の勃発後、ルイ一四世は合法的な君主というよりも独裁者の精神をいだいて権力の座についた。「朕《ちん》は国家なり」の文言の示すとおりだ。これは国王の考えることではない。この経緯をモンテスキューはみごとに、ただし遠回しに解説した。だが当時は彼さえまだ気づかなかったのは、フランス君主制《モナルシー》の凋落にはふたつの段階があることだった。シャルル五世以降、君主制は個人専制へと堕落した。しかるにリシュリュー以後、個人専制は全体主義をめざす国家機械にとって代わられた。マルクスの言にあるように、この国家機械はあらゆる変化をこえて存続したのみならず、体制が変化するたびに改良され拡大されていったのだ。

フロンドの乱の時期やマザラン[120]の摂政期に見舞われた大厄災にもかかわらず、フランスは精神的にはひと息ついていた。ルイ一四世はフランスが光芒をはなつ天才にみちていることに気づき、彼らを認知し奨励した。と同時に、それにもまして強力な意気ごみでリシュリューの政治方針を推しすすめた。そしてまたたくまにフランスをおそるべき物質的な悲惨の底に突きおとしたのみならず、精神的には砂漠のごとき国へと変えてしまった。

サン＝シモンの著作を文学的・歴史的な興味からではなく人びとが真にたどった生の証言録として読むとき、死へといたる倦怠の強烈さをまえに、また魂と心と知性のかくも一般化した陋劣さをまえに、われわれは恐怖と嫌悪にとらわれずにはいられない。ラ・ブリュイエールの著作、リズロットの書簡、当時の全資料もまた、おなじ気構えで読まれるならば、おなじ印象を与えるはずだ。[121] すこし時代をさかのぼるなら、たとえばモリエールもたんなる戯れで『人間嫌い』を書いたのではないと考えるべきだろう。[122]

ルイ一四世の政体はすでにまさしく全体主義的であった。恐怖と密告が国を荒廃させていた。あらゆるキリスト教的良心への挑戦というべき破廉恥さで、君主の一身に具現される国家《エタ》という偶像崇拝が作りあげられたのだ。宣伝の技法はすでにあまねく知られていた。王への度はずれの讃辞を含まないかぎり、主題のいかんを問わずいかなる書物も出版させない命令《オルドル》について、警察長官がなんの衒《てら》いもなくリズロットにうちあけたように。

この体制下にあって、フランスの諸地方の根こぎ、地方生活の崩壊は以前にもましてはるかに深刻な度合に達した。一八世紀にひとつの凪がおとずれた。大革命が王のかわりに国民主権を据えたその作業には、ただひとつの不都合しかなかった。国民主権なるものは存在しないという不都合だ。オルランドの牝馬[123]とおなじく、それだけが唯一の欠点だった。これらの語に対応する実体をもたらすための既知の手続きはなにひとつ存在しなかった。残るは国家だけだったので、当然ながらこれを利するべく一致《ユニテ》への熱狂、国民主権への信頼を核として噴出した「一致、しからずんば死」的な熱狂がくりひろげられた。かくて地方生活の領域であらたな破壊がおこなわれた。戦争が奏功して、というのは戦争こそ発端からしてこの一連の事態をあおった原動力だからであるが、国家は国民公会[124]と帝政のもとでいよいよ全体主義化していった。

ルイ一四世はフランス教会をも堕落させた。教会に自身の個人《ペルソンヌ》崇拝の片棒をかつがせ、宗教上の事象においてさえ自身への服従を強いることによって。君主にたいする教会のこの隷従ぶりは次世紀の反教権主義をまねく大きな要因となった。

おのれの運命を独裁君主体制の運命と一にするという償いがたい過ちをおかしたとき、教会はおのれを公生活から切りはなしてしまった。教会ほど国家の全体主義的野望に奉仕したものはない。その結果、非宗教的な体制が出来《しゅったい》せざるをえず、それが今日もてはやされているたぐいの国家そのものにたいする公然たる崇拝の序曲を奏でた。

キリスト者は世俗的精神から身を守るすべを奪われている。なぜなら、現世の権力を聖職者の手に、あるいはその周辺の手にとりもどすために政治行動や党派的活動に挺身するか、自己の生の世俗的な部分すべてにおいて非宗教的であることを甘受するか、そのいずれかの選択しかないからだ。一般的に今日では後者の例が多いのだが、あまりに深く染まっているので当の本人にすらその自覚がない。いずれの場合も、公私のべつなく世俗の生を支配せずして光でみたすという宗教の本来の機能はうちすてられている。

一九世紀をつうじて鉄道は根こぎにつながるおそるべき荒廃をもたらした。ジョルジュ・サンドは何千年もさかのぼりうるとおぼしき古い慣習をベリー地方で目撃することができたが、彼女が残した簡略な覚書がなければその思い出すら消えさっていただろう。集団のものにせよ個人のものにせよ、過去の消滅は人類の大いなる悲劇である。ところがわれわれは、子どもが薔薇の花びらをむしりとるように自分の過去を捨ててしまった。あまたの民衆が決死の覚悟で征服に抗ったのは、なによりもこの消滅を避けたかったからだというのに。

だが国家《エタ》の全体主義的現象は、公権力が本来は保護すべき自国民にむけておこなう征服というかたちをとる。しかもこの征服は、あらゆる征服につきものの不幸から自国民を保護することもできぬままに、もっぱら他国を征服するのにより好適な方途を手にするためにおこなわれる。ロシアはいうにおよばず、かつてはフランスで、より最近ではドイツで生じたのはこのような事態であった。

しかし国家《エタ》の発展はその国《ペイ》を疲弊させる。国家は国の精神的実体を食らい、これを糧として生きのび、肥えふとり、ついにはその糧を貪りつくす。そして国家はしだいに飢餓に悩まされるようになる。フランスはこの状態に落ちこんでいた。逆にドイツにおいては国家の中央集権化が最近のできごとだったので、国家は上質のエネルギーを含む糧の過剰から生じる烈しい攻撃性を有することになった。ロシアにいたっては民衆の生はすばらしく充実しているので、最終的には民衆が国家を食らいつくすのではないか、あるいは国家をふたたび呑みこんでしまうのではないかとさえ問いたくなる。

フランスの第三共和政はかなり特異な存在だった。そのもっとも特異な性質のひとつは、議会のかけひきをのぞく構造のすべてがナポレオン帝政に由来することだ。フランス人は抽象的論理を偏愛するがゆえに、レッテルのたぐいに手もなく欺かれる。イギリス人は実質的に共和政である王国を維持している。われわれフランス人は実質的に帝政である共和国を維持していた。さらには帝政それじたいも、断絶のない絆をつうじて大革命のかなたの君主政につながっていた。ただし古いフランスの君主政ではなく、一七世紀の警察国家的な君主政すなわち全体主義的な君主政に。

ジョゼフ・フーシェ(125)という人物はこの継続性の象徴である。フランス国家の抑圧装置はあらゆる変遷を生きのびて、ひたすら増大する一方の行動力を培いつつ、動揺もなく中断もなくひとつの命脈をたもちつづけた。

この事実ゆえにフランスにおける国家《エタ》は、専制へと転じた王政がかつてひきおこした怨嗟と憎悪と反撥の対象でありつづけた。われわれはひとつの逆説を生きた。それはあまりに奇妙なので意識にさえ上らないという代物だった。すなわち公的制度およびそれに付随するいっさいが、全民衆に公然と憎悪され軽蔑される民主主義という逆説である。関税、租税、助成金、その他あらゆる事柄において、国家から金を巻きあげたり騙しとったりするのに、わずかにせよ心の疚しさをおぼえるフランス人はひとりもいない。公務員のある種の階層は除外せねばなるまい。だが彼らは公的機構《マシン》と一体なのだ。ブルジョワ階層が国内の他の階層よりもこの種の詐取にたけているのは、はるかに多くの機会があるからにすぎない。フランスの警察は抜きがたい軽蔑を呼びさます対象であり、多くのフランス人にとってこの感情は善良な人びとの変わらざる道徳構造に組みこまれている。人形芝居の主人公ギニョール(126)は紛うことなくフランスの民俗のひとつであり、旧制度《アンシャン・レジーム》にまでさかのぼるがついぞ廃れることはなかった。フランスで「警察の《ポリシェ》」という形容詞はもっとも辛辣な罵詈のひとつだが、他の言語にもこれに相当する語があるかどうかを知りたいものだ。ところで警察とは公権力の実働部隊にほかならない。この装置にたいするフランス民衆の感情は、ルソーが目撃したように農民が少量のハムを所有していることさえ隠さねばならなかった時代からまったく変わっていない。

同様に、政治制度のすべてのかけひきも反撥と嘲弄と軽蔑の対象だった。政治という語じたいが、民主政にあっては信じがたいほどいちじるしく侮蔑的な意味合いを担っていた。「やつは政治屋だ」「そんなのはみんな政治さ」といった常套句は最終的な有罪判決を意味した。一部のフランス人の眼には、代議士の職業そのものが――それはまさしく職業だった――なにかしら不名誉なものだった。フランス人のなかには「政治」と呼ぶものとの接触をいっさい放棄することを誇りにする者もいた。その放棄が投票日をのぞく場合もあれば、投票日を含む場合もあるが。また地域選出の代議士を一種の奉公人と考え、自分たちの特定利益に仕えるべく創出され世に送りだされた存在とみなす者もいた。公的な事象への軽侮をやわらげる唯一の感情は、この病にとりつかれた人びとに巣食う党派精神であった。

ささやかであっても忠誠や愛着の感情をかきたてる公生活の一面を、フランス人のなかに探そうとしても無駄であろう。世俗主義が熱狂を集めたうるわしき時代には、すくなくとも教育があった。しかしひさしい以前からもはや教育は、子どもの眼にも両親の眼にも、修了証《ディプロム》すなわち社会的地位《シチュアシオン》を供給する機械としか映らない。社会法(127)についていえば、フランスの民衆はそれなりの満足をおぼえていたとはいえ、誠意のない公権力に暴力的な圧力をかけて奪いとった譲歩としかみなさなかった。

公的な事象に欠けていた関心にとって代わるものは、これ以外になかった。その後に継起した体制のそれぞれがいや増す速やかさで地方および地域の生を破壊したので、こうした生はついに消滅してしまった。フランスは四肢がすでに冷たくなっているのに心臓だけがぴくぴく動く病人になりはてた。もはやどこでも生の拍動は感じられない、パリをのぞいては。だがこの都市をとりまく郊外では、はやくも精神的な死が重くのしかかりつつあった。

戦前の外面的には平和だったあの時期、フランスの地方小都市の倦怠は、おそらくより可視的な残虐行為にもひとしい現実的な苛烈さを生みだしていた。揺籃から墓場までの一回かぎりでかけがえのない歳月を、どんよりよどむ倦怠のなかで生きることを強いられた人間存在、これは飢餓や殺戮にもひとしい残酷な状況ではないのか。倦怠の被膜をフランスに最初にかぶせたのはリシュリューだが、以後、この被膜はいよいよ厚くなりわれわれの呼吸をしだいに圧迫してきた。開戦のころには、息苦しさは窒息と変わらぬ段階に達していたのだ。

国家《エタ》は領土的《テリトリー》にみて自身より小さなものすべてを精神的に殺し、それと同時に、思考を封じこめるべく領土的な国境を牢獄の壁に変えた。教科書《マニュアル》を離れて歴史をすこしでも間近で眺めはじめるや、伝達の物理的手段をほぼ欠いていた時代が、かぎりなく広大な諸領土を網羅する思考の交流において、生の豊饒性、多様性、生産性、強靭さにおいて、現代をはるかに凌駕することに気づいて茫然とさせられる。中世、前ローマ的古代、有史時代の直前期がそうだ。今日、無線電信《テ・エス・エフ》、航空機、あらゆる種類の移送手段の発達、印刷術、出版物といった手段を有しながらも、近代的現象たる国家は、科学のごとく本来的に普遍であるはずの事象までも隔離された小さな区画に押しこめている。境界はもちろんこえられなくはない。しかし旅行をするにあたって煩雑で面倒な手続きの数々を終えねばならないように、いかなる領域においても異質の思考との接触は境界をこえるための知的努力を要請する。それはたいへんな努力であって、多くの人びとはその努力を払うことに同意しない。たとえ努力を払うに吝《やぶさ》かでない人がいても、努力が不可欠であるという事実そのものが、有機的な絆が境界をこえてむすばれるのを妨げている。

たしかに国際的な教会や政党[128]は複数存在する。しかしそれらの教会は、同一の儀式と同一の言葉により、しかも推察するに同一の度合の信仰と心の清らかさをもって、敵対する両陣営のどちらか一方の軍事的勝利を、それぞれの陣営にある司祭と信徒がそれぞれ同時に神に祈るという堪えがたくも破廉恥な状況をまねいている。この手の破廉恥は昔からあった。しかし二〇世紀になって、宗教的な生はかつてないほど国民国家《ナシオン》の生に従属させられている。かたや政党はといえば、もっぱら虚構のうえでのみ国際的であるか、その国際主義《アンテルナシオナリスム》が特定の国民国家《ナシオン》への全面的従属のかたちをとっているか、そのいずれかである。

最後に、国家《エタ》はまた公生活の外部で忠誠心に指針を与えうるいっさいの絆を廃した。フランス大革命は同業組合《コルポラシオン》を廃して技術的進歩をうながしたが、そのぶんだけ精神的には害悪をもたらした。あるいはすくなくとも、すでになかば実現されていた害悪を認定し完結させた。今日、この同業組合という語が使われるとき、いかなる環境においてにせよ問題になっているものは真の同業組合とはなんの共通点もないことを、どれほど強調しても強調しすぎることはない。

ひとたび同業組合が消滅してしまうと、人間の個々の生において労働は金銭をめぐる目的のための手段と化した。国際連盟規約[129]のどこかに、今後、労働はもはや商品でなくなるだろう、と断言するくだりがあった。最低の悪趣味な冗談である。レヴィ＝ブリュル[130]が前論理的と名づけた心性にまったく無縁だと自負する大量の善良な人びとが、オーストラリアの奥地に住まう野生人よりもやすやすと言葉の魔術的効能を鵜呑みにした、そんな世紀にわれわれは生きている。なんらかの不可欠な商品を流通経路から引きあげるときには、あらかじめべつな分配方法を考えておくものだ。ところが労働についてそのような見通しが立てられたことはない。したがって労働はもちろん商品でありつづけている。

となると職業上の良心はたんなる商取引上の廉直さの一様態にすぎない。交換にのっとって成立した社会にあっては、もっとも重い社会的糾弾は窃盗と詐取に、とりわけ不良商品に良品の保証をして売りさばく商人の詐取にたいしてなされる。同様に、人が自分の労働を売るさいにも、廉直であろうとするなら、価格にみあった品質の商品を供給せねばならない。しかしながら廉直さは忠誠ではない。きわめて大きな距離がこのふたつの徳をへだてている。

労働者の仲間意識には強い忠誠の要素がある。これがながらく労働組合運動を生かしてきた主動因だった。しかし複数の障碍のせいで、この忠誠心は道徳生活の揺るぎなき支柱となりえなかった。一方、小銭《スー》の問題を最前面に押しだすことで、社会生活の金もうけ主義が労働運動にまで拡がった。ところで金銭への懸念が強くなればなるほど、忠誠の精神は消えていく。他方、労働運動が革命的になるにしたがいこの不都合をまぬかれる度合は高まるものの、あらゆる叛逆につきものの脆弱さに感染してしまう。

リシュリューはある種の観察において驚くべき明察さを示した。たとえば他のすべての条件がひとしいなら、叛乱者は例外なく公権力の支持者の半分しか力を発揮できないことを経験的に知ったと述べた。たとえ大義名分を担うとの自負があっても、叛逆の側に身をおく感覚に意気が挫けるものだ。この種の心理学的な力学なくして、人間社会に安定性は存在しえない。この力学が共産党の絶大なる影響力を説明する。革命的労働者は自己の後ろ盾にひとつの国家《エタ》がひかえているのがうれしくてたまらない。この国家が彼らの行動にもっぱら国家のみが下付しうるかの公的性格、かの合法性、かの実在性を与えてくれる。と同時に、うまいぐあいに、この国家は地理的に遠すぎるので彼らに嫌悪をもよおさせる懸念もない。同様に、百科全書派は自身の君主とは衝突していて居心地が悪かったので、プロイセンやロシアの君主の寵愛をほしがった。ロシアの威信に逆らいえた多少とも革命的な労働運動の闘士でさえ、ドイツの威信には屈せずにはいられなかった事情も、この類比によって理解できる。

共産党に全身全霊を捧げた人びとはともかくとして、労働者は、自分の階級への忠誠心を支えるために、見返りに内面の安定を与えてくれるほど充分に明確で充分に限定的な対象をみいだせずにいる。社会階級の観念ほど限定を欠く観念はそうそうない。マルクスはこの観念を礎に自説の全体系をうちたてたが、この観念の定義を一度も試みなかったばかりか、そもそも研究の対象とさえしなかった。社会階級についてマルクスの著作からとりだせる唯一の情報は、それは闘争するものだということだ。これでは充分といえない。かといって、言葉で定義されずとも思考にとって明晰であるような観念のひとつともいえない。ところで、なんらかの観念を定義することより、観念を定義なしに構想したり感得したりするほうがはるかに困難なのだ。

宗教的帰依に由来する忠誠心もまた、いかに奇妙に思えようとも現代生活においてはものの数に入らない。国家の教会をいただくイギリス式体制と、教会と国家の分離にもとづくフランス式体制には、明白かつ重大な差異があるにせよ、ある意味では類比的というべきひとつの事象が生じた。ただ後者のほうがより破壊的にみえるだけだ。

宗教は私的な事象であると宣言された。現代の精神的傾向にしたがえば、このことは宗教が魂の秘奥に、各人の意識さえ入りこめないほど深く隠された場所にやどることを意味しない。宗教とはたんなる選択や見解や嗜好もしくは気まぐれにかかわる事柄であって、政党の選択いやネクタイの選択にさえ似たなにか、または家族や教育や近隣にかかわる事柄にすぎないのだ。宗教は私的な事象となるにおよび、公的な事象にのみ付与される義務的な側面を失い、その結果、忠誠を文句なく要請しうる権利を失った。

多くの示唆的な言葉が示すように、それが事実なのだ。つぎのような決まり文句が幾度くり返されるのを耳にしたことか。「カトリック、プロテスタント、ユダヤ人、自由思想家のべつなく、われわれはみなフランス人だ」。あたかも国の領土的な小区分について「マルセイユ、リヨン、パリ、どこの出身であっても、われわれはみなフランス人だ」と語るかのように。教皇の発した文書に「キリスト教的観点にとどまらず、ひろく人間的観点からみても……」という一文がある。キリスト教的観点というものにはまったく意味がないか、あるいは此岸と彼岸の万象を包みこむと主張するか、そのいずれかのはずなのに、さきの表現では、キリスト教的観点には人間的観点よりも狭められた普遍性しかないといわんばかりである。これ以上に戦慄すべき破産告白があるだろうか。これが「破門されよ《アナテマ・シット》」(131)の支払った代価である。結局のところ私的な事柄に格下げされた宗教は、日曜の朝、一時間か二時間をどこですごすかの選択へと切りつめられてしまった。

滑稽きわまるのは、宗教すなわち神にたいする人間の関係が、今日、他の外的権威の介入をゆるさぬほど神聖な事象とはみなされず、むしろ公的な事象のうえにさしたる重要性を有しないがゆえに、国家《エタ》が各人の気まぐれにまかせている事象のひとつに数えられていることだ。すくなくとも直近の過去ではそうだった。これが「宗教的寛容《トレランス》」なる語の現代的意味なのだ。

かくて国家のほかには忠誠がすがりつく対象がなくなった。よって一九四〇年までは国家への忠誠が拒まれることはなかった。忠誠なき人間の生は醜悪だとみなされるからだ。フランス語の語彙に含まれる道徳観念にかかわる語は、全般に頽廃の一途をたどっているが、それでも裏切り者《トレートル》や裏切り《トライゾン》といった語は強烈きわまる含意を失っていない。

人間には犠牲を捧げるべく生まれたという自負がある。ただし、いまとなっては民衆の想像力のなかに、軍事的犠牲すなわち国家に捧げられた犠牲のほかに犠牲は存在しない。

まさしく国家《エタ》しか問題にならないのだ。一七八九年と一七九二年の人びとが意図していた意味での国民国家《ナシオン》なる幻想は、当時の人びとに随喜の涙を流させたのだが、これはもはや完全に失われた過去に属する。国民という語すら意味を変えた。われらが世紀において、この語は主権者たる民衆ではなく同一の国家の権威を認める複数民族の総体をさす。それはひとつの国家によって構築される建造物にして、国家《エタ》によって支配される国《ペイ》である。今日、国民の主権が話題になるとき、論じられているのは国家の主権にすぎない。われわれの同時代人と一七九二年の人間との対話は滑稽きわまる誤解にゆきつくだろう。問題の国家とは主権者たる国民をさすのでないばかりか、リシュリューからルイ一四世へ、ルイ一四世から国民公会へ、国民公会からナポレオン帝政へ、ナポレオン帝政から第三共和政へと遺贈された、あの非人間的で暴力的で官僚的で警察的な国家と寸分たがわぬ同一物なのである。のみならず、この国家は直感的に正体を察知され憎悪されてもいる。

かくて奇妙な事象が目撃されることとなった。すなわち、嫌悪と反撥と嘲弄と軽蔑と恐怖の対象である国家が、祖国なる名をいただくやいなや、揺るぎなき忠誠心とまったき献身と至高の犠牲を要求し、しかも一九一四年から一九一八年にかけて、あらゆる予想をうわまわる収穫を得たのである。国家は地上における絶対者すなわち偶像崇拝の対象であるふりをした。するとそのようなものとしての認知と奉仕を手にいれ、戦慄すべき大量の人間の犠牲をもって讃えられたのだ。愛なき偶像崇拝、これ以上におぞましく悲しいものがあるだろうか。

だれかが心を駆りたてる以上の献身をしようとするとき、その後にかならず烈しい反動、ある種の感情における痙攣が生じるものだ。しばしば家族のなかでみられる現象である。病人が自分の呼びおこす愛情をこえる世話を要請するとき、その病人は、公然と吐露できないがゆえに抑えこまれ、したがってつねに隠された毒として存在する怨嗟の対象となる。

これとおなじ現象が、一九一八年以後、フランスとフランス人のあいだに生じた。後者は前者にあまりに多くを与えすぎた。フランスにいだく愛情の限界をこえてまで与えてしまったのである。

一九一八年以降の反愛国主義的・平和主義的・国際主義的な潮流はことごとく、自己の立場を正当化するために、戦争の死者や帰還兵を引き合いにだした。帰還兵についていうと、じっさいこの潮流はおおむね彼ら自身の境遇に端を発していた。熱狂的に愛国主義的な在郷軍人会があったのも事実である。だが彼らの愛国主義の表現はうつろにひびき、なんの説得力もない。あまりにひどく苦しんだために、自分たちの苦しみは無意味でなかったと信じる欲求をたえずおぼえる人びとがいる。在郷軍人の表明はこういう人びとの発する言葉に似ていた。心情の衝動とくらべて大きすぎる苦しみは、両極端の態度へと人を押しやるのだ。あまりに多くを与えすぎた当の対象を乱暴に払いのけるか、一種の絶望のうちにその対象に追いすがるか、そのいずれかである。

戦場の背後で警察が演じた役割についてうんざりするまでくり返された言及ほど、愛国心《パトリオティスム》に打撃を与えたものはない。祖国《パトリ》の背後にあるこの警察国家の存在、彼らの憎悪の伝統的な対象を否応なく認めさせたこの言及に、フランス人はこれ以上ないほど傷ついた。加えて、一九一八年以前の常軌を逸した新聞の抜粋を、冷静さと嫌悪感をもって事後に読みなおし、さらに警察の役割をあわせて考えたとき、自分たちは手もなく丸めこまれたという印象をいだいたのだ。フランス人にとってこれほど赦しがたい屈辱はない。愛国的感情をあらわす語までもが信用を失い、この感情はいわば口にするのもはばかられる感情のひとつになってしまった。労働者の集まる環境、すくなくともある種の環境においては、愛国的感情の吐露は公序良俗にもとるとされた時代があった。それほど昔の話ではない。

複数の証言が異口同音に断言するところによれば、一九四〇年にもっとも勇敢だったのはその前の大戦の帰還兵である。このことから、一九一八年以降の帰還兵の反応は彼ら自身の魂以上に、彼らの周囲にいた子どもたちの魂にふかく影響をおよぼしたと結論すべきだろう。よくある現象であり、理解するのもたやすい。一九一四年に一八歳だった人びとは、その後の歳月のなかで性格形成をはたしたのだ。

二〇世紀初頭の学校は青少年を勝利にむけて鍛えあげ、一九一八年以降の学校は敗者の世代をつくりあげたと称される。たしかに多くの真実が含まれている。だが一九一八年以降の教師たちは前大戦の帰還兵でもあった。一九二〇年と一九三〇年のあいだに一〇歳だった子どもの多くは、戦闘を経験した人びとを教師としていたわけだ。

フランスが戦後の反動を他国よりも直截にこうむったのは、はるかに熾烈な根こぎをこうむっていたせいだ。この根こぎをひきおこしたのは、他国に先駆けてはるかな昔にはるかに徹底的におこなわれた国家の中央集権化、戦勝による頽廃の影響、あらゆる宣伝煽動の放置と黙認である。

祖国《パトリ》の観念をめぐる均衡が決壊したので、これをうけて純粋思念の領域では逆方向に代償作用がはたらいた。完全なる価値の真空状態にあって、国家《エタ》だけが人間に忠誠と犠牲を求めうる唯一の有資格者として残ったので、祖国の観念は思考のうえで絶対者の地位をしめるにいたった。祖国は善悪の彼岸にあった。「正しかろうと誤っていようとわが祖国」というイギリスの諺が表現するように。だがしばしば人は限界をこえていく。そして祖国も誤りうることを認めなくなる。

いかなる境遇にあっても人間は批判的検討の努力をしたがらないが、眼にあまる不条理はたとえそれと認知されずとも違和感をおぼえさせ、魂の力を弱めてしまう。結局のところ哲学ほど、つまり暗黙裡に身についた無批判な哲学ほど、日常の人間の生全般と混ざりあっているものはない。

祖国を悪によっても穢されえない絶対者とみなすことは不条理の極致である。祖国《パトリ》は国民国家《ナシオン》の別名だ。国民とは歴史的な諸経緯で集められた領域と民族の総体だが、そこでは人間の知性が判断するかぎり偶然が大きな役割を演じ、つねに善と悪が混じりあっている。国民はひとつの事象であり、もとより事象は絶対者ではない。他の類する事象とおなじく国民もひとつの事象にすぎない。地表にはひとつならぬ国民が存在する。わが国民はもちろん唯一無二《ユニーク》である。しかし他の国民もまた、それじたいとして愛をもって眺められるならば、おなじ程度に唯一無二なのだ。

一九四〇年以前、「永遠なるフランス」を語るのが流行した。これらの語は一種の冒瀆だ。フランスの召命、フランスの永遠なる救い、その他これに類する主題をめぐって、フランスの偉大なるカトリック作家たちが著した感動的な文章についても、おなじことをいわねばなるまい。国家の救いは此岸でしか成就されないと断じたリシュリューのほうが、事態をはるかに精確にみぬいていた。フランスは現世的で地上的な事象である。筆者の誤りでなければ、キリストが諸国民を救うために死んだとは一度もいわれていない。国民として神に召しだされた国民という概念は古い律法[132]にのみ属する。

異教的と呼ばれる古代はこれほど粗雑な誤謬をおかさなかった。ローマ人はみずからを選民とみなしたが、地上の覇権にかぎってのことだった。もうひとつの世界になど興味はなかった。都市や民族がみずからを超自然的な運命をまっとうすべく選ばれたとみなすがごとき現象は、どこにも生じていない。いわば救いの公認手段を構成する種々の秘儀宗教[133]――現代では教会がそれにあたる――は地域的な制度であって、それぞれは等価であると認められていた。プラトンは恩寵に援けられた人間がどのように現世の洞窟(134)を脱するかを描いた。だが都市が脱出できるとはいっていない。それどころか魂の救いを妨げる動物的なものとして集団を表象している。

集団的な価値しか認めなかったと古代を咎める人びとがいる。じっさいにこの誤謬をおかしたのはローマ人とヘブライ人だけで、前者は無神論者だった。後者の場合もそうであったのはバビロン捕囚(135)までの時期にかぎられる。だがこの誤謬を前キリスト教的古代に押しつけるのが誤りであるように、われわれは自分自身がたえずこの誤謬をおかしていることを認めないという点でも誤っている。われわれはローマとヘブライの二重伝統にすっかり染まっている。この伝統のほうがたいてい純粋なキリスト教的霊感をうち破ってしまうのだ。

祖国《パトリ》という語に可能なかぎり強力な意味、つまり完全な意味(136)を付与するなら、キリスト者にはこの世界の外に位置するただひとつの祖国しかない。これを認めることは今日のキリスト者にはなかなかむずかしい。しかるにキリスト者にはただひとりの父《パーテル》(137)しかなく、しかもその父はこの世界の外に住まっている。(138)「天に宝をつみなさい……、人間の宝のあるところにはその心もあるのだから」(139)。地上に心をとどめることは禁じられているのだ。

神と地上の国とがそれぞれ主張できる権利[140]について自分の心に問いかけることを、今日のキリスト者は好まない。ドイツの司教団はもっとも勇気あふれる抗議を終えるにあたって、われわれは神かドイツかという二者択一をみずからに迫ることを拒否するとしめくくった。だが、なぜ拒否せねばならないのか。神か地上のなにかという二者択一につながる状況はいつなんどきでも生じうるし、その選択に疑問の余地があってはならない。しかしフランスの司教団もおなじ言辞を弄しただろう。この四半世紀のジャンヌ・ダルク人気[141]は完全に健全とはいいかねるところがあった。それはフランスと神とが別物であるのを忘れるための方便である。とはいえ祖国《パトリ》の概念の威光のまえにひれふす内面的な怯懦をもってしては、愛国心《パトリオティスム》により大きな活力を与えることはできなかった。フランス人がフランスをみすてたあのおぞましい日々、ジャンヌ・ダルクの銅像が人びとの視線をひきつけるべくフランスのあらゆる教会のなかに設置されていたというのに。

「わたしのもとにやってきて、しかも自分の父、母、妻と子、兄弟姉妹、自分の魂をも憎まない者は、わたしの弟子にはなれない」。憎むという語のある意味において肉親すべてを憎むことが命じられているなら、愛するという語のある意味において自国を愛することも禁じられているはずだ。なぜなら愛に固有の対象は善であり、「神のみが善きかた」だからである。[142]

これは自明の理だ。ところがなんらかの魔力に妨げられてか、われわれの世紀には認知されていない。さもなければ、非キリスト教徒の住民のただなかで愛徳ゆえにキリストの証人となることを選んだシャルル・ドゥ・フーコー師のような人間が、同時に、これらの人びとについて軍諜報部に情報提供する権利が自分にあると信じたりするはずがない。[143]

キリストにたいする悪魔のおそるべき言葉にじっくりと思いをいたすことはわれわれの益となろう。悪魔はキリストにこの世のすべての王国をさし示し、こういったのだ。「これらすべての権勢はわたしの手にゆだねられた」[144]と。たったひとつの例外もない。

キリスト教徒に衝撃を与えなかったものが、労働者には衝撃となった。わりあい最近のものでまだ完全には息絶えていなかった伝統のおかげで、正義への愛がフランス労働運動の中核的な霊感となった。一九世紀前半、全世界の抑圧された人びとの擁護に立ったのは燃えるような愛だった。

祖国が主権者たる国民から構成された民衆と同義であるかぎり、祖国と正義の関係についてなんの問題もなかった。きわめて恣意的に、また『社会契約論』にかんするいかにも皮相な解釈にもとづき、主権者たる国民は仲間にも隣人にも不正をはたらかないと認定されたからだ。不正を生じさせる原因はことごとく、国民が主権者でないことに由来すると想定されたのである。

ところが祖国の背後に例の古い国家《エタ》が現れるや、正義は遠のく。現代の愛国心を表現するさい、正義はさほど問題にされず、ましてや祖国と正義の関係について考えさせる言説はみられない。これらふたつの観念が等価であると断じる気概はだれにもない。とりわけ労働者にむかって断じる勇気はない。労働者は社会的抑圧をつうじて国家の金属のごとき冷たさを感じとり、このおなじ冷たさが国際関係にも存在するのではないかと漠然とではあるが察知している。祖国が盛んに語られるとき、正義はほとんど語られない。だが労働者にあって正義の感覚はきわめて強い。たとえ唯物論者であっても、自分たちはつねに正義の埒外におかれているという印象をいだいているので、正義がほとんど語られないような精神修養には心を奪われないのだ。彼らはフランスのために死ぬときも、自分はフランスよりはるかに偉大なもののために死ぬのだ、不正をうち破る普遍的な闘いにかかわっているのだと感じる必要をおぼえた。有名になった言い草にしたがえば、彼らにとって祖国だけでは充分でないのだ。

真の霊的な生の焰、たとえ意識されないほどの火花であっても、焰の燃えあがるところでは、事情はつねに変わらない。こうした焰にとって祖国だけでは充分ではない。この焰を心にやどさない人びとにとって、究極の要請を求める愛国心は高邁すぎて扱いに困るものとなる。そうなると愛国心は、場当たり的な国家的狂信《ファナティスム》のかたちをとらなければ、充分に強力な刺戟とはならなくなる。

じっさい、人間は自分の魂を小さな区画に分割することができる。また、それぞれの区画に収まっている思念が他の思念と連繫もせず一種の生をまっとうすることも可能である。そういう人間は批判の努力も綜合の努力も好まないので、圧力を加えられなければ努力しようとはしない。

死をまえに、大きすぎる苦しみをまえに、過剰な危険をまえにして、肉体が恐怖と不安におののき後ずさりするとき、あらゆる人間の魂のなかに、たとえそれがまったく教養のない人間であっても、この死、この苦しみ、この危険から身をひくのは理にかなう当を得ていると立証する根拠をひねりだす推論捏造者が出現する。これらの根拠は場合により是非が分かれる。いずれにせよ瞬時にして、いかなる弁論家も得られなかった強烈な説得力を、周章狼狽する肉と血がこれらの根拠に与えるのだ。

こんなふうにはならない人びとも存在する。恐怖を感じないような質《たち》であるか、その肉や血や臓腑が死や苦痛をまえにしても平然としているか、魂のなかに高度な統一性がたもたれていて推論捏造者の介入する余地がないか、などである。またべつの人びとにあっては、推論捏造者が介入してきて説得には成功するとはいえ、説得じたいは軽蔑される。この場合は、すでにかなり高度な内的統一性があるか、強力な外的刺戟があるか、そのいずれかが推定されよう。

宣伝《プロパガンダ》にかんするヒトラーの天才的な考察、すなわち粗野な力は単独では概念を圧倒できないが、下劣きわまる概念と結託するなら、所期の目的をやすやすと達成できるという明察は、内的な生を理解する鍵ともなる。肉の揺さぶりはいかに烈しいものであっても、単独では魂のなかで思考にうちかつことはできない。だが肉がおのれの説得力をべつの思考に分け与えるなら、その思考がいかに低俗であっても肉はやすやすと勝利する。ここが肝要なのだ。いかに凡庸な思考にも肉の盟友たる機能ははたせる。だが肉のほうは思考を盟友として必要としているのだ。

それゆえ、ふだんの状況ではたとえ教養ある人びとでも巨大な内的矛盾をかかえていてもまったく平気で生きているのに、究極の危機の瞬間に直面しては、内的体系に穿たれたわずかな齟齬でさえ、明敏きわまる哲学者がこれを利用してやろうと意地悪く身構えている場合にひとしい重要性をおびるのだ。これは万人に妥当する。まったく無知な人の場合であっても。

究極の瞬間において、といっても最高度に危険な瞬間を意味するとはかぎらず、むしろ臓腑と血と肉の動揺をかかえた人間が、外部の刺戟から切りはなされて孤立する瞬間を意味するのだが、そのような瞬間にもへこたれず踏みとどまれるのは、その内的な生のいっさいを単一概念から引きだす人間のみである。だからこそ、全体主義的体制はあらゆる試練に耐えうる人間を養成できるのだ。

ヒトラー型体制下でなければ祖国《パトリ》は単一概念となりえない。このことは細部にいたるまでたやすく立証できるが、あまりに自明なのでそんな必要すらあるまい。祖国がこの種の単一概念でなく、なおかつひとつの場を占めているとなれば、つぎのいずれかに相当する。魂のなかに内的な不統一と隠された弱さが存在するか、でなければ他のすべてを支配するなんらかの概念が存在し、この概念との関連で祖国は明確に認知されてはいるが限定的で従属的な場を占めているか、である。

われらが第三共和政は後者に該当しなかった。さらにいかなる社会的な階層にも該当したことはない。いたるところでみられたのは精神的な不統一だった。それゆえ一九一四年から一九一八年にかけて、かの推論捏造者は人びとの魂のなかできわめて活発だった。大半の人びとは心身をひどく硬直させて踏みとどまろうとした。面目を失うのを怖れるあまり、人間は硬直化による反動からしばしば恐怖に押しやられるのとは反対の側に身を投じてしまう。だが魂はこの衝動にのみ振りまわされて苦痛や危険にさらされると、たちまち力を使いはたしてしまう。不安を糧とする推論は行動様式に影響をおよぼすことができず、それがゆえにかえって魂の深みに食いこみ、その影響はあとになって現れてくる。これが一九一八年以降に起きたことだ。戦時になにも貢献できずそれを恥じていた人びとは、べつの理由から時代の雰囲気に染まった。こうした雰囲気が子どもたちを包みこみ、しばらくすると彼らは死ぬことを求められたのである。

フランス人における内面的崩壊がどれほど深刻だったかは、今日でもなお敵との協力《コラボラシオン》という考えが完全には威信を失っていないことを思えば理解できよう。他方、われわれが対独抵抗運動《レジスタンス》の光景に励ましを求めるのなら、そして抵抗運動の闘士は愛国心にもその他雑多な動機のうちにも同時にやすやすと霊感をみいだしているではないかと考えるのなら、そのたびごとに国民国家《ナシオン》としてのフランスは正義の、人類の幸福の、およびこれに類する事柄の側に、いいかえれば存在はしないが美しい事柄の範疇《カテゴリー》に身をおいているのだと、くり返しみずからにいい聞かせつづけるべきだろう。連合国の勝利はフランスをこの範疇から引っぱりだし、事実の領域に連れもどすだろう。遠ざけられたとみえた多くの困難がふたたび現れでるだろう。ある意味で不幸はすべてを単純化する。占領された大半の国とくらべて、フランスがよりゆっくりと時期的にも遅れて抵抗運動を始めたという事実をかんがみるなら、われわれが将来に危惧をいだかないのは誤りであろう。

われわれの体制下における道徳的な支離滅裂さの度合を了解するには、学校のことを考えてみればいい。道徳は教育課程に組みこまれている。ゆえに、これを教条主義教育の対象にしたくなかった小学校教師でさえ、必然的に中途半端なやりかたで教えざるをえなかった。この道徳の中心観念は、正義および正義が課する隣人にたいする義務である。

ところが、こと歴史となると道徳は介入してこない。諸外国にたいするフランスの義務などいっさい問題にされない。ときにフランスは正義にかない寛容であると呼ばれるものの、それはいわば余禄であって、帽子の羽飾り[145]、栄光がいただく冠としてであった。ナポレオンの征服のようにフランスが成しとげたあとで失ってしまった征服には、しぶしぶ軽い疑念がむけられることもある。だが、守りぬいた征服についての疑念は生じない。過去とはフランスの発展の歴史でしかない。そしてこの発展はつねにあらゆる点で善と認められている。フランスはその発展の最中に破壊をしたのではないだろうかと自問する気はだれにもない。フランスと等価値のなにかを破壊したかもしれないと検討することじたい、最悪の冒瀆とみなされよう。ベルナノスはいった。アクシオン・フランセーズ[146]の人びとはフランスを赤ん坊とみなし、ひたすら大きくなって肉付きがよくなることだけを求めていると。だがそう考えているのは彼らだけではない。この考えは一般的なものであって、一度も言明されないままに、この国の過去をみなおす方法にはかならず暗黙裡に含まれていた。赤ん坊の比喩ではまだ上等すぎる。肉付きの良さだけが求められる存在とは兎、豚、鶏のたぐいである。集団を動物に喩えたプラトンの言葉は正鵠を射ていた。集団の威信に眼をくらまされた人びと、すなわちあらかじめ救済を約束された者をのぞく全員が「必然的なものを正しく善いものと呼ぶにすぎず、必然の本質と善の本質をへだてる距離を認めることも教えることもできない[147]」というわけだ。

祖国、国民、国民の発展にかかわる事柄はとりわけ重要であって、ほかの事柄とは別格であると子どもたちに感じさせるべく全力が尽されるので、当然ながら子どもたちはそのように感じる。ところが正義、他者に払うべき敬意、野心と欲望に限界を課する厳密な義務にかぎっていえば、子どもたちの生がそれに服すべき道徳が引き合いにだされることはなかった。

ここから結論できるのは、道徳は重要性に劣る事柄のひとつに数えられており、宗教や職業や医者や出入り業者の選択とおなじく、私的な生の下位領域にその場をみいだすということ以外にあるまい。

しかし本来の意味での道徳がこのように貶められるとき、ことなる体系がそれにとって代わることはない。国民という上位の威光が戦争のイメージとむすびついているからだ。この威光は平時においては原動力を供給しえない。ナチス体制のように戦争への恒常的な備えが支える体制はべつだが、それ以外の体制下にあっては、その子どもたちに生命を要求する祖国なるものが、もうひとつの顔として租税と税関と警察をかかえた国家でもあることを、あまりに想起させすぎるのは危険だろう。そのような想起をわれわれは注意ぶかく避けている。それゆえ警察を憎み関税や租税をごまかすことが祖国に背く行為だとは、だれも思ってもいない。イギリスのような国はある程度までは例外である、公権力に保証された自由という千年来の伝統のおかげで。道徳の二元性はなににも適切に対処できず、平時にあっては永遠の道徳の力を弱めるだけだ。

この二元性は学校にだけ現れるのではない。つねにいたるところに日常的に現れる。なぜなら平時にあっても新聞を読んだり家族や酒場で議論をしたりするときに、フランスのためにフランスの名において考えるということは、あらゆるフランス人にとって毎日のように起こるからだ。その瞬間からあらためて私的な人格にもどるまでのあいだ、その人間は漠然と抽象的にせよ自分自身への義務であると認めていた徳目のことを、その記憶を含めてきれいさっぱりと忘れさってしまう。自分や家族のことはあまり自慢すべきでないとか、自分が裁判官でしかも当事者であるような事例ではおのれの判断を警戒すべきだとか、他人がすくなくとも部分的には自分より正しいかもしれないと自問すべきだとか、厚かましくしゃしゃりでるのはよくないとか、自分のことだけ考えてはならないとか、ようするに利己主義《エゴイスム》や傲慢には限度が必要だといった徳目をこれまでは認めていたというのに。ところが国民的な利己主義や傲慢となると、際限なき放縦が許されているだけでなく、可能なかぎり最高度の放縦がまるで義務のごときなにかによって推奨されるのだ。他者への敬意、自身の過誤の告白、謙遜、欲望の自発的抑制などは、国民にかかわる領域では犯罪となり冒瀆となる。エジプトの『死者の書』(148)が死後の義人の口に託した至高の言葉のなかで、すぐれて感動的なものは以下の言葉だろう。「正しく真実の言葉にわたしは耳をふさいだことがない」。しかるに国際的な次元になるやいなや、正しく真実な言葉であってもフランスの利益に反するものならば、それらに耳をふさぐことが神聖なる義務だとだれもが考える。あるいは、フランスの利益に反する言葉は正しくもなく真実でもありえないと、本気で考えているのか。どちらもまったくおなじことだ。

道徳《モラル》がなくても良い教育さえあれば趣味の悪さを私的な生で露呈せずにすむが、国民の次元となるやまったく当然のものと思われてしまう。このうえなく悪趣味な保護者ぶった奥さま連中も、お気に入りを集めて演説をおこない、自分の与えた恩恵の大きさとそれとひきかえに捧げられるべき感謝について滔々と述べることはためらう。だがインドネシアのフランス総督は、たとえ凶悪きわまる抑圧行為の直後であっても、たとえ破廉恥きわまる飢餓の直後であっても、フランスの名においてこの種の言辞を弄することをためらいはしない。しかも総督はこれに同意し唱和する声を期待し、なおかつ強制すらする。

これはローマ人からうけつがれた習慣である。彼らは残虐行為をおかすときも恩恵をほどこすときも，どのみちみずからの寛容と仁徳を自画自讃せずにはいられなかった。ひるがえって，ことがなんであれ，彼らにこのうえなく怖ろしい弾圧のたんなる緩和を求めるときでさえ，そもそも彼らに聞いてもらおうと思えば，これと同類の讃辞をもって嘆願を始めねばならなかった。かくてローマ人はかつて名誉あるものだった嘆願から尊厳を奪い，さらに虚偽と追従をつけ加えた。『イリアス』ではギリシア人のまえに跪いて嘆願するトロイア人が，その言辞にいささかでも阿諛追従の抑揚をしのびこませることはない(149)。

われわれの祖国愛はローマ人直伝である。だからフランスの子どもたちはコルネイユに霊感を求めよと励まされる。そんなものは異教的な徳だ。仮にも異教と徳のこのふたつの語が両立するならばであるが。異教的という語がローマに適応されるとき，当然ながら，初期キリスト教の護教家がこの語に担わせた醜悪な意味をおびる。それは神を信じず偶像を崇める民族だった。ただし彼らが崇めていたのは，石や青銅で作られた像ではなく自己自身だった。愛国心の名においてローマがわれわれに遺贈したのはこの偶像崇拝なのだ。

したがって道徳における二元性は、世俗的道徳《モラル》ではなくキリスト教的な徳《ヴェルテュ》について考えるなら、いよいよもってあからさまに破廉恥なものとなる。世俗的道徳はたんにキリスト教的な徳の大衆版もしくは希釈液にすぎないからだ。キリスト教的徳は謙遜すなわち自由に同意された下位への動きをその中核、本質、その独特の滋味とする。この点で聖人はキリストに似ている。「みずからは神の本性でありながら、神とひとしいことを当然の分け前とはせず……、みずからを空しくし……。神の子でありながら、苦しむことによって従順を学ばれた(150)」。

しかるにフランス人がフランスのことを考えるとき、昨今の通念によれば自負は義務となる。謙遜など裏切り行為にひとしい。この裏切りとはおそらくヴィシー政府への非難でもっとも苛烈な非難である例の裏切りをさす。この非難は正しい。ヴィシー政府の謙遜は質の悪い代物で、打擲をまぬかれるために媚びへつらい嘘をつく奴隷の謙遜だからだ。だがこの領域において質の良い謙遜なるものは、われわれのあいだではいまだ未知である。その可能性すら思いつかない。たんにその可能性を思いつくにいたるまでも、創意工夫の努力がすでに必要となろう。

キリスト者の魂のなかで、愛国心という異教的な徳はそれを壊す溶剤としてはたらく。愛国心は洗礼をほどこされることなく、ローマからわれわれの手に移った。奇妙なことに、蛮族あるいはそう呼ばれた人びとはローマに侵略されたときに、ほとんど四の五のいわずに洗礼をうけた。だが古代ローマが残した遺産には洗礼がほどこされなかった。というのも、おそらく洗礼が不可能だったからで、ローマ帝国がキリスト教を国家宗教としたにもかかわらずそうだったのだ。

これ以上に残酷な侮辱を想像するのはむずかしい。蛮族についていえば、ゴート族があっさりとキリスト教に入信したことに驚くまでもあるまい。同時代人が考えていたようにゴート族にはゲタイ族の血が、トラキア人のなかでもっとも義しく、ヘロドトスが永遠の生への信仰の強さゆえに「不死の信仰者」[151]と呼んだゲタイ族の血が、流れていたかもしれないからである。蛮族の遺産はキリスト教の精神と混じりあい、騎士道と呼ばれる独特で模倣できない完全に均質なものを創りだした。ところがローマ精神とキリスト教精神のあいだに融合は生じなかった。両者に融合が可能であったなら、ローマを獣のうえに坐した女、冒瀆の名に覆われた女として描きだした「黙示録」[152]は虚言を吐いたことになろう。

ルネサンスはまずはギリシア精神の復活であり、ついでローマ精神の復活であった。この第二段階ではじめてルネサンスはキリスト教の溶剤のはたらきをした。この第二段階のあいだに国民性《ナシオナリテ》の近代的形態、つまり祖国愛《パトリオティスム》の近代的形態が生まれた。コルネイユは『オラース』をそれなりの理由があってリシュリューに献呈し、あまつさえ献辞のなかで、悲劇に霊感を与える狂気じみた傲慢に負けず劣らずの下劣な言説を弄した。この手の下劣と傲慢は区別できない。今日のドイツをみればよくわかる。コルネイユ自身も、ローマ精神と接触したキリスト教的徳を襲う窒息状態の典型例である。われわれが習慣で眼がくらんでいなければ、彼の『ポリュウクト』は滑稽にみえただろう。コルネイユの筆が描くポリュウクトは、征服できれば地上の王国よりもはるかに栄誉となる領土があり、その目的を達成するには固有の技術が存在することを忽然と理解した人物である。すると瞬時にして、他のいっさいになんの配慮もなく、かつて皇帝に仕えるために戦っていたのと変わらぬ精神状態で、この征服のために出立することをおのれの義務とした。アレクサンドロス大王は征服する対象がこの地表しかないと涙したと伝えられるが、コルネイユはキリストが地上に降臨したのはこの欠落を埋めるためだとあきらかに信じていた。

愛国心は平時において、キリスト教的徳にとっても世俗的徳にとっても眼にみえぬかたちで溶剤としてはたらくのだが、戦時にはその逆が生じる。それはしごく当然である。道徳的な二元性が存在するとき、軽んじられるのは現況において求められる徳のほうと相場が決まっている。易きに流れる人間の性癖が、現実には行使する必要のない徳を当然のように優遇する。かくて平時にあっては戦時の道徳観が、戦時にあっては平時の道徳観が幅をきかす。

平時において正義と真理は、このふたつを愛国心から分離する防水隔壁のせいで、たとえば礼節といった純然たる私的徳目の列にまで引きさげられている。しかるに祖国が究極の犠牲を求める段となるや、このおなじ分離が災いして愛国心は全面的正当性を奪われる。この全面的正当性のみが全面的努力を喚起できるというのに。

フランスはその発展過程においてあまたの領土を併呑し消化し、われわれにはこの発展を絶対的かつ翳りなき明白な善とみなす習慣ができているのだから、それがフランスではなくヨーロッパの名をかかげるという違いはあるとはいえ、まさしく同種の思考に鼓舞された宣伝《プロパガンダ》が心の片隅に忍びこまないはずがないではないか。現在の愛国心とは、絶対的な善とひとつの地域的拡がり――すなわちフランス――に対応する集団とをつなぐ方程式のうちにある。この方程式の地域の項を変え、たとえばブルターニュのようにより小さな項、あるいはヨーロッパのようにより大きな項でとって代わらせようとする者は、だれであれ裏切り者の誹りをまぬかれえない。なぜか。まったく恣意的な判断にすぎないのに。ただ習慣のせいで、それがどれほど恣意的かさえわからないのだ。だが究極の瞬間がおとずれるや、この恣意性は人間のうちなる詭弁捏造者を呼びさます。

現在の対独協力者《コラボ》は、ドイツの勝利が築きあげる予定の新生ヨーロッパにたいして、過去に、プロヴァンス、ブルターニュ、アルザス、フランシュ＝コンテの住民が、フランス王による彼らの国《ペイ》の征服にたいしてとるように求められたのとおなじ態度をとっている。時代がことなるからといって善と悪が変わるだろうか。一九一八年から一九一九年にかけて平和を願う素朴な人びとはつぎのような言葉を口にした。「かつては州と州とで戦争があった。それから諸州が集まって国民国家《ナシオン》となった。おなじように諸国民が大陸で統合され、さらに全世界でも統合され、そして戦争は終わる」と。陳腐な決まり文句だ。この決まり文句は、一九世紀、さらに二〇世紀にも絶大な影響力のあった外挿法《エクストラポラシオン》(153)による推論に端を発する。このように語った素朴な人びとはフランス史のあらましは知っていたが、彼らが話題にしているまさにその時期、国民的統合がほぼ例外なく残虐きわまる征服によって完遂されたことには思いをめぐらせなかった。たとえ一九三九年にはこのことに思いいたったにせよ、これらの征服がつねに善と映ったことにもまた思いいたった。彼らが魂の片隅でこう考えたとしても驚くにあたいしない。「進歩のため、歴史の成就のために、この道は通らねばなるまい」。さらにまた自分をこう説得したかもしれない。「フランスは一九一八年に勝利した。だがヨーロッパ統合は達成できなかった。いまやドイツが試みているのだ。じゃまをすべきでない」と。とはいえドイツ体制の苛烈さをみて踏みとどまるべきだった。だが彼らはそんな噂は聞いたことがなかったか、虚偽の宣伝《プロパガンダ》による捏造と思いこんでいたか、弱小民族に加えられた暴虐であるから重要でないと判断したのか、そのいずれかである。アンナン人にたいするフランス人の暴虐を無視するより、ユダヤ人やチェコ人にたいするドイツ人の暴虐を無視するほうがむずかしいだろうか。

ペギーは正義の戦争に斃《たお》れた者はしあわせだとうたった(154)。であれば、正義にもとって彼らを殺した人びとはふしあわせだ、とならねばならない。一九一四年のフランス兵士が正義の戦争で斃れたとするなら、すくなくともおなじ度合でヴェルサンジェトリクスもそうだった。もしそう考えるなら、彼を六年も真っ暗な地下牢につなぎ、その後ローマ人のまえに見世物として引きだし、最後に喉を切って殺させた人物[155]にたいして、われわれはどのような感情をいだくべきなのか。ところがペギーはローマ帝国の熱烈な讃美者だった。もしローマ帝国を讃美するなら、より広大な領土にほぼ同一の手法でローマ帝国を再建しようともくろむドイツになにゆえ異議をとなえるのか。この矛盾にもかかわらず、ペギーは一九一四年に死ぬことができた[156]。だが明言もされず周知の事実でもなかったが、一九四〇年、この矛盾は多くの若者がペギーとおなじ精神状態で砲火に飛びこむことを妨げたのだった。

征服はつねに悪か、つねに善か、あるときは善であるときは悪か、そのいずれかである。最後の場合は識別の規準が必要だ。たまたま偶然にその国の成員となっただけで、自国の領土を拡張させる征服は善で、領土を減少させる征服は悪であるといった規準を呈示するのは、あまりに理性に反するので、ドイツの例にみられるように、先入観で決然と理性を追放してしまった人間でなければうけいれがたい。ドイツにはこれができる。ロマン派の伝統を生きているからだ。フランスにはできない。理性への愛着は国民的遺産《パトリモワヌ・ナシオナル》の一部をなすからだ。フランス人の一部がキリスト教に反感を表明することはあろう。だが一七八九年以前も以後もともに、フランスで起きた思考運動はすべて理性の側にあると主張してきた。フランスは祖国の名をもってしても理性から離れることはできない。

ゆえにフランスは愛国心と折り合いがよくない。フランスみずからが一八世紀に近代的愛国心を創設したにもかかわらずそうだ。フランスには普遍的召命なるものがあるがゆえに、他国民よりもフランス人にとって、祖国愛と普遍的な諸価値との和解がより容易になるなどと夢想すべきではない。逆こそ真実である。フランス人にとって、困難はいっそう大きい。矛盾の第二項を排除するわけにも、ふたつの項を防水隔壁で分離するわけにもいかないからだ。フランス人は自分たちの愛国心じたいの内部に矛盾があることに気づいている。だがこの事実があるからこそ、あたらしい愛国心を創設する義務がある。もし首尾よくこの義務をはたすなら、過去においてある程度までフランスの役割とされていたもの、すなわち世界が必要とするものについて思考するという役割をまっとうするだろう。この瞬間、世界はあたらしい愛国心を必要としている。愛国心が血を流させるなにものかである以上、いまこそこの創意工夫の努力が求められよう。愛国心がふたたびサロンや学士院《アカデミー》やカフェのテラスで話題にのぼるまで悠長に待っていてはならない。

ラマルティーヌとともに「わが祖国はあまねくフランスの輝くところに……。真理こそわが祖国」とうたうはたやすい。不幸なことに、これはフランスと真理が等価値の語でなければ意味をなさない。フランスが嘘をつき不正をおこなう事態は、過去にも現在にもあったし未来にもあるだろう。フランスは神ではない、とんでもない。キリストだけが「わたしは真理である」[157]と語りえた。真理を名乗ることは地上ではほかのだれにも許されていない。個々の人間にも集団にも許されないこととはいえ、集団にはなおさら許されることはない。ひとりの人間であれば[158]、もはや自分ではなくキリストが自分のなかで生きているという聖性の度合に達しうる。ところが聖なる国民《ナシオン》などは存在しない。

かつて自己の聖性を信じた民族《ナシオン》が存在したが、結果は惨憺たるものだった。この民族にあってはファリサイ派が抵抗派《レジスタンス》で収税人が協力派《コラボ》であり、キリストがそれぞれとどうかかわったかを考えると意外な気がする[159]。

われわれの対独抵抗運動《レジスタンス》も、この運動を鼓舞する原動力を正統な限界内にとどめおくことができなければ、霊的に危険な、のみならず霊的に悪しき状態にさえ落ちこむだろう、と考えざるをえまい。本気かどうかはともかく、この運動がファシズムに転じるのではないかと危惧すると称して、当代の俗悪きわまる言辞で表明されているのは、この危険にほかならない。なぜならファシズムはつねに愛国的感情の変種とむすびつくからである。

虚偽でも交えないかぎり、純粋な矜持をもってフランスの普遍的召命を喚起することはできない。もし虚偽を交えるなら、召命を喚起する語そのものにおいて召命を裏切ることになる。一方、真実を思いおこすなら、どうしても矜持に恥辱が入りこまざるをえない。列挙しうる歴史上の実例にはなにかしら気まずいものが含まれているからだ。一三世紀、フランスは全キリスト教世界の中核だった。だが、はやくも偉大なる輝きを放って誕生しつつあったひとつの文明を、フランスがロワール河の南で永遠に破壊しつくしたのも、ほかならぬこの世紀の初めだった(160)。この軍事行動と連携し歩調をあわせて最初の異端審問所が設立された。これは重大な汚点である。一三世紀とはゴチック様式がロマネスク様式にとって代わり、多声音楽《ポリフォニー》がグレゴリオ聖歌にとって代わった時代であり、神学ではアリストテレスからみちびかれた体系がプラトン的霊感にとって代わった時代でもある。この世紀におけるフランスの影響が進歩に対応していたかどうかは疑いの余地があろう。一七世紀、フランスの栄光はふたたびヨーロッパを照らした。だがこの光輝とむすびついた軍事的威光は、すくなくとも正義を愛するならば公言しかねる手法で得られたものだった。いずれにせよ、フランスの古典主義的な構想はみごとなフランス語作品を生みだしたが、それとおなじ程度に国外には破壊的影響力をおよぼした。一七八九年、フランスは諸国民の希望となった。だが三年後には戦争への一歩をふみだし、ごく初期の勝利ではやくも解放の遠征は征服の遠征にすりかわった。イギリス、ロシア、スペインの存在がなければ、フランスはヨーロッパにたいして、今日ドイツによって約束されている統合に負けず劣らず抑圧的な統合を課したにちがいない。一九世紀後半に、ヨーロッパだけが世界でないこと、この惑星上に複数の大陸があることが周知の事実となったとき、フランスはあらためて普遍性を担う役割への憧れにとりつかれてしまった。しかしイギリス人を模倣した植民地帝国をつくりだしたにすぎず、いまやフランスの名は、少なからざる有色人種の心のなかで、考えるのも堪えがたい感情とむすびついている。

このようにフランスの愛国心に内在する矛盾は、フランス全史にみいだされる。だからといって、かくもながらく矛盾とともに生きてきたのだから、このままやっていけるなどと結論すべきではない。第一に、矛盾を認めたのなら、これを放っておくのは恥ずべきことだ。第二に、フランスは愛国心の危機のせいで死に瀕したという事実がある。

イギリスの愛国心があれほど堅牢だったからよかったものの、そうでなかったらどう考えてもフランスは死にたえていただろう。しかしイギリスの愛国心をわが国に移植することはできない。鍛えなおすべきはわれわれの愛国心である。そしていまだ鍛えなおされるのを待っている。フランスの愛国心はふたたび生命の兆しをみせつつある。わが国にいるドイツ兵が愛国心にとってずばぬけた宣伝媒体となっているからだ。だが彼らもいつまでも駐屯しつづけるわけではない。

これはおそるべき責任である。いうならば国《ペイ》のために魂を鍛えなおすようなものだから。そのさい虚偽や部分的な真理を混ぜて鍛えなおそうとする誘惑は大きいので、真理から離れずにいるには英雄的精神《ヒロイズム》をこえるなにかが必要である。

愛国心の危機は二重の様相を呈した。政治的語彙をもちいるなら、右翼にも左翼にも危機が存在したといえる。

右翼でいえば、ブルジョワ階級の若者における愛国心《パトリオティスム》と道徳《モラル》との乖離は、他の諸原因ともむすびつき、あらゆる道徳性《モラリテ》の信用を完全に失墜させた。一方、愛国心にもさしたる威信はなかった。「政治第一」主義はモーラスの影響そのものをこえて拡がっていた。この語の意味そのものが不条理である。政治はもろもろの手続きの技術と集成にすぎない。これなら「力学第一」主義だってかまわない。ただちにつぎの問いが提起される。「なんのための政治か」。リシュリューなら「国家の栄華のため」と答えるだろう。だが、なぜこの目的であって他の目的ではないのか。この問いに答はない。

この手の問いは提起すべきではないのだ。リシュリューからモーラスへとうけつがれた現実路線の政治学は、その過程でいささか損傷をこうむったにせよ、この問いが提起されないかぎりにおいてのみ意味を有する。物乞いがタレイランに「猊下《げいか》、わたしも生きていかねばなりません」といったとき、タレイランは「わたしはその必要を認めないがね」と答えた。だが物乞いのほうはその必要をはっきりと認めていた。同様に、ルイ一四世は国家が全面的な献身をもって奉仕されるべき必要をはっきりと認めた。なぜなら「朕は国家なり」だったから。リシュリューは自分は国家の第一の奉仕者にすぎないと考えていた。にもかかわらず彼はある意味で国家を所有しており、それゆえに国家と一体化していた。個人あるいは集団として、現に自国の支配階級に属するか将来そうなる力があると自負する者にとってしか、リシュリュー流の政治構想は意味をなさない。

フランスのブルジョワ青年層は、一九二四年以降、(161)フランスが自分の居場所だという感覚をもてなくなっていた。労働者があまりに騒ぎすぎたのだ。他方、彼らは一九一八年以降にフランスを襲った奇妙な疲弊に苦しんでいた。おおかたの原因は身体的な消耗なのだろう。若者を生み育てた両親の飲酒依存や神経の状態、あるいはその他の事柄にも責を問わねばなるまいが、フランスの青年層はかなり以前から疲弊のあきらかな兆候[162]を示している。ドイツの青年層は、公権力にまったく顧慮されていなかった一九三二年当時でさえ、きわめて苛烈で長期におよぶ窮乏に苦しめられていたにもかかわらず、フランスの青年層とは比較にならないほど活力にあふれていた。

この疲弊のせいで、フランスのブルジョワ青年層は自国の支配者になれるという感覚を失ってしまった。以後、「なんのための政治か」という問いに与えられる答はこうなった。「他人の力を借りて自国の権力の座につくために」。ここで他人とは外国人という意味だ。これらの若者の道徳体系のなかに、この願望を阻止しうるものはなかった。一九三六年の衝撃[163]はこの願望を彼らのなかの取り返しのつかない深淵にまで浸透させた。その身に危害をこうむったわけではない。だが恐怖は味わった。そして屈辱を味わった。彼らの眼には赦しがたい犯罪と映った。自分より劣っていると思っていた人びとから屈辱をうけたのだから。一九三七年、イタリアの新聞がフランスの学生雑誌に載った記事を引用した。そこでフランスの若い女性がムッソリーニに嘆願している。あまたある懸案のひとつとして、ぜひ折りをみて秩序を回復すべくフランスに来ていただきたいと。

このような境遇にある人間がいかに共感を呼ばず、さらにその後の態度がいかに犯罪的であったにせよ、やはり彼らも人間であり、しかも不幸な人間なのである。問題は以下の表現でまとめられる。すなわち彼らの手にフランスを引きわたすことなく、いかにして彼らをフランスと和解させるかである。

左翼には、とりわけ労働者と彼らの側にくみする知識人のあいだに、峻別すべきふたつの潮流がある。とはいえこのふたつの潮流は、つねにとはいわないまでも往々にしてひとりの人間のなかで共存している。ひとつはフランスの労働者の伝統に発する潮流で、多くの労働者がルソーを読んでいた一八世紀に明確にさかのぼりうると同時に、おそらくは地下水脈的に都市解放運動の初期にまで起源をたどりうる。この潮流にのみ立脚する人びとは正義の思考に身を捧げている。ただ、不幸にして今日では労働者のなかでも少数派で、知識人となるとほぼ壊滅状態である。

この種の人びとは左翼陣営と称されるあらゆる環境にみいだせる。左派キリスト者、組合運動家《サンディカリスト》、無政府主義者《アナキスト》、社会主義者などだが、なかでも共産党員の労働者に多い。共産党の宣伝は盛んに正義に言及するからだ。この点で彼らの宣伝はレーニンとマルクスの教説に忠実である。彼らの教義の詳細を知悉《ちしつ》していない者にはそれがいかに奇妙に思えようとも。

これら左翼の人びとはすべて平時にあっては筋金入りの国際主義者である。正義に国籍がないことを知っているからだ。戦時にあっても敗北が迫らないかぎり、おおむね国際主義者でとどまる。しかし祖国が粉砕されるやいなや、このうえなく堅固かつ純粋な愛国心が彼らの心の奥底から忽然とわきあがる。こうした人びとにたいしては、正義にのっとった愛国心の構想が提示されるなら、恒常的なかたちで国家と和解させられるだろう。

もうひとつの潮流はブルジョワ的態度にたいする反撥である。マルクス主義は労働者に科学的と称する確信を提示する。労働者がまもなく地上で至高の支配者となるという確信は、国家的《ナシオナル》帝国主義に酷似した労働者帝国主義を出現させた。このことをロシアはうわべでは経験的に実証してみせた。のみならず人びとは、権力転覆をみちびく行動のもっとも困難な部分をひきうけるにあたって、ロシアを当てにしたのである。

国家の抑圧的側面との接触によって精神的な亡命者や移民とされた人びとにとって、また数世紀におよぶ慣習から警察の餌食となる社会的範疇の境目に追いやられ、国家が反動のほうに傾くたびに自身もこれらの餌食と同類視される人びとにとって、これこそまさに抗いがたい誘惑だった。彼らの国よりはるかに広大な領土をおさめるあの国家、偉大な権勢を誇る主権者たる国家が彼らにこう語りかける。「わたしはきみたちのものだ。きみたちの財産、きみたちの所有物だ。わたしはきみたちを助けるためにのみ存在する。近い将来、きみたちをきみたち自身の国において絶対的な支配者にしてあげよう」。

労働者にしてみればこの友情を拒むのは、二日も水を飲んでいないのに水を突きかえすのとおなじくらい困難である。たいへんな努力をして友情を拒みとおした者もいたが、その努力のせいで疲労困憊の極みとなり、ドイツが攻勢をかけてくるや闘いもせず降参してしまった。ほかの多くの者は見せかけの抵抗しかしていない。現実には、ひとたび当事者として関与してしまうと行動へと駆りたてられる危険を怖れて、ただただ距離をおいているのだ。こういう輩は頭数が多くても少なくても、ひとつの勢力とはならない。

ロシア国外にかぎるなら、ソヴィエト連邦は真に労働者の祖国である。これを感じとるには、新聞売場《キオスク》のまえで、ロシア軍の最初の大敗を告げる見出しをみつめるフランスの労働者の眼をみれば充分である。彼らの眼に絶望がやどったのは、仏独関係に跳ねかえるこれらの敗北の波紋を考えたからではない。イギリス軍の敗北は彼らをこれほど動揺させなかった。彼らはフランス以上のなにかを失う危険に脅かされていると感じた。彼らの精神状態は、キリストの復活を虚構と断定する物的証拠を突きつけられたと仮定して、そのときに原始キリスト教徒がいだくだろう精神状態に近いものがあった。一般論として、原始キリスト教徒の精神状態と多くの共産主義者の労働者の精神状態(164)はかなり類似しているといってよい。後者もまた地上に間近に迫りくる終末的厄災《カタストロフィ》を待っている。その厄災は一挙に決定的に此岸に絶対的善を確立し、同時に彼ら自身の栄光をも確立するはずなのだ。原始キリスト教徒にとって、殉教は数世紀後のキリスト教徒よりも容易だったし、いわんやキリストの取巻きよりもはるかに容易だった。身近だからこそ究極の瞬間に殉教しそこなったのだ(165)。おなじように今日、犠牲は共産党員にとってキリスト教徒よりも容易なのだ。

ソヴィエト連邦共和国はひとつの国家である以上、この国家にむけられる愛国心は他の場合とおなじく矛盾を含んでいる。だからといっておなじ種類の脆弱さが生じるわけではない。逆である。矛盾の存在が感知されるとき、たとえ暗黙裡に感知される場合であっても、感情を侵蝕する。ひるがえって矛盾の存在がまったく感知されないときは、そのことで感情はいよいよ強化される。感情は両立不可能な原動力から同時に養分をひきだすからだ。したがってソヴィエト連邦は、国家としての威光、なかでも全体主義的国家の政治に浸みこんだ冷徹な過酷さの威光のいっさいを有する。と同時に、正義の威光のいっさいをも有する。矛盾がまったく感知されないとすれば、ひとつにはこの国家が遠隔の地にあるからであり、もうひとつにはこの国家を愛する者には全権を与えると約束してくれるからだ。このような希望は正義の欲求を弱めはしないが、欲求から批判力を奪ってしまう。だれもが自分は相応に正義をおこないうると信じているが、自分が権力者となりうる体制もまた充分に正義にかなっていると信じたがるものだ。これは悪魔がキリストを試みた誘惑である。人間はつねにこの誘惑に屈してきた。

これらの労働者は労働者帝国主義に活力を得ているとはいえ、ブルジョワ階級の青年ファシストとはまったく異質にしてより美しい人間の種族を構成している。とはいえ、やはり類似した問題がもちあがる。彼らの手に祖国を引きわたすことなく、いかにして彼らに祖国を充分に愛させうるか、これが問題なのだ。彼らの手に祖国を引きわたすことも、彼らに祖国で特権的な地位を与えることもできない。そんなことをすれば残りの民衆にたいして、なかでも農民にたいして言語道断の不正をはたらくことになろう。

ドイツにたいするくだんの労働者の現在の態度をみて、問題の重大さから眼をそらしてはならない。目下、ドイツはソヴィエト連邦の敵である。敵ではなかった以前も両国間にはすでに騒擾があった。だがじつをいうと、途切れなく騒擾を維持しておくことこそ、共産党にとっては死活にかかわる要請である。しかもこの騒擾は「ドイツのファシズムとイギリスの帝国主義に反対するため」らしい。フランスは問題にもならなかった。他方、一九三九年夏から一九四〇年夏までの決定的な一年間、[166]フランスにおける共産党の影響はこの国にもっぱら敵対すべく行使された。労働者の心をあらためて自国にむけなおさせるのは容易ではあるまい。

労働者ではない民衆の場合、愛国心の危機はさほど重篤ではなかった。他のものへのひいきが昂じて自国を否認するにはいたらなかったから。たんに一種の意気阻喪があったにすぎない。農民は自分に無縁の利益に仕える肉弾としてしか認知されていないと感じて消沈していた。小市民《プチ・ブル》の場合は倦怠がいちばんの原因だったにちがいない。

愛着の喪失をまねいた個々の原因に、偶像崇拝の裏返しといってよい一般的な原因が加わった。国民《ナシオン》と呼ばれるにせよ祖国《パトリ》と呼ばれるにせよ、国家《エタ》は無限の善《ビヤン》であることを、つまり身を挺して奉仕すべきひとつの善であることをやめた。かわって消費すべき無際限の富《ビヤン》として万人の眼に映じたのだ。偶像崇拝が消滅したのちも、偶像崇拝とむすびついていた絶対性は国家に貼りついて残り、あらたな形態をとった。要請の強さにおうじて財宝を分配する無尽蔵の豊饒の角《つの》(167)のごときものと思われたのだ。かくて国家は充分に与えてくれないとの恨みを買うようになった。国家がなにかを求めると、国家が与えないものがあると、与えるのを拒んでいるとみえるのだ。国家がなにかを課すると、我慢できない強制とみなされた。国家にたいする人びとの態度は両親にたいする子どもの態度ではなく、好きでもなければ怖くもないおとなにたいする子どもの態度だった。さかんに要求はするが服従する気はまるでない。

このような態度から戦争が要請する際限なき献身へと、どうすれば一足飛びに移行できるというのか。フランス人は戦争が始まってからもずっと、国家はあえて供出する気のない財産といっしょに勝利を国庫のどこかに隠しもっていると信じていた。この見解を後押しすべく、あらゆる手が打たれた。「われらは最強であるから勝利する」という合言葉《スローガン》もそのひとつである。

連合国の勝利は、動機が低劣か高邁かはともかく、ほぼ全員がひたすら不服従に励んでいるこの国を解放するだろう。その国民はロンドン発の放送を聞き、禁止印刷物を読んだり配ったりし、不法に旅行をし、小麦を隠し、最悪の働きかたをし、闇市で商売をし、そのことを仲間や家族うちで自慢しあってきた。どうすれば彼らに理解させられよう。もう終わりだ、これからは服従するのだと。

満腹を夢みながら歳月をすごすこともできよう。なんの代償も払わず善いものだけを得ようと腐心しているという意味で、これは物乞いの夢想である。じっさい公権力は分配を請けあうだろう。となれば、すでに戦前には国家にたいする市民の態度だった、あの横柄な物乞いの態度がどこまでも増長するのを、どうやって防げばよいというのか。もしこの態度が外国たとえばアメリカを対象とするなら、危険はいよいよ深刻である。

蔓延している第二の夢は殺戮の夢想である。もっともうるわしい動機の名のもとに殺すという夢想。ただし卑劣なやりかたで危険の代価は払わずに。おおいに危惧されるように国家がこの緩慢なテロリスムに感染してしまうにせよ、これを抑制しようとするにせよ、いずれの場合も国家の抑圧的で警察的な様相が前面に押しだされよう。しかるにフランスではこの様相こそが伝統的に憎悪され軽蔑されてきたのだ。

領土の解放後にフランスに出現する政府は、血の嗜好、物乞い根性、服従できないことがひきおこす三重の危険にさらされるだろう。

救済策はひとつしかない。フランス人になにか愛すべきものを与えること。なによりもまずフランスを愛させること。フランスをありのままに、その真実の姿において、魂のすべてをあげて愛せるように、フランスの名にぴたりと添った現実を構想することだ。

愛国心に内在する矛盾の中核は、すなわち祖国は限界のある事象であるのに、その要求には際限がないという点にある。究極の危険の瞬間に祖国はすべてを要請する。だが、なにゆえ限界のある事象にすべてを与えねばならないのか。他方、必要とあらば祖国にすべてを与える覚悟ができないなら、祖国を完全にみすてることになる。祖国の保全はそれより安価な代償ではまかなえないからだ。かくて祖国に負うべき義務のこちら側に身をおくか、それともあちら側に身をおくか、かならずそのいずれかになる。もし境界をこえてあちら側におもむくなら、その後、反動によって一気にこちら側に、それも大きな振り幅でもどってきてしまう。

だが矛盾は見かけにすぎない。いや、正確にいえば矛盾は現実に存在する。ただ、その真の姿においてみるとき、その矛盾が人間の状況にとって根源的な矛盾のひとつであることがあきらかになる。この矛盾を認め、うけいれ、人間的な次元をこえていく踏台とせねばならない。この宇宙では、義務とその対象のあいだに規模の平等は存在しない。義務は無限だが、対象は無限ではない。矛盾のなんたるかを漠然とでさえ表現しえない人びとも含めて、この矛盾がいっさいの例外なくすべての人間の日常の生に重くのしかかる。この矛盾を脱すべく人間が発見したと思った手続きはことごとく虚偽である。

第一の手続きのひとつは、この世にかかわらざるものにのみ義務を認めることだ。偽りの神秘主義、偽りの観照はその変種だ。もうひとつは、いわゆる「神への愛ゆえに」的な精神でおこなわれる善業の実践である。救われた不幸な人びとは行動をうながす素材でしかなく、神への恩着せがましい敬虔を証する名もなき契機でしかない。いずれの場合にも虚偽がある。「自分の眼でみているきょうだいを愛せない者に、どうして眼にみえない神を愛せようか」(168)。此岸の事柄や人間をつうじてのみ、人間の愛はその背後にやどるものまで到達できるのだ。

第二の手続きは、義務としての義務と本質的にむすばれた絶対性、無限性、完全性を含むひとつまたは複数の対象が地上に存在すると認めることだ。これが偶像崇拝の虚偽である。

第三の手続きは、いっさいの義務を否認することだ。幾何学的論証によってはこの姿勢の誤謬を証明できない。義務はこれらの証明がとどまる次元をはるかにこえる次元に属するからだ。ただし否認は不可能である、否認は霊的な自殺だから。人間というものは、霊的な死が生じるところにかならず死にいたる心の病が生じるようにできている。じっさいは自己保存本能がはたらくので、魂はこの状態に近づくがそれ以上にはいかない。とはいえ魂は自己を荒涼たる砂漠に変える倦怠の餌食となる。いっさいの義務を否認する者は、ほとんどいつでも、いや、ほとんど確実にいつでも自己および他者に虚言を弄している。じつは本人もそうと気づいている。ときには善悪の判断をくださない人間は存在しない。もっぱら他者を非難するためであったとしても。

われわれは人間に与えられた状況をうけいれ、相対的で限界のある不完全な事象にたいして絶対的な義務をはたさねばならない。これらの事象がなにか、これらがわれわれに突きつける要請がどのように構成されうるのかをみきわめるには、これらが善といかなる関係にあるかをはっきりと確認するだけでよい。

祖国についてこれを確認するには根づきの観念、つまり生命圏《ミリュー・ヴィタル》の観念があればよい。これらの観念を証拠をあげて認定する必要はない、この数年来、経験的に立証されてきたことだから。ある種の微生物の培養に適した環境があり、ある種の植物に不可欠な土壌があるように、各人の魂のある種の部分、人びとのあいだを循環する思考と行動のある種の様式は、固有の国民的環境《ミリュー・ナシオナル》のなかでしか存在できず、その国の破壊とともにそれらも消滅する。

今日、フランスが崩れさって以後、すべてのフランス人は自分たちになにがたりなかったかを知っている。ちょうど食べていないときになにがたりないかを悟るように。彼らは知っている。魂の一部がぴたりとフランスに貼りついていたので、フランスが自分から剝ぎとられてもその部分は燃える物体に皮膚が残るようにフランスのそばに残り、自分から失われてしまったことを。つまり、ひとりひとりのフランス人の魂の一部が貼りついているなにかが存在するのだ。万人にとって同一で、唯一無二で、触知できないが実在するなにか、いや、手で触れうるもののごとく実在するなにかである。したがってフランスに加えられた壊滅の脅威とは、すべてのフランス人、その子や孫、以降もどこまでもつづく末裔にとっての身体的な切断の脅威にひとしい。状況にもよるが侵略とはこのような壊滅の脅威にほかならない。過去の征服でうけた傷跡がついぞ癒えなかった民族も存在するのだ。

祖国への義務が自明の理とみなされるにはこれで充分である。この義務は他の義務と共存する。いつでもすべてを与えよと強いるわけではないから。ただしすべてを与えよと強いるときもある。たとえば坑内に事故が起こり、仲間が死の危険にあるとき、鉱夫はすべてを与えねばならない。これは許可されているし認知もされている。祖国がひとつの実在として具体的に感知されるとき、祖国への義務もおなじく自明の理となる。今日がそうだ。フランスの実在性はフランスの不在ゆえにすべてのフランス人に感知されるものとなった。

祖国への義務があえて否認されるときは、かならず祖国の実在性が否認された。ガンジーの教説にもとづく極端な平和主義はこの義務の否認ではなく、義務をまっとうするための独自の方法であった。知られるかぎり、この方法が適用されたことはない。なかんずくガンジー自身によっても適用されなかった。彼はあまりにも現実主義者だったからだ。もしガンジーの流儀がフランスで適用されていたなら、フランス人は武器をもちいて侵略者に対抗するかわりに、いかなる領域においても占領軍を援けるような行為には断じて同意せず、占領軍を困らせるためにあらゆる手段にうったえ、いつまでも不屈の精神でもってこの態度をつらぬいただろう。ただしそのとき、あきらかに、はるかに多くのフランス人がはるかに多く苦しみながら死んでいっただろう。それは国民的規模においてキリストの受難に倣うことだ。

総体としての国民《ナシオン》が充分に完徳の域に迫っていて、キリストの受難に倣えと命じられうるのであれば、たしかに倣ってみる価値はある。その国民は消滅するだろうが、その消滅はもっとも栄光にみちた存続よりも無限の価値があるだろう。だがそうはいかない。おそらく、ほぼ確実に、そういうわけにはいくまい。このような完徳をめざすことが許されるのは、個々の魂だけであり、そのもっとも奥まったひそやかな孤独のうちにおいてのみである。

しかしながらこの不可能な完徳を証する召命をおびた人びとがいるかぎり、公権力は彼らにそうする許可を与えるべきであるし、それどころかそのための手段を提供すべきだ。じっさいイギリスは良心的兵役忌避を認めている。

これだけでは充分でない。こういう人びとのために、直接にせよ間接にせよ戦略的行動にかかわることなく、なおかつ戦争のただなかにしかるべき場を得て、兵士よりもはるかに苦痛と危険にみちた生をまっとうする、そういった在りかたを発明する努力をせねばならない。

これが平和主義の宣伝《プロパガンダ》につきまとう不都合を解消する唯一の方策である。そうすれば、全面的もしくはほぼ全面的な平和主義を標榜しつつも右のような立会人であろうとしない輩には、正義にもとることなく不名誉の汚名を着せることができる。平和主義が害をなしうるのは、殺すことの憎悪と死ぬことの憎悪というふたつの憎悪が混同されるときにかぎる。前者は名誉があっても影響力は弱い。後者は口にするのもはばかられるが影響力は強い。両者が混じりあうと羞恥心の抑制をうけない大量のエネルギーを供給するが、そこでは後者の憎悪のみがはたらいている。ここ数年間のフランスの平和主義者は死ぬことを憎悪していたのであって、殺すことをいささかでも憎悪していたのではない。さもなければ一九四〇年七月、われがちに先を争ってドイツとの協力《コラボ》に身を投じることはなかっただろう。本気で殺人を憎悪するがゆえに協力者の陣営《ミリユー》に身をおいた少数の人びとは、遺憾なことに欺かれていたのである。

このふたつの憎悪を分離するなら、あらゆる危険を廃止できる。殺すことの憎悪の影響は危険ではない。まず、この憎悪は善いものだ、善に由来するのだから。つぎに、この憎悪は弱いものだ。不幸にして、これが弱いものでなくなる可能性は皆無である。一方、死の恐怖をまえに怖気づく人びとは憐れみ《コンパッション》の対象とされるべきだ。狂信で強められないかぎり、だれにでもこの弱さに屈する瞬間はくるからである。だが自分の弱さを喧伝すべき見解とするとき、彼らは犯罪者となる。そのさい、彼らに不名誉の鉄槌をくだすことは必要であり容易である。

祖国《パトリ》をある種の生の環境《ミリュー・ヴィタル》と定義するなら、愛国心《パトリオティスム》を蝕む矛盾と虚偽は避けられる。祖国がひとつの生の環境だとしても、ほかにいくらも生の環境は存在する。祖国は複雑に絡まりあったもろもろの原因から生まれるが、そこには善も悪も正義も不正も混入している。したがって祖国はあたうかぎり最上のものではありえない。よりゆたかな生の息吹にあふれる他の結合体の犠牲のうえに成立しているかもしれない。犠牲になったものを惜しむ気持は当然だろう。だが過去のできごとは完了している。この環境《ミリュー》は存在する以上、あるがままのかたちで宝として保存されねばならない。そこに含まれている善のゆえに。

フランス王の兵士によって征服された諸民族は、たいていの場合、害悪をこうむった。だが数世紀にわたって多くの有機的な絆がむすばれてきたので、外科的な治療をほどこしてもかつての害悪にあらたな害悪をつけ加えるだけだ。過去は部分的にしか償いえない。しかも局地的および地域的な生が、フランス国民の枠のなかで、公権力からいっさいの留保なく認可と奨励をうけるのでなければ償いえないのだ。他方、フランス国民の消滅は過去の征服による害悪をわずかでも償うどころか、害悪をはるかに尖鋭化して再現するだろう。ある民族が数世紀まえにフランス軍のせいで生命力を失っていたとしても、いまドイツ軍からあらたな傷を負わされるなら精神的な死をこうむるだろう。この意味においてのみ、小さな祖国への愛と大きな祖国への愛は両立するという決まり文句は真理である。だからこそトゥールーズの住人は、かつて自分の都市がフランス領となり、渡来の凡庸なゴチック様式に場をゆずるために多くの美しいロマネスク教会が破壊され、異端審問所が霊的な開花を頓挫させたことを烈しく嘆いた。このおなじ都市が、さらによりいっそうの烈しさでもって、こんどはドイツ領になることを断じて認めないとみずからに誓いえたのである。

対外的な関係においても事情は変わらない。祖国《パトリ》が生の環境のひとつとみなされる場合外的な影響から守られねばならないとしても、絶対的にというのではなく、とりあえず生の環境でありつづけるのに必要な程度にかぎられる。国家《エタ》が自身のおさめる諸地域にたいして神授権にもとづき絶対的に君臨する時代は終わった。国際案件の基本問題をあつかう国際機構が、これらの諸地域にたいして合理的かつ限定的な権限を発動しても、主権侵害の犯罪とはみなされなくなるだろう。かくてさまざまな思考の流通にふさわしいさまざまな環境が確立される。フランスより広大でフランスを包括する環境もあれば、フランスの一部の領土をフランス以外の領土とむすびつける環境もある。たとえばある領域において、ブルターニュ、ウェールズ、コーンウォール、アイルランドがある共通の環境を構成していると感じるのも自然なことではないだろうか。

くり返すが、国民国家的《ナシオナル》ならざる環境により強く愛着をいだくほど、国民国家的な自由の保持をより強く欲するものだ。国境をこえた関係性など隷従を強いられた民族には存在しない。だからこそ地中海諸国の文化的交流は、ローマによる征服以後よりも以前のほうが比較にならぬ緊密さと活力を誇っていた。征服以後、これら諸国は不幸な属国の状態に追いやられて無気力な画一性へ落ちこんだ。それぞれの国が独自の精髄を保持していなければ交流はおこなわれない。自由なくして交流はないのだ。

一般論として、生命力を担う数多くの環境《ミリュー》の存在を認めるなら、祖国はそのうちのひとつを構成するにすぎない。とはいえ国が消滅の危機にあるときは、これらすべての生の環境への忠誠に含まれるいっさいの義務が、祖国の救済という唯一の義務へと統合される。なんらかの異邦国家《エタ・エトランジェ》に隷従させられた民族の成員は、自身の属する国民的《ナシオナル》環境のみならず、交流のあった環境のいっさいを同時に失ってしまうからだ。ゆえにある国民がこの次元の危機に面したときには、軍事的義務こそが此岸における多様なかたちの忠誠をあらわす唯一の方途となる。これは良心にもとづく兵役忌避者にもあてはまる。ただし彼らのために戦闘行為に匹敵する作業をみつけてやらねばならない。

以上のことが認められるなら、国民存亡の危機にあって戦争を考察する手法に一定の修正が加わらねばなるまい。まず軍人と民間人との区別は、すでに状況の要請からほぼ消滅しているとはいえ、このさい全面的に廃されねばならない。この区別がおおむね一八一九年以降の反愛国的な反動をまねいたのだ。存亡の危機が回避できるまで、国民ひとりひとりが自己の能力や資産のすべて、さらには生命までも国に捧げねばならない。ゆえに苦しみと危険が、老若男女のべつを問わず健康かどうかも関係なく、あらゆる範疇の人びとに、技術的可能性の許すかぎり、いやむしろその限界をすこしばかりこえて分担されることが望ましい。最後に、名誉はこの義務の遂行にこそむすびついており、かつ外的強制は名誉にいちじるしく逆行するので、この義務をはたす気のない者には免責を与えるべきだろう。ただし国籍剥奪のうえ帰国禁止をともなう追放か、不名誉を公的に徴す消えない屈辱かのいずれかを課して。

名誉にもとる行為が窃盗や殺人とおなじ方法で罰せられるのは、良識に反する。祖国を守ることを望まない者は祖国を失うしかない。おのれの生命でも自由でもなく、しごく単純にもっぱら祖国のみを。

多くの国民にとってそんなものはたいした罰ではないと思えるような国情であれば、軍の規範もまた効力を有しえない。これは無視できるような状況ではない。

ある特定の時期に、軍事上の義務が地上のすべての忠誠を包括するのなら、それと並行して国家はあらゆる時期に、領土の内外を問わず、あらゆる環境《ミリュー》を保持する義務を有する。そこから民族の大なり小なりの部分が魂のための生を汲みとっているからである。

国家のもっとも明白な義務は、いつなんどきも国土の安寧に現実的に配慮することだ。安寧とは危険の不在を意味しない。この世界に危険はつきものだから。そうではなく、危機にさいして首尾よくきりぬける合理的な見込みを意味する。だが、これは国家のもっとも基本的な義務にすぎない。これだけなら国家はなにもしていない。これだけしかしないのなら、これすらも首尾よくはなしえまい。

国家《エタ》は祖国《パトリ》をあたうかぎり最高度のひとつの実在へと育てる義務を有する。一九三九年の多くのフランス人にとって祖国は実在ではなかった。祖国は剝奪されてはじめて実在となった。ふたたび所有されても実在でありつづけねばならない。そのためには祖国が真に事実として生の供給者となり、真に根づきの土壌とならねばならない。さらに、自己以外のあらゆる種類の環境《ミリュー》への参与と忠実な愛着をも保護する枠組とならねばならない。

今日、フランス人はフランスをひとつの実在とする感覚をとりもどすと同時に、かつてないほど地域的な差異を意識するようになった。フランスの細切れの分断、思考の交流を狭い領域に閉じこめる通信の検閲などが影響しているのだろう。逆説的に思えるとしても、強制的な住民の混淆もまたおおいに関係がある。今日、かつてと比べものにならないほど持続的かつ切実に、自分はブルターニュ出身だ、ロレーヌ出身だ、プロヴァンス出身だ、パリ出身だという感覚をわれわれはいだいている。この感覚には払拭すべき微妙な敵意も含まれている。よそ者への嫌悪はすみやかに消しさるべきだろう。だが、この感覚そのものを殺ぐべきではない。むしろ逆だ。こういう感覚は愛国心に逆らうと宣言しても惨憺たる結果に終わろう。フランス人が直面している苦悩と狼狽と孤独と根こぎという状況にあっては、いっさいの忠誠や愛着を稀有で無限に貴重な宝として保存し、弱っている植物のように水を注いでやらねばならない。

ヴィシー政府が地方分権的な政策を前面に押しだしていても、意に介する必要はない。この点での政府の唯一の誤りはその政策を実施しなかったことだ。万事においてヴィシー流の合言葉の逆をいくというのではなく、むしろ「国民革命」(169)の宣伝《プロパガンダ》がうちだした多くの思考を維持すべきである。ただ、われわれはそこから真理を生みださねばならないのだ。

同様に、フランス人はその孤立のなかにあったからこそ、フランスは小さい、内側に押しこめられると息苦しい、フランス以上のなにかが必要だという感覚をいだくにいたった。ヨーロッパという概念、ヨーロッパの統合という概念は、対独協力《コラボ》をうたう初期の宣伝の成功におおいに貢献した。この感覚もまた、どれほど奨励し涵養しても充分すぎることはない。これを祖国と対立させても厄災をまねくだけだ。

最後に、複数の概念のゆきかう諸環境《ミリュー》の存在はどれほど奨励しても奨励しすぎることはない。ただし、これらが公生活に吸収され、その歯車にならないという条件がつく。この条件がみたされるときのみ、これらの環境は亡骸とならずにすむからだ。経済機構のなかで日常的な責任を担わされなければ、労働組合《サンディカ》がこの役割をはたすだろう。カトリックにせよプロテスタントにせよキリスト教の環境もこれに準ずる。とくにカトリック青年労働者連盟のような機構がそうだ。だが国家が聖職者の思惑にほんのわずかでも屈するようなら、これらの環境を確実に殺すことになろう。敗戦後に出現した集団についても同様である。公認では「青年錬成所《シャンティエ》」や「フランスの仲間《コンパニョン》」(170)など、非合法では対独抵抗運動《レジスタンス》のいくつかのグループがそうだ。前者は例外的な諸事情がかさなったおかげで、公的な性格にもかかわらずいくばくかの生命をたもっている。だが公的な性格を維持するなら死滅するだろう。後者は国家にたいする闘争から生まれた。もし公生活のなかで認知された存在となるという誘惑に屈するなら、おそるべき精神的荒廃をこうむるだろう。

他方、この種の環境が公生活から分離されてしまうなら存続はできまい。したがって公生活に吸収もされず公生活から分離もされないようにせねばならない。このための手続きとして、たとえば国家が選んだ人びとに特別な任務を与えて、臨時職としてこれらの環境に配属するのもよい。ただし国家そのものが人選をおこなうと同時に、選ばれた者の仲間がその人選を誇りに思うのでなければならない。この種の方途は制度化されてよいだろう。

ここでもまた憎悪を阻止する努力をしつつ、差異を奨励せねばならない。さまざまな概念の沸騰は、フランスのような国にとって害とはなりえない。致命的なのは心理的な無気力状態《イネルシア》である。

民衆にたいして真に祖国《パトリ》たるものを確保することを国家《エタ》に課する義務は、国民的危機にさいして民衆に課される軍事上の義務を当然とみなす条件とはなりえない。たとえ国家がこの責務をはたさず祖国が滅びても、国民的独立が残っているかぎり復活の希望はある。より詳細に検討すれば、あらゆる国の過去において、しばしば短期間のうちに驚くべき衰退と再興がおこなわれたことに気づく。しかしひとたび自国が異国の軍隊に支配されるや、迅速な解放がないかぎりもはや希望はない。たとえほかになにも残っていなくても、この希望さえ残っていれば、それを守るために死ぬ価値がある。

祖国はひとつの事象であり、それゆえ外的な諸条件や偶然に服している。そうであっても、存亡の危機のさいに祖国を救済する義務はやはり無条件的である。だが事実として、祖国の実在を身にしみて感じれば感じるほど、あきらかに民衆はいっそう烈しく燃えたつ。

このように定義された祖国の観念は、フランスの歴史または国民的偉大さをめぐる現在の見解とは両立しえない。ましてやフランスの海外領土《アンピール》をめぐる語り口とは両立しない。

フランスには海外領土がある。したがって、採択された原則的立場がいかなるものであるにせよ、きわめて複合的で地域ごとにきわめて差のある実際上の問題が派生する。ただ、なんでもかんでも混ぜこぜにしてはならない。まずは原則の問題が提起される。さらにもっと曖昧なかたちではあるが感情の問題もある。大局的にみて、フランスが海外領土を所有することを幸福に思い、歓びと誇りを感じつつ、合法的な所有者の口ぶりでこれに言及する根拠はどこにあるのか。

根拠はある。そのフランス人がリシュリューやルイ一四世やモーラス流の愛国者《パトリオット》であるならば。根拠はない。キリスト教的な霊感、あるいは一七八九年の思考がその人の愛国心《パトリオティスム》の本質と分かちがたく混ざりあっているならば。やむをえない場合、他のいかなる国民国家《ナシオン》にも植民地からなる帝国を手にいれる権利はある。だがフランスにその権利はない。キリスト者が教皇の現世的至上権を醜聞とみなしたのとおなじ理由によって。一七八九年のフランスのように普遍的世界《ユニヴェール》のために思考し、普遍的世界のために正義を規定する機能をみずから担う気でいるなら、生身の人間の所有者となってはならない。たとえわれわれが思いとどまっても他国がこの不幸な人びとを手中におさめ、われわれ以上に手荒な扱いをするだろうことが事実であるとしても、征服の正当な理由にはならない。全体で考えれば、悪の総量は減少する。このたぐいの理由づけは大部分が悪しきものだ。ジゴロなら女たちをもっと手荒に扱うだろうと考えたからといって、司祭が娼家の亭主になったりはしない。フランスは同情心《コンパッシオン》から自身への敬意をそこなう必要などなかったのだ。そもそも同情心からそうしたのではない。これらの民族を征服しにでかけたのは、他国民が彼らを虐待するのを防ぐためだったという説を、あえて本気で支持する者などいまい。ましてや一九世紀に植民地争奪の再流行を主導したのが当のフランスである以上、なにをかいわんやである。

フランスが征服した民族のなかには、征服がフランスの手でおこなわれたのは言語道断の破廉恥とみなす人びともいた。おそるべき苦痛にみちた苦渋の念とある種の茫然自失によって、われわれにたいする彼らの怨嗟はいっそう根の深いものになっている。

今日、フランスは海外領土への執着を選ぶか、ふたたび魂を手にいれるという欲求を選ぶか、そのいずれかを迫られているのかもしれない。より一般的にいえば、フランスはひとつの魂を選ぶか、ローマ的かつコルネイユ的な偉大さを選ぶかである。

もしフランスが悪しき選択をするなら、もしわれわれがフランスに悪しき選択をさせるなら、しかもこの可能性は少なからずあるのだが、フランスはこのいずれをも得られずもっぱら最悪の不幸を手にいれ、不幸の原因をだれも察知できないまま、驚愕とともに耐えしのぶことになろう。そして言葉を発し筆を手にする人間はみな永遠に犯罪の責を問われるだろう。

ベルナノスはヒトラー主義とは回帰した異教的ローマであると理解し、そう言明した。しかしながらフランスの歴史や文化において、さらに今日ですらフランスの思考においてローマの影響がいかなるものであったのか、彼もわれわれもすっかり失念していたというのか。ある形態の悪を嫌悪するがゆえに戦いにふみきるという戦慄すべき決断をし、戦争に含意されるいっさいの残虐さを甘受する覚悟をしたとしても、自分自身のなかの同様の悪にたいしてひとしく容赦なき戦いをくりひろげずにいるのなら、われわれに弁明の余地はない。コルネイユ流の偉大さが英雄主義《ヒロイズム》の威光でわれわれを誘惑しうるなら、ドイツもまたわれわれを誘惑しうる。ドイツの兵士はたしかに「英雄」だからだ。祖国の概念をめぐる思考と感情の現下の混乱状態にあって、アフリカで斃れたフランス兵の犠牲が、ロシアで斃れたドイツ兵の犠牲よりも純粋な霊感に支えられていたという保証はどこにあるのか。いまのところ保証はない。そこからいかに戦慄すべき責任が生じるかを感知しないようなら、世界を股にかけた犯罪の跳梁のただなかにあって、われわれ自身も罪がないとはいえない。

真理への愛ゆえにすべてを無視しすべてに挑戦すべき一点があるとすれば、この一点につきる。われわれはみな祖国の名において集められている。もし祖国への思いのなかに虚偽の痕跡がわずかでも混入するようなら、われわれは何者にもなれないし、いかなる軽蔑にもあたいするだろう。

コルネイユ流の感情で愛国心を鼓舞するのでないとしたら、いかなる原動力がこれにとって代わるのかを問うべきだろう。

ひとつある。力強さでは劣らず、完全に純粋で、現状に申し分なく対応する原動力だ。すなわち祖国への憐れみ《コンパッシオン》である。これには名誉ある保証人がいる。フランス王国に憐憫《ピティエ》をいだいていると述べたジャンヌ・ダルクである(171)。

だがいっそう無限に高邁な権威を引き合いにだすこともできる。キリストがイェルサレムやユダヤ地方にたいして、憐れみに含まれる愛のほかにはいささかでも愛に似たものを感じたとおぼしき痕跡は、福音書にはみられない。キリストは自分の国に格別の愛着を示さなかった。しかし憐れみなら一再ならず表明した。キリストは間近に迫りくる破壊を予見して——当時それは容易だった——、イェルサレムの街のために涙を流した。そして人間に語るように街に語った。「イェルサレム、イェルサレム、わたしはいくたびおまえの子らを集めようとしたか……」[172]。十字架を背負ったときでさえ憐憫を示したのだ[173]。

祖国への憐れみには戦闘的エネルギーが含まれていないのではないかという危惧はあたらない。憐れみはカルタゴ人を動かして歴史上もっとも驚異的な快挙をなしとげさせた。大スキピオ・アフリカヌス[174]に敗北を喫して全滅の一歩手前に追いこまれ、その後五〇年の長きにわたって、ミュンヘン会談でのフランスの降伏協定などものの数にも入らないほどの意気阻喪の過程を味わったのだ。カルタゴ人はヌミディア人の無礼な挑発に孤立無援でさらされてきたのだが、条約で戦争をする自由を放棄していたので、ローマに自国防衛の許可をむなしく嘆願しつづけた。ついにローマの許可なく戦いを始めるも軍は全滅する。そしてローマの赦しを乞うはめになる。まず三百人の貴族の子弟と武器すべての引きわたしに同意した。さらにローマが街を破壊しつくせるように、住民の完全かつ決定的な退去命令をうけた。代表団は憤怒の叫びをあげ、ついで号泣した。「彼らは祖国をその名で呼び、人間に語りかけるように街に語りかけ、このうえなく痛切なことがらを街にむかって述べた[175]」。それからローマ人に懇願した。自分たちに厄災を加えたいというのなら、なんの罪もない都市《シテ》、石材、建造物、神殿は毀さないでほしい。

むしろ住民を皆殺しにしてもらいたい。この解決策のほうがローマにとっては恥も少なく、カルタゴ住民にとってははるかに好ましいものだからと。ローマ人の翻意は得られず、カルタゴの街はなんの援護もないまま叛旗をひるがえした。大軍勢の指揮をとった小スキピオ・アフリカヌス[176]は、街を陥落し壊滅するのに丸三年かけることになる。

うるわしく稀なるもの、もろく滅びゆくものへの痛ましいほどの情愛は、国民的偉大さについての感情とは別様の熱気をおびている。この感情をみたしているエネルギーは完全に純粋である。しかも強靭である。偉大さの威光にまったく彩られていない自分の子どもや老いた両親を守るために、人間はさしたる困難もなく英雄的精神《ヒロイズム》を発揮するではないか。祖国にたいする完全に純粋な愛は、幼い子ども、老いた両親、愛する女性がひとりの男性に鼓吹する感情に似ている。弱さへの思いは強さへの思いとおなじく愛の焔をかきたてる。だが焔の純粋さの種類はことなる。はかないものへの憐れみはつねに真に美しいものへの愛とむすびつく。真に美しい事象は永遠の存在を保証されるべきなのに事実はそうでないことを、われわれは切実に感じとっているからだ。

時空において遠くまで拡がりゆく存在を保証するとみえる栄光のゆえに、フランスを愛することはできる。あるいはまた、地上的存在で滅びるかもしれぬゆえになおさら価値がある事象として、フランスを愛することもできる。

これらはふたつのことなる愛である。言語のせいで混同されやすいが、おそらくは両立しがたい愛である。後者の愛をいだくような心情の持ち主であっても、習慣の力のせいで前者にしか似合わない言語をもちいることもある。

後者の愛のみがキリスト者には許される。これのみがキリスト教的謙遜に彩られている。ゆえに愛徳《シャリテ》と呼ばれてよい唯一の愛の種類に属する。この愛が不幸な国の専売特許だと考えるべきではない。

幸福もまた不幸とおなじ資格で憐れみの対象となる。地上的なものであり、ゆえに不完全かつはかなく移ろいゆくさだめだから。残念ながら、あらゆる国の生に一定量の不幸が含まれている。

一方で、フランスの過去、現在、未来の理想に含まれる真正かつ純粋な偉大さをこの愛はよく知らず無視しているのではないか、と危惧するにはおよばない。むしろ逆である。その対象となる存在のうちにより多くの善をみいだすほどに、憐れみはいよいよ優しさと痛ましさをつのらせ、さらには善をみぬく心構えをととのえる。キリスト者が十字架上のキリストを心のなかで再現するとき、キリストの完徳に思いをはせたからといって憐れみが相殺されるわけではない。その逆も真である。しかし他方で、フランスの過去、現在、未来の野心に含まれる不正、残虐さ、誤謬、虚言、犯罪、恥辱についても隠しだてや言い落としをせず、この愛はしっかりと眼を開いている。だからといって愛が減じるわけではない。愛にいっそうの苦しみが加わるだけだ。憐れみにとっては相手のおかした犯罪さえ、遠ざかるのではなく近づく理由となり、罪過ではなく恥辱を分かちあう理由となる。人間の罪によってキリストの憐れみが減じることはなかった。このように憐れみは善にも悪にもしっかりと眼をとめ、それぞれのうちに愛すべき理由をみいだす。これこそ地上において真実で正しい唯一の愛である。

現下にあって、これはフランス人にふさわしい唯一の愛である。昨今われわれの体験したできごとですら祖国の愛しかたを変えさせるのに力不足だというのであれば、どのような教訓をもってすればわれわれは学習するのだろう。頭に食らった棍棒の一撃以上に、注意を覚醒するものがあろうか。

祖国への憐れみは、現在、しらじらしく響かない唯一の感情である。それはまた、フランス人の魂と肉体がおかれている状態にふさわしい唯一の感情であり、不幸にふさわしい謙遜と矜持をふたつながらにそなえている。さらに不幸がなによりも要請する率直さも。いまこの瞬間に、フランスの歴史的偉大さ、その過去と未来のあまたある栄光、その存在をとりまく光輝を想起しようとしても、その口調に不自然さを与える内的な硬直をともなわざるをえない。自尊心に似ているものは不幸な人間にはふさわしくない。

苦しむフランス人にとってこの手の想起は代償作用の範疇に入る。不幸のなかで代償を求めることは悪である。この想起があまりに頻繁におこなわれ、激励を与える唯一の源となるとき、際限のない悪をおよぼしうる。フランス人は偉大さに飢えている。だが不幸な人間に必要なのはローマ風の偉大さではない。彼らへの嘲りと思われるか、ドイツの事例のように魂を毒するか、そのいずれかだ。

フランスへの憐れみとは、代償作用ではなく、うけた苦しみの霊化である。憐れみは寒さや飢えといったもっとも身体的な苦しみさえも変容させる。寒さや飢えに苦しみ、自己憐憫に誘われる者は、その憐憫を縮みあがった自身の身体をとおして自分ではなくフランスにむければよいのだ。そのとき寒さや飢えさえも身体を経由してフランスへの愛を魂に浸みこませる。この憐れみはさらに障碍もなく国境をこえ、あらゆる不幸な国へ、例外なくすべての国へと拡がっていく。あらゆる人民はひとしく人間の条件である悲惨に服しているのだから。国民的偉大さという自尊心は本性からして排他的で転換不能である。一方、憐れみは本性からして普遍的であるが、遠くの異質な事物にはより潜在的にはたらき、身近な事物にはより実在的かつ身体的にはたらき、より多くの血や涙や有効なエネルギーを蓄えている。

国民的自尊心は日常的な生からほど遠い。フランスでは対独抵抗運動《レジスタンス》のなかでしか表現されえない。だが大半のフランス人は対独抵抗運動に直接かかわる機会がないか、自分の時間をすべてつぎこむ余裕がないか、そのいずれかだ。フランスへの憐れみは国民的自尊心と同様に力強い動機を対独抵抗運動に提供する。のみならずこの動機は、たとえばフランス人相互の関係にみられる友愛の抑揚といった、もっともありふれたものを含むあらゆる契機において日々たえまなく表現されうる。友愛は不幸な人間への憐れみから容易に芽吹く。不幸は各人にその苦しみの分けまえを負わせると同時に、各人の福利をこえてはるかに貴重なものを危険にさらすからである。繁栄のなかであれ不幸のなかであれ、国民的自尊心からは現実的で温かみのある友愛は生まれえない。ローマ人にそのような友愛は存在しなかった。彼らは真に心やさしい感情を知らなかったのだ。

憐れみに鼓吹された愛国心《パトリオティスム》は最下層の細民に特権的な霊的地位を与える。国家的偉大さが社会の底辺の人びとの刺戟剤になるのは、国の栄光を回復すると同時に、願いうる最大の栄光の分けまえに個人的にもあずかれると期待できる時期にかぎられる。ナポレオンの治世の初期がこれに該当する。フランスのどんな小さな子どもであっても、どんな場末に生まれようとも、心にいかような将来の夢をもえがく権利があった。いかなる野心も大きすぎるからといって荒唐無稽とはみなされない。野心のすべてが実現するはずもないことは知られていたが、ひとつひとつの野心には実現の機会があり、じっさい多くの野心が部分的にせよ実現した。当時の奇妙な資料が断言するところでは、ナポレオンの人気は彼の人格にたいするフランス人民の忠誠というよりも、ナポレオンが示してみせた栄達の可能性や華やかな人生の可能性に依拠していた。これこそまさにスタンダールの『赤と黒』(177)に現れる感覚である。ロマン派は退屈した子どもたちだ。もはや彼らのまえに無限の社会的上昇の展望は開かれていなかった。ゆえに代替物として文学的栄光を探しもとめたのだ。

だがこの刺戟も混迷する時期にしか存在しない。民衆にそのまま与えられるのが望ましいともいえない。この刺戟にさらされた個人はこぞって民衆の出自から逃れて、民衆たる境遇の規定である無名性を脱しようとする。このように世にはびこる野心は混迷する社会状態の結果であるが、混迷のさらなる悪化の原因ともなる。社会の安定はこの野心にとって障碍となるからだ。たしかに野心は刺戟になる。だが魂にとっても国にとっても健全なものとはいえない。この刺戟が現在の対独抵抗運動で大きな役割を演じる可能性はあろう。フランスの未来となると幻想の受容はたやすい。個人的な未来についても、危険のさなかで頭角を現しえた者ならだれでも、この国がおかれている潜在的革命の状況下ではいかなる可能性をも期待できるからだ。だが、もしそうであるなら、それは再建期にはおそるべき危機となるだろう。早急にべつの刺戟をみいださねばならない。

社会の安定期には、例外はあっても無名の人びとはおおむね本来の状態にとどまり、そこから抜けでたいなどと夢にも思わない。そういう時期の民衆は、自尊心と輝かしい栄光を礎とする愛国心に居心地のよさを感じない。自尊心と栄光の表現のひとつであるヴェルサイユ宮殿の大広間になじめないのと同様に、民衆はこの手の愛国心になじめないだろう。栄光は無名性の対極にある。軍事的栄光に文学的・科学的その他もろもろの栄光を加えてみても、民衆は依然として自分は部外者だと感じるだろう。栄光を身にまとったフランス人のいくらかが民衆の出であると知ったところで、安定期にはなんの励ましにもならない。彼らがたとえ民衆の出であったとしても、成功によって民衆のひとりであるのをやめたのだから。

逆に、祖国がうるわしくも貴重なものとして、ただし部分的には不完全できわめて脆弱で不幸にさらされており、それゆえ慈しんで保護すべきものとして民衆に提示されるなら、彼らは当然ながら他の社会階層の人びと以上に祖国を身近に感じるだろう。なぜなら民衆はあらゆる認識のなかでもっとも重要なもの、すなわち不幸の現実についての認識を占有しているからだ。だからこそ民衆はきわめて痛切に感じている。不幸から匿われるにあたいする事物がいかに貴重であるか、各人がそれらをいかに慈しんで保護すべきであるかを。通俗劇《メロドラマ》はこの民衆の感受性を反映する。この文学形式がなぜこれほどまでに低俗なのか、これは研究の労をとるべき問題である。だが通俗劇は偽りのジャンルではない。ある意味で現実にきわめて近いといえる。

民衆と祖国のあいだにこのような関係が築かれるなら、民衆は自分の苦しみを祖国から加えられた犯罪とみなすのではなく、自分のなかで祖国を苦しめている痛みとみなすにいたるだろう。この差異はきわめて大きい。べつの意味では微小である。この差異をふみこえるには些事でたりる。だがその些事はこの世ならぬ世界に由来するのでなければならない。かくて祖国《パトリ》と国家《エタ》との分離が前提となろう。コルネイユ流の偉大さが廃されるなら分離は可能である。ただし国家はその埋めあわせをするために、独力でさらなる敬意を獲得する方途をみいださねばならない。でなければ無政府状態《アナルシー》が懸念されよう。

　祖国と国家を分離するにあたって，いうまでもなく議会政治と政党間抗争という古い様式にもどってはならない。もっとも重要なのはおそらく警察の全面的改編である。諸般の状況は改編に有利にはたらくだろう。イギリスの警察は興味ぶかい研究対象となろう。いずれにせよフランスの領土解放は，個人的に敵に抵抗した人びとをのぞく警察関係の人員整理をもたらすはずだ，と期待したい。代わりに一般民衆の尊敬を得ている人物を任命せねばならない。今日では不幸なことに金銭と免状は尊敬の主たる原因である。ゆえに巡査や刑事にもまともな免状とそれなりに高水準の教育を要請し，なおかつ充分な報酬を与えねばならない。おそらくあまり望ましいことではないにせよ，もしフランスで有名大学校偏重《グランド・ゼコール》(178)の風潮がつづくなら，警察のためにも志願者が試験で選抜される一校が必要となろう。大ざっぱな手段であるが，このたぐいの改革は欠かせまい。加えて，こちらのほうがはるかに重要なのだが，娼婦や前科者といった社会階層を今後は容認すべきではない。彼らは警察の気まぐれにゆだねられ，犠牲者と共犯者の両役を同時に演じる家畜として公認の存在を得てきた(179)。これでは二重の汚染は避けられず，相互の接触は双方を穢していく。娼婦や前科者という範疇を法的に撤廃すべきである。

公職にある人間が国家に背任の罪をはたらいたとき、確実に武装強盗の罪よりも厳罰に処せられねばならない。

国家はその行政機能において祖国の資産管理人《ビアン》として現れる。ただ多少は善良であるとしても、一般に有能というよりは無能な管理人である確率が高いと理論的に予測すべきだろう。その責務は困難なばかりか道徳的にも望ましくない状況で遂行されるからだ。とはいえ服従はやはり義務である。国家に服従を求める権利があるからではなく、祖国の存続と平穏のために服従が不可欠だからという理由で。なんであれ国家には服従せねばならない。旅行中の両親が凡庸な子守に託した心やさしい子どもたちが、両親への愛ゆえに子守に服従するように。国家が凡庸でないならなおさらけっこうだ。いずれにせよ、つねに世論の圧迫が刺戟となって国家を凡庸さから抜けださせればよい。だが国家が凡庸であろうとなかろうと、服従の義務は同一である。

もちろん義務は無制限ではないが、制限しうるとすれば良心の叛逆しかない。いかなる規準もこの制限を規定できない。各人が自分用に決定的な規準をもうけるのさえ不可能である。もはや服従できないと感じたら、服従を拒む。しかし罪をおかすことなく服従を拒むには、充分条件とはいわないまでも必要条件がなくてはならない。その必要条件とは、例外なくいっさいの危険を軽視するまでに逆らいがたいなんらかの義務に迫られることだ。服従を拒む気でいたのに危険の大きさに怖気づいて拒まなかった場合、それが赦されない理由は状況しだいでことなる。ひとつは服従を拒もうと考えたかどで。もうひとつは服従を拒みとおさなかったかどで。いずれにせよ、厳密な意味で不服従が義務とならないかぎり、厳密な意味で服従は義務とみなされる。不服従がやむにやまれぬ義務感にもとづく場合はべつだが、公的権威にたいする不服従は窃盗よりも不名誉であると認証されないかぎり、いかなる国も自由を保持できない。つまり公的秩序は私有財産よりも神聖であるとみなされねばならない。公権力はこうしたものの見方を、教育やこれから考案すべき適切な方途をつうじて周知できるだろう。

祖国にたいする憐れみ、祖国に不幸をまねくまいとする心やさしき憂慮のみが、内戦や外戦が残念ながらおのずと所有するもの、すなわち昂揚と感動と詩情と神聖さを、平和になかんずく国内の平和に与えることができる。この憐れみのみが、かくもひさしく失われたまま放置され、しかも歴史においてかくも稀にしか感得されず、テオフィル・ドゥ・ヴィオーが「法の聖なる尊厳(180)」という美しい詩句で表現した感情を回復させてくれる。

テオフィルがこの詩句を書いた時代は、おそらくこの感情がフランスで深く刻みこまれた最後の時代である。そしてリシュリュー、フロンドの乱、ルイ一四世、その他の面々がつづいた。モンテスキューはこの感情を書物の力を借りてふたたび公衆の心に浸みこませようと、むなしく奮闘した。一七八九年の人びとはこの感情をおおいに喧伝したが、これを心の底にやどしてはいなかった。そうでなければ、この国があれほどやすやすと内戦でも外戦でもある戦争へと滑落していくこともなかっただろう。

以後、われわれの言葉じたいがこの感情を表明する適性を失った。にもかかわらず人びとが合法性を云々して喚起しようとするのは、この感情もしくはその色あせた複製なのだ。だがある感情を命名するだけではこれを惹起するに充分な手続きといえない。この根源的な真理をわれわれはすっかり失念している。

なぜみずからに虚言を弄するのか。戦争直前の一九三九年、政令《デクレ＝ロワ》[181]の体制下においてもはや共和政の合法性は存在していなかった。四の五のいわず、おのれの出立を告げるでもなく、だれかに惜別されるでもなく、ひとこと引きとめられるでもなく、「その出立はわれに隠されて」[182]とうたったヴィヨンの青春のごとくひっそりと去っていた。合法性の感覚は完全に死にたえた。これがいまふたたび亡命者たちの思念のなかに姿を現し、事実上は並存しえない他の感覚のかたわらで、病んだ民衆のいだく治癒の夢想のなかに場を占めているとしても、まったくあるいはほとんど意味がない。一九三九年には無であった合法性が、組織的不服従の数年を経たからといってすぐさま有効性を獲得するだろうか。

他方、一八七五年の憲法[183]も一九四〇年にフランス人民から遺棄されたのち、おおかたの無関心と軽蔑のなかで崩壊してしまった以上、いまさら合法性の礎とはなりえない。事実、フランスの民衆はこの憲法を遺棄したのだ。対独抵抗運動《レジスタンス》のいくつかのグループもロンドンのフランス人たち[184]も手をこまねくしかなかった。かすかな無念さも民衆の一部ではなく国会議員の面々が表明したものだった。後者のうちに職業的な理由で、よそではあまねく死にたえていた共和的諸機構への関心が生きのびていたのだ。この関心がずいぶんあとになってふたたび現れたとしても、なにほどのものでもない。目下のところは飢えが、第三共和政に、パンがあった時代の詩情を伝えている。はかない詩情ではあるが。同時に、何年もつづき一九四〇年に極限に達した第三共和政への嫌悪も生き残っている（それに第三共和政はロンドン発の公的文書により断罪されている。したがってこれを合法性の基盤とみなすのは困難である）。

しかしながらヴィシー政府の諸事象が消滅したあとに、革命的な、おそらくは共産党系の諸機構が出現しないかぎり、第三共和政の行政機構への復帰がおこなわれるだろうことは確実である。だがそれというのも真空が生じた以上、なにかで埋めるしかないからだ。それは必要性であって合法性ではない。民衆のなかでこれに呼応するのは忠誠ではなく鬱々たる諦念である。ともあれ一七八九年という日付は心に深く浸みいる反響をひきおこす。だがこの日付は機構ではなく霊感に呼応している。

近年のわれわれの歴史に継続性の断絶が現に生じた以上、合法性はもはや歴史性を有しえない。ならば、いっさいの合法性の永遠なる源泉にその根拠を求めるしかない。この国の統治を担うべく志願する者は、魂の奥底に永遠に刻みこまれた憧れ、民衆の本質的な憧れに応える義務をおおやけに認めねばならない。民衆は統治にあたる人びとの言葉と能力を信頼し、その信頼を表明する手段を与えられねばならない。さらに彼らをうけいれることは彼らへの服従をみずからに課することだと、民衆は感じるようにならねばならない。

公権力にたいする民衆の服従は祖国の欲求であるので、まさにこの事実ゆえに聖なる義務である。さらには、この義務は自身のむかう対象である公権力そのものに、自身の聖なる特性を付与する。これはローマ流の愛国心とむすびついた国家の偶像崇拝ではない。むしろその対極にある。国家は神聖である。ただし偶像が神聖だという意味においてではなく、祭礼の用具、祭壇の石材、洗礼の水、その他これに類するものが神聖だという意味において。それらが物質にすぎないことはだれでも知っている。物質の断片が神聖とみなされるのは、神聖なる対象への奉仕に供されるからだ。これこそ国家に適するたぐいの尊厳である。

もしフランスの民衆にこの霊感を鼓吹できなければ、彼らには無秩序と偶像崇拝の二者択一しか残されない。偶像崇拝は共産主義の形態をとりうる。その蓋然性は高い。偶像崇拝はまた国家主義《ナシオナル》の形態をとりうる。この偶像崇拝はある一対を崇拝の対象とすると思われる。その一対とは、まさしく現代の突出した特徴というべき現象であるが、指導者《シェフ》として喝采をうける一個人と国家という鋼鉄の機械から構成されるだろう。一方で、広報《メディア》が指導者たちを製造する。他方で、真に価値ある人物が諸般の事情でこうした職務についても、またたくまに偶像としての役割にとりこまれてしまう。当世風の言辞をもちいるなら、純粋な霊感の不在はフランスの民衆に無秩序、共産主義、ファシズムという三つの可能性しか残さないだろう。

たとえばアメリカには、ロンドンのフランス人たちにはファシズムへの傾きがあるのではないかと危惧する人びとがいる。拙劣な問題提起である。まっすぐ悪をめざす場合はともかく、意図そのものにさほどの重要性はなく、悪をなすにはいつでも手近に方策がみつかるものだ。ところが善き意図はこれを支える方策とむすびつかなければ重きをなさない。聖ペテロにキリストを拒む意図はまったくなかった。しかし彼はキリストを拒んだ。否認せずにすむ恩寵を得ていなかったからだ。反対の意図を述べるのについやしたエネルギーや断定的な口ぶりが、彼から恩寵を奪うのに寄与した[185]。これこそ人生の与えるすべての試練について思索にあたいする実例である。

ロンドンのフランス人たちの力量を識別せねばならない。フランスの民衆がファシズムへと横すべりするのを食いとめるのに必要な手段を彼らが有しているかどうか、また同時に、民衆が共産主義あるいは無秩序へと落ちこむのを食いとめるのに必要な手段を彼らが有しているかどうか。ファシズム、共産主義、無秩序のいずれもが、唯一の悪の区別しがたく等価値の表現にすぎない以上、彼らがこの悪への対抗策を有するかどうかを知ることが肝要なのである。

彼らが方策を有していない場合、戦時下のフランスを支えるという彼らの存在理由は勝利によって完全に消滅し、勝利は彼らをふたたび多数の同胞のなかに投げこみ埋没させるだろう。彼らが方策を有している場合、この方策を勝利に先立ってすでに大規模かつ有効に適用していなければならない。フランスの解放が個人および群衆にもたらす神経を昂ぶらせる無秩序のさなかに、このような処置を始めるのは不可能なのだから。昂ぶる神経がしずまったあとでは——万が一にもしずまる日がくるとすれば——、なおのこと始められまい。すでに時機を逸しており、もはや処置をほどこすなど問題外なのだから。

重要なのは、彼らが外国にむかってフランスにたいする自身の統治権を断言することではない。医師にとって重要なのが、病人を治癒する自身の権利を叫ぶことではないように。診断をくだし、治療法を考え、投薬を選び、それらが病人の体質に適合するかを検証する。これが肝要である。医師が職務をまっとうしても誤謬をまぬかれるとはかぎらないが、正しく診断する可能性もおおいにある。したがってだれかが医師の職務遂行を妨げて、ペテン師に交替させようとするなら、医師には全力でこれに反対する権利がある。だがもしも医師のいない環境で、知識のない人びとがもっとも的確かつ賢明な治療の必要な病人のまわりで右往左往している場合、病人がだれかの手で死んでしまおうと偶然に助かろうと、たいした差はあるまい。そうはいってもやはり愛する者の手にゆだねられるほうがよい。なぜなら病人を愛している者であれば、これが病人を救う手段との確信がないかぎり、枕もとで騒ぎたててむやみに病人を苦しめたりはしないだろうから。

訳　註

*基本的には邦訳のある文献を選んで出典を示したが、引用した訳文には必要におうじて若干の変更・省略をおこなった。訳者名の記載がないものは拙訳である。なお、本文中の〔　〕内の語句は訳者による補足である。

第一部　魂の欲求　訳註

(1)　一七八九年八月二六日の憲法制定国民議会で暫定的に採択された「人間および市民の権利の宣言」(「人権宣言」)は、義務ではなく権利を主眼に草稿された。「人間は生まれながらにして自由であり、権利において平等である」(第一条)。「すべての市民は、法律の前では平等であるがゆえに、その能力に応じて……あらゆる公の位階・地位・職に等しく就くことができる」(第六条)。「自由、所有、安全、および圧制への抵抗」(第二条)や「思想・言論の自由」(第一〇、一一条)を不可侵の神聖な自然権と規定し、これらの諸権利や自由を担保するのは主権者たる国民とした(松浦義弘『フランス革命の社会史』世界史リブレット、山川出版社、一九九七年を参照)。
　以下のカントの議論も参照されたい。「実践的原則とは、意志の普遍的規定を含むような〔二つの〕命題のことである、そしてこの普遍的規定には、若干の実践的規則が従属している。これらの実践的原則は、〔行為的〕主観がかかる意志規定の条件を主観自身の意志にのみ妥当すると見なす場合には主観的原則であって、格律と呼ばれる、しかしこの条件が客観的なものとして――換言すれば、すべての理性的存在者に例外なく妥当すると認められる場合には、客観的原則すなわち実践的法則と称せられる」(カント『実践理性批判』波多野精一・宮本和吉・篠田英雄訳、岩波文庫、第一部第一篇第一章第一節、定義、四七頁)。「第三命題は、上記の両命題から生じる結論である、私は、これを次のように表現したい、――義務とは、〔道徳的〕法則に対する尊敬の念にもとづいて為すところの行為の必然性である、と。〔……〕そこで義務にもとづく行為は、傾向性の影響を、また傾向と共に意志のいかなる対象をも、すべて排除すべきであるとすれば、その場合に意志を規定するものとして意志に残されているところのものは、客観的には法則だけであり、また主観的にはこの実践的法則に対する純粋な尊敬の感情だけである、従ってまたいっさいの傾向を廃してかかる法則に服従するところの格律である」(カント『道徳形而上学原論』篠田英雄訳、岩波文庫、第一章、三八―三九頁)。

(2) フランス大革命(その他の諸革命と区別して一七八九年に始まる革命をとくに「大革命」とする)は当初はかならずしも反王権的でも反教権的でもなかった。一七八九年八月の「封建制」の廃止決議文はルイ一六世を「フランスの自由の再興者」と呼び、聖職者も貴族も平民も存在せず、ブルターニュ人(ブルトン)もブルゴーニュ人(ブルギニョン)もプロヴァンス人(プロヴァンサル)も存在せず、ただひとつの共通の目的でむすびついたフランス人だけが存在するとうたいあげた。だが、革命が過激化する過程で反王権的・反聖職者的な色彩が強まり、公的な政治や教育の領域における非宗教化・世俗化が進んだ。

(3) 人間や事物の本性に基礎をおき基本的に変化になじまない自然法とくらべ、特定の社会のなかで人為的に定立された実定法は変化をこうむりやすい。アリストテレスは「自然法的(フユシコン)」なものと「人為法的(ノミコン)」なものの区別について、以下のように説明する。「「それ以外の仕方においてもありうることがら《タ・エンデコメナ・カイ・アロース・エケイン》」のうち、いかなる性質のものが自然本性によるものであり、いかなる性質のものがそうではなくして人為法的であり契約によるものであるのだろうか、ともに同じく変動的なものでありながら――。明らかにしかし、同じ区別は他の場合にも見出だされるであろう。たとえば自然本性的には右手のほうが強い。このことは、しかし、何びとといえども両手利きたりうるということにかかわらないのである」(『ニコマコス倫理学 上』高田三郎訳、岩波文庫、第五巻第七章、一一三四b二九―三五、一九五頁)。

(4) 古代エジプトの『死者の書』は前一六世紀ごろの新王国時代にパピルスに記載され副葬された、死者の復活と永遠の生命の獲得を求める葬礼文書。プルタルコス『エジプト神イシスとオシリスの伝説について』(岩波文庫、一九九九年)によると自身も死んで復活した冥界の主神オシリスとマアット(神格化された「真理」)を具現する四二人の判事のまえで、死者の魂は「罪の否定告白」をする。引用された告白は三八項目の一四番めにあたる(『死者の書』第一二五章)。

(5) 「マタイ福音書」第二五章第四一節。

(6)「飢え」は人間のもっとも基本的な欲求であり、これに対応する義務もまたもっとも基本的である。よって前掲の「マタイ福音書」にせよエジプトの『死者の書』にせよ、ヴェイユのあげる例は「飢え」と関連がある。

(7) ヴェイユがマルセイユ時代の論考「はっきりと意識されない神への愛の諸形態」で、「世界の美は物質の属性ではない。それは世界とわたしたちの感受性との関係であって、感受性は人体と魂にかかわる」(*AD* (Simone Weil, *Attente de Dieu*, Paris, Fayard, 1966) 153-156) と述べるときの「世界の美」は、多分にカントの崇高の概念を想起させる。カントは『判断力批判』で、かならずしも技術の美(人工美)が道徳的善にむかう心事の証左ではないと認めつつも以下のように述べる。「それにも拘らず私はまたこう主張したいのである、即ち――自然における美に対して直接の関心(自然の美を判定する趣味をもつというだけではなく)をもつのは、常に善良な魂の標徴である、またかかる関心が習慣的になり、更に自然の観照と進んで結びつくならば、この関心は少くとも道徳的感情にとって有利な心的状態を示すものである、と」(カント『判断力批判 上』篠田英雄訳、岩波文庫、一九六四年、第一部第一篇第二章四二、二四一頁)。

(8) ヴェイユにとって真の芸術作品は世界の美につうずる匿名性と聖性をやどしており、不完全な芸術作品ほど作者の個性や存在を声高に主張する。「世界の美の正当かつ純粋ならざる芸術作品、世界の美へと実践的に開かれた窓ならざる芸術作品は、厳密にいって美しくない。そういう作品は第一級ではない。〔……〕すべて真の芸術家は世界の美と実在的かつ直接的な接触を有したのであり、この接触は秘蹟のごときものだ。すべて第一級の芸術作品は、その主題がいかに世俗的であっても、神に霊感を与えられたのである」(AD 159–160)。カントは自然美(美しい事物)と芸術美(美しい表象)を合目的性の観点から対置する(『判断力批判 上』第一部第一篇第二章四八、二六三頁)。「我々は芸術の所産について、かかる所産が人工であって自然ではないということを心得ていなければならない。しかし芸術的所産の形式における合目的性は、およそ任意な規則による一切の強制からまったく自由であって、あたかもこの所産が単なる自然の所産であるかのように見えねばならない。ところで我々の認識能力(構想力と悟性)の遊びにおける自由の感情は、合目的なものでなければならない、そして概念に基づかないでしかもすべての人が普遍的に与り得るような快だけが、かかる自由の感情を基礎とするわけである。さきに述べた通り、自然は同時に芸術のように見える場合に美であった。そして芸術は、我々がこれを人工であると知りながら、それにも拘らず我々に自然であるかのように見える場合にのみ美と称せられるのである」(『判断力批判 上』第一部第一篇第二章四五、二五四頁)。

(9)「わたしの第二の格率は、自分の行動において、できるかぎり確固として果断であり、どんなに疑わしい意見でも、一度それに決めた以上は、きわめて確実な意見であるときに劣らず、一貫して従うことだった。この点でわたしは、どこかの森のなかで道に迷った旅人にならった。旅人は、あちらに行き、こちらに行きして、ぐるぐるさまよい歩いてはならないし、まして一ヵ所にとどまっていてもいけない。いつも同じ方角に向かってできるだけまっすぐ歩き、たとえ最初おそらくただ偶然にこの方角を選ぼうと決めたとしても、たいした理由もなしにその方向を変えてはならない」(デカルト『方法序説』谷川多佳子訳、岩波文庫、第三部、三六―三七頁)。

(10) モリエール『守銭奴』(一六六八年初演)の主人公アルパゴンは、倹約と強欲でため込んだ金塊を穴に埋め、ときどき掘りだしては眺めて悦にいっていたが、あるとき大切な金塊を盗まれてしまい、身も世もなく悲嘆にくれる。アルパゴンにとって黄金は消費の手段ではなく執着の対象だったので、これでもう充分という限界は存在しない。源泉はイソップ(アイソポス)の「守銭奴」(『イソップ寓話集』中務哲郎訳、岩波文庫、一九九九年、第一部二二五、一七三頁)。

(11) アリストテレスは徳を選択的な性向《ヘクシス》と思慮《フロネーシス》をそなえた人の分別《ロゴス》によりさだめられた「中庸《メソテース》」と定義する。「然るべきときに、然るべきことがらについて、然るべきひとに対して、然るべき目的のために、然るべき仕方においてそれを感ずるということ、これは「中」的にして最善であり、まさしくこうしたことが徳には属しているのである。〔……〕徳とは、それゆえ、何らか中庸(メソテース)ともいうべきもの――まさしく「中」(メソン)を目指すものとして――にほかならない」(『ニコマコス倫理学 上』第二巻第六章、一一〇六b二〇、七〇―七一頁)。

(12) 「意志〔の意志たる所以〕は、〔或る〕同じ一つのものを、するかしないか(言いかえるならば、肯定することとあるいは否定すること、追求することとあるいは忌避すること)がわれわれにはできる、という点においてのみ存する、あるいはむしろ、知性によってわれわれに提供されるものを肯定するあるいは否定するのに、言うなら追求するあるいは忌避するのに、何らの外的な力によってもわれわれがそうするように決定されてはいないとわれわれの感ずるように、そういうふうにわれわれが自らを赴かしゆく、という点においてのみ存する、からである」(デカルト『省察』所雄章訳、『デカルト著作集2』白水社、一九七三年、第四省察、七七頁)。

(13) デカルトは選択の自由を真の自由と同定しない。明晰な意志にもとづく正しい選択こそが本来的な意味での自由である以上、悪しき選択は気ままな行為であっても自由な行為たりえない(『省察』第四省察を参照)。

(14) 直接的にはヨシフ・スターリン(一八七九―一九五三)やアドルフ・ヒトラー(一八八九―一九四五)などの全体主義体制における独裁者をさすと思われるが、ヴェイユが好んで引用するモンテスキューの『法の精神』ではルイ一四世型の絶対君主への言及もみられる。「専制政体においては、ただ一人が、法律も規則もなく、万事を彼の意思と気紛れとによって引きずって行く」(モンテスキュー『法の精神 上』野田良之・稲本洋之助・上原行雄・田中治男・三辺博之・横田地弘訳、岩波文庫、第一部第二編第一章、五一頁)。また専制政体においては(君主をのぞき)万人は平等であるから名誉は問題にならず、万人は奴隷であるから自由は問題にならないとも述べる(『法の精神 上』八一頁)。

(15) ガリア語で「戦士たちの王」を意味するその名にたがわず、ヴェルサンジェトリクスまたはラテン語読みでウェルキンゲトリクス(前七二―四六)は、それまで統率のとれていなかったガリア諸部族をまとめあげ、カエサル率いるローマ軍相手にもっとも勇敢に戦ったガリアのアルウェルニ族の族長。しぶとく抵抗するもカエサル軍に粉砕され、ローマの凱旋行進の見世物にされたうえ、六年後に獄内で刑死した。ガリア系やケルト系にとってはカエサルの独裁もしくはローマの全体主義体制に抵抗した英雄である。

(16) ジャンヌ・ダルク(一四一二—三一)は百年戦争のさいに不利な戦況にあったフランス皇太子シャルルの軍を援け、イングランド軍のオルレアンの囲みを解いて、ランスでのシャルル七世の戴冠式を実現させた。アルマニャック派のシャルルに敵対するブルギニョン派に捕らえられ、イングランド軍に引きわたされ、異端審問裁判で断罪されて焚刑に処せられた。一九二〇年に列聖され、フランスでは救国の聖女とみなされている。

(17) フランス語原文どおりに訳出した。安南は中国による造語で、ヴェトナム人が自発的に命名した呼称ではない。一八〇三年に越南が成立したが、のちにヴェトナムに侵出したフランスも中部直轄地を安南(アンナン)と称した。現在は使用されていない。

(18) 北アフリカのアルジェリアは一九世紀にフランスの海外領土となるが、それ以前は原住民のベルベル人とベルベル人と混血したアラブ人が共存していた。そのアラブ人にたいして帝国主義時代のフランスは、かつてアラブ人に抵抗したベルベル人の王妃カヒナを「オルレアンの乙女」になぞらえ、カヒナを「ベルベル人のジャンヌ・ダルク」と呼んだ(平野千果子『フランス植民地主義の歴史』人文書院、二〇〇二年を参照)。

(19) ジョルジュ・ギンヌメール(一八九四—一九一七)は一九一四年に航空隊に入隊し、パイロットとして名をはせる。第一次世界大戦中の一九一七年にドイツ軍に撃墜されると、フランスでは戦意を喚起する華々しい愛国者の象徴となった。

(20) ジャン・メルモーズ(一九〇一―三六)は開拓期の航空郵便のパイロットとして活躍した。一九三〇年、セネガルのサン＝ルイからブラジルのナタルまでの無着陸飛行を成功させ、サン＝テグジュペリの『夜間飛行』のモデルともなった。フランス政府の弱体化により南太平洋航路が縮小されると、事態打開のための政治活動に挺身した。キリスト教右翼団体の火の十字団《クロワ・ドゥ・フー》に加わり、若者を戦争へと鼓舞する英雄にまつりあげられた。

(21)「言論の自由」と訳出した原語は「La liberté d'opinion」は直訳すると「意見(世論)の自由」であり、ヴェイユは個人の言論の尊重は当然だとしても、集団の見解たる世論への制限は必要だと考えていた。

(22) 芸術至上主義の主張によると、芸術は道徳的・実利的な目的ではなくもっぱら美のみを追求すべきである。理論的根拠は三批判書で知的能力の適用領域を分立したカントにあるとされるが、反動的な政治圧力に抵抗する原理として明文化したのは第二帝政期の芸術批評家・詩人のテオフィル・ゴーティエである。やがて政治的・社会的現実からの逃避の色彩を強めた主張は、高踏派《パルナシアン》詩人や世紀末イギリスの耽美主義者へとうけつがれる。

(23) アンドレ・ジード(一八六九―一九五一)は信仰と人間の感情の葛藤を主題とし、「文明社会」の硬直した秩序や規範を行動の根源たる生の情念の下に位置づけた。『新フランス評論』を創刊し、ながくフランスの文壇に君臨する。『法王庁の抜け穴』では無動機の行為が主題となり、主人公ラフカディオが子どもを焔から救出して賞讃されるのに苛立つのも、たんに隣に坐っただけの客をなんの理由も脈絡もなく汽車から突き落とすのも、いずれも「動機なき自由な行為」として描かれる。いっさいの道徳性の否定として刊行時におおいに物議をかもした。

(24) シュルレアリスト運動の中核だったアンドレ・ブルトンとルイ・アラゴンは、ともに医学生時代にフロイトの著書を読み、理性の統制をうけない純粋な心理状態を探究し、自動記述や夢に着目した芸術運動を始めた。同時に、社会や国家による統制に反撥し、一九二五年のリーフ戦争(モロッコ北部リーフ山脈に住むベルベル人の解放闘争)を契機に本格的に反祖国をかかげる政治運動にかかわるようになる。

(25) 広義では、条文による成分法の硬直性を緩和すべく具体的妥当性の実現を図る方途をさす。狭義では、イギリスのコモン・ローでは対処できない事例の救済処置として成立した法をさす。第一部訳註(3)も参照。

(26) ヴェイユは「国家(Etat)」「国(pays)」「都市(cité)」を使いわける。「国家《エタ》」は全体主義への傾きを内在する国民国家的な集合体を、「国《ペイ》」は個人が複数の根をおろす自然で文化的なゆるやかな集合体を、「都市《シテ》」は古代ギリシアのポリスやルネサンス期の都市共和国に近い集合体をさす言葉である。一方、「nation」は場合により「国家」「国民」または「国民国家」と訳出した。

(27) ジャン＝ジャック・ルソー(一七一二―七八)は政党の乱立は人民全体の意向を反映する「一

般意志」の妥当性をそこなうと考えていた。「ひとたび、公共の職務が、市民たちの主要な仕事たることを止めるやいなや、また、市民たちが自分の身体でよりも、自分の財布で奉仕するほうを好むにいたるやいなや、国家はすでに滅亡の一歩前にある」(ルソー『社会契約論』前川貞次郎・桑原武夫訳、岩波文庫、第三編第一五章、一三一—一三二頁)。

(28)「環境(milieu)」は人為的な国境や言語や習俗や文化をこえて拡がるアモルファスな人間的環境をさす。第二部「根こぎ」冒頭に詳しい。

(29) 中世の同業組合《コルポラシオン》(ギルド)に入会するには、昇格作品《シェ・ドゥーヴル》(直訳すると「傑作」)を製作して自己の力量と経営能力を示し、親方《メートル》として認知されねばならなかった。入会後は製品の品質保持、同業者との競争の排除、原材料の有利な購入価格などの相互扶助を基本とする組織に加入できた。徒弟の育成にかんしてもフランス巡歴《トゥール・ドゥ・フランス》(第二部訳註(23)参照)にみられるような広範囲にわたる協力体制があった。しかしヴィシー体制は、労働団体への国家統制を強める目的で、おなじ同業組合の名のもとに労働法制を改編した。その実態は労働者の同業組合への強制加入、フランス・サンディカリスムの伝統であった経済自由主義と組合の自由《リベルテ・サンディカル》の否定、ストライキの禁止など、あくまで体制の安寧と労働者の管理をめざすものだった。

(30)「追放(excommunication)」という語は「国外追放(exile)」とことなりカトリックの「破門(anathema)」を連想させ、政治的党派性と宗教的党派性の類似をきわだたせる。

(31) ジャック・マリタン(一八八二—一九七三)はソルボンヌで当時の科学全般を学ぶも、哲学を諸科学のうえに君臨すべき女王とし、トマス・アクィナスとアリストテレス研究に邁進した新トマス主義者である。ヴェイユはしばしばマリタンのギリシア観を槍玉にあげる。晩年の「ロンドン手帖」でも、友情と正義を区別するアリストテレスの『ニコマコス倫理学』第八巻第七章についてのトマス・アクィナスの注釈を、これほどキリスト教から隔たった考えはないと糾弾し、この注釈を引用したマリタンを間接的に批判する。以下はヴェイユ訳によるアクィナスの一節。「友情は〔……〕互いにあまりに疎隔せる人間のあいだには存在しえない。友情は、人と人が接近しあい両者間の平等に到達することを前提とする。人間のあいだに既存する平等を平等に活用することが、これが友情のわざである。平等ならざる人間を平等へとみちびくこと、これが正義のわざである。この平等が達成されたとき正義のわざが完遂される。このように平等は正義の最終地点に位置し、友情の原理と起源つまり出発点に位置するのである」(*OCVI–4* (Simone Weil, *Œuvres complètes VI–4*, Paris, Gallimard, 2006) 384)。

(32) 攻撃されたマリタンの著作は一九四二年にニューヨークで刊行された「人間の権利と自然法」(Jacques Maritain, *Les droits de l'homme et la loi naturelle*, New York, 1942, 53–54)である。

(33) アリストテレス『政治学』山本光雄訳、岩波文庫、第一巻第五章、六章を参照。

(34) 『グランゴワール』誌(一九二八—四四)はもとは穏健な保守派の諷刺雑誌だったが、一九三〇年代なかば以降、国粋主義的カトリック右派のアクシオン・フランセーズ(第二部訳註(146)を参照)の影響で反共・反ユダヤ・排外主義を旗印に急速に右傾化していく。スペイン内戦のさいは叛乱側のフランコ将軍を応援し、人民戦線政府や無政府主義者を揶揄した。おなじくフランコ側に肩入れしたムッソリーニに経済的支援を仰いでいたとされる。第二次大戦勃発まえは一貫して非戦をとなえ、敗戦後はすみやかにヴィシー体制とペタン元帥の国民革命を支持した。

第二部　根こぎ　訳註

(1)「場所(lieu)」は「真ん中(mi)」とむすびつき、人為的な国境や言語や習俗や文化をこえて拡がるアモルファスな人間的「環境(milieu)」(第一部訳註(28)を参照)を生みだす。

(2)「国家」「国」「都市」「国民」の相違については第一部訳註(26)を参照。

(3) ヘレネス族とはある特定の民族の呼称ではなく、ギリシア人が自民族をさすのに使った総称であり、ギリシアの神々の子孫たる自由人であることのみを民族のアイデンティティとする。

(4) ケルト族(ローマ的にはガリア人)も各地に拡がり、現在のブリテン諸島のアイルランド、スコットランド、ウェールズ、コーンウォール、フランスのブルターニュの住民と融合した。「ケルト人」という呼称そのものは近代以降の分類である。

(5) モール族(ムーア人とも)は北アフリカの先住民カプサ人が起源とされ、ベルベル語(イマジゲンと呼ぶ)を話す。フェニキア、ギリシア、ローマ、アラブ、トルコ、フランスなどに度重なる征服をうけた結果、文化・宗教・民族的に多層的な歴史を有し、ヘレネス人やケルト人とおなじく確固たる民族的アイデンティティはない。フランス植民地時代にはアラブ人とベルベル人の分割統治政策がとられたが、ムスリムとしてアラブ人とともにフランスに抵抗した。

(6)　ニジェール河は西アフリカを屈曲しつつ流れてギニア湾にそそぐ。一九二〇年以降、フランスはニジェール(イギリス領はナイジェリアと呼ばれた)の植民地化にのりだし、河川流域の灌漑工事に現地の住民をかりだした。

(7)　ウジェーヌ・アンリ・ポール・ゴーギャン(一八四八—一九〇三)は画家として南太平洋のタヒチへ渡った。自伝的随想『ノア・ノア』で、植民地におけるフランスの役人が現地人に賄賂を要求し、現地の風習を蔑みフランス流をおしつけるようすを記した(ゴーギャン『オヴィリ』ダニエル・ゲラン編、岡谷公二訳、みすず書房、一九八〇年を参照)。

(8)　アラン・ジェルボー(一八九三—一九四一)は船による太平洋単独横断や世界一周で有名な冒険家。太平洋諸島の地理・歴史・風俗を記した著述がある。

(9)　ヘンリー・フォード(一八六三—一九四七)はフォード自動車会社の創立者。製品・部品・工程の標準化を推進し、生産コストを抑えた大量生産を実現させた。車種の限定により部品と生産工程が標準化され、未熟練工が即戦力となった。一九五〇年代以降、ベルトコンベアによって製造過程を徹底管理するフォーディスム(フォード方式)を完成させた。

(10)　ジョルジュ・ベルナノス(一八八八—一九四八)はスペイン系フランス人の小説家。熱心なカトリックにして王党派で騎士道を愛し、無政府主義からも共産主義からも全体主義からも祖国フランスを死守しようとした。愛国主義を大義とするアクシオン・フランセーズやスペイン内戦のフランコ派に共感を示した時期もあったが、移住先のマヨルカ島でスペイン内乱に遭遇し、たちまちにしてフランコ派の「聖十字軍」の正体をみやぶり、その背後にあるファシスト国家や聖職者を痛撃した。いかなる状況にあっても偏狭な党派性にとりこまれることはなく、つねに自分の思考にもとづき行動する孤高の姿勢をつらぬいた。ヴェイユはベルナノスの評論『月下の大墓地』（一九三八年）に共感し、「あなたは王党派で、ドリュモン（強硬な反ドレフュス派にして反ユダヤ主義者のカトリック右派）の弟子ですが、それがなんだというのでしょう。アラゴンの民兵だったわたしの仲間よりも、あなたのほうがはるかにわたしに近いのです」（*EHP*（Simone Weil, *Écrits historiques et politiques*, Paris, Gallimard, 1960）223）と賞讃の手紙を送った。じっさいベルナノスは右翼王党派のモーラスの忠実な弟子にして、反ユダヤ主義者ドリュモンを讃美する書を著し、その息子イヴはフランコ派のファランへ党員として内戦に参加した。だが『月下の大墓地』の出版後、かつての盟友たち（王党派や聖職者）からの非難の嵐にさらされる。スペイン内戦がやがては第二次大戦へとなだれこむ全体主義陣営の前哨戦にすぎないことを、一九三六年のスペイン内乱の緒戦の時点でベルナノスはすでに看破していた（『ジョルジュ・ベルナノス著作集4』伊藤晃・石川宏訳、春秋社、一九七八年）。

（11）　大革命以降のフランスの教育制度はつねに王党派と共和派の政治対立に左右されてきた。王党派は絶対王政期とおなじくキリスト教的な教育制度を推し、共和派は世俗化された教育制度を推した。第三共和政期の一八八一年にフェリー法が制定されると、正規の教員免状のない聖職者は教壇に立てなくなり、教室の壁にはキリスト像のかわりに共和政の象徴のマリアンヌ像がかけられた。宗教教育は禁止され、科学的世界観を育む理科や算数、共和主義的理念を学ぶフランス史が推奨された。聖職者＝教育者の図式がくずれると、民衆の出身者にとって教職は手堅い出世コースとなった。

(12) 高等師範学校はフランスの最高教育機関とされる大学校《グランド・ゼコール》のひとつ。政治系の国立行政学院、理工系の高等理工科学校《エコール・ポリテクニーク》、軍事系のサン＝シール陸軍士官学校など、有名大学校の多くは大革命期に王侯貴族にかわるあらたな支配階層を養成すべく設立されたが、パリ高等師範学校の創設も一七九四年にさかのぼる。フランスでは少数精鋭主義のグランド・ゼコールの卒業生が各領域で活躍してきた。高等師範学校だけでも、ヴェイユ自身とヴェイユの兄で数学者のアンドレ・ヴェイユをはじめ、ベルクソン、ジョレス、アラン、ブロンデル、レヴィ＝ブリュル、ペギー、ロマン・ロラン、サルトル、メルロ＝ポンティ、ボーヴォワール、アルチュセール、フーコー、デリダ、ニザンなど著名な哲学者・文学者を数多く輩出した。

(13) 「無気力状態」と訳した原語「inertie」は、デカルトやガリレオが提唱しニュートンが公式化した「運動の第一法則」の「慣性」を意味する。ヴェイユは人間の身体および精神の大半は物質とおなじ諸法則にしたがうと考え、人間の心理や行動をあらわすさいにしばしば物理学や数学の比喩をもちいる。

(14) ローマ建国神話のロムルスとレムスの兄弟の祖先は、トロイア戦争で敗走したトロイアの英雄アイネイアスとされる。皇帝アウグストゥスの庇護をうけた詩人ウェルギリウスはアイネイアスの放浪とイタリアへの漂着を叙事詩『アエネイス』にうたいあげた。

(15)「創世記」(第三七章以降)によると、族長ヤコブの時代、カナンの地に住んでいたイスラエルの民は飢饉を逃れてエジプトに移住するが、やがてイスラエル人の勢力増大を怖れるエジプト王によって奴隷の境遇に落とされる。その後、「出エジプト記」で神の命をうけた預言者モーセが民族をひきいてエジプトを脱出する。「ひと握りの逃亡者」にせよ「逃亡奴隷」にせよ、かなり挑発的な表現ではある。

(16) エジプトを脱出後、モーセ(その後はヨシュア)に率いられたイスラエル人は、パレスティナに住むアナク人、アマレク人、ヘト人、エブス人、アモリ人、カナン人を駆逐する(「民数記」「ヨシュア記」を参照)。

(17) 第一次大戦における敗戦、ドイツ帝国の崩壊、休戦協定への署名の年。

(18) タヒチ島、ニュー・カレドニア島、ツブアイ諸島、ソシエテ諸島、マーケサス諸島、ニュー・ヘブリディーズ諸島など、オセアニアに広がるフランスの海外領土のことか。

(19) 一九三六年一月に発表された人民戦線綱領に反応して、五月に労働者の全国規模のゼネストが始まった。人民戦線政府の首班ブルムはストライキを収束させるべく、労使間調停として労働組合結成の自由、工場代表委員の選出を認めるマティニョン協定を締結し、労働協約、二週間の有給休暇《ヴァカンス》、週四〇時間労働をさだめた労働法を成立させた。

(20) 一九一四年以降、あらたに開発された機関銃から身を守るための塹壕戦が展開された。さらに塹壕戦はあらたな武器の開発をうながし、戦車、飛行機、毒ガス、火炎放射器といった大量殺戮兵器がつぎつぎに開発された。塹壕戦は天候との戦いでもあり、兵士は凍傷や水虫に悩まされた。フランスは塹壕戦の戦場となり、動員された八〇〇万のフランス人兵士のうち死者は一四〇万人を数え、その四一パーセントが農民だった。凄惨きわまる戦闘のありさまはアンリ・バルビュスの『砲火』に詳しい。

(21) フィリップ・ペタン(一八五六―一九五一)は第一次大戦でヴェルダンを死守した国民的英雄。一九四〇年、「奇妙な戦争」によって人民戦線政府が瓦解すると、ペタン元帥は全権を委任されて国家元首に就任する。フランスは第一次大戦の痛手から戦争を忌避する心理状態にあり、ヒトラーの再軍備宣言、ラインラント進駐、オーストリア併合、チェコスロバキア併合、ポーランド進軍による第二次大戦の勃発にいたるまで対独宥和政策をとりつづけた。その後に成立したペタンのヴィシー政府も反共・愛国・対独協力をかかげ、ドイツの傀儡政権となった。

(22) オランダは一六世紀後半に胡椒や香辛料の買付にジャワ島を訪れ、一六一九年にオランダ東インド会社をバタヴィアにおいた。当地の支配階級の統治システムを利用しつつ間接統治をおこない、徐々に支配を強めていった。一八世紀になると強制栽培制度をインドネシア国内に浸透させ、自国農民の耕作と土地使用の自由を奪い、二〇世紀には需要が増えはじめた工業原料の分野でも支配を拡大した。

(23) 一九世紀なかばまで、職人が修業のためにフランス全土を遍歴するフランス巡歴《トゥール・ドゥ・フランス》と呼ばれる慣習があった。主として若年の職人が各地の同業組合《コルポラシオン》を巡回し、衣食住や仕事の斡旋、夜間の技術講習などの支援をうけて修業した。一八七〇年代以降、鉄道網の整備による移動の簡便化と生産過程の変容のせいで完全に衰退した。

(24) ルノー・モービル社は一八九八年にルイ・ルノーと兄弟によって設立され、ダイレクト・ドライブ・システムの発明で多額の特許料を得た。フランスではいちはやくフォード式の量産体制をとりいれて急成長するが、第二次大戦の敗戦によりドイツ軍に接収され、戦後はド・ゴールの行政命令で国営化(完全民営化は一九九六年)された。ヴェイユ自身も一九三五年にフライス盤を回す女子工員としてルノー工場で働いた。

(25) 「カム(cam)」とは回転運動を往復・揺動運動に変換する機械構造。たとえばヴェイユが働いていた自動車工場では、エンジンの吸排気バルブを開閉するカムを経由して、エンジンの出力軸から得た回転(円運動)をバルブ開閉の往復(直線)運動に変換する。

(26) ピウス一一世の回勅『クワドラジェシモ・アンノ』(*Quadragesimo Anno*, 1931)。ラテン語で「四〇年目に」を意味する表題は、四〇年まえにカトリック教会がはじめて明確に社会問題への対応をうちだした回勅『レールム・ノヴァルム』(「新しきことがら」の意、一八九一年)に対応しており、「社会秩序の再建」という副題がついている。

(27) 「温床」の原語「bouillon de culture」は通常「肉汁培地」と訳される。肉汁培地が細菌などの微生物を培養する温床となるように、不幸はさまざまな強迫観念を培養する温床である。

(28) 流血と焼失の大惨事に終わった一八七一年のパリ・コミューンへの言及なのか。コミューンの政策綱領は「労働者生産共同組織《アソシアシオン》の組織化、累進課税、常備軍と警視庁の廃止、国民衛兵の自治、官吏や裁判官のリコール制、世俗化された無償・義務教育、政教分離」を主張し、集権国家の解体をめざした。あるいは一九三六年のゼネストと工場占拠への言及なのかもしれない。

(29) カトリック青年労働者連盟(JOC)は、労働者の家庭に育ったベルギー人司祭ジョセフ・カルディンが一九二五年にベルギーで創設した青年と労働をむすびつける運動の母体である。一九二六年、ジョルジュ・ギュエランによりフランスにも創設される。カルディンは一九六五年に枢機卿に選出された。カトリック青年労働者連盟のかかげる「労働者たるキリスト」の表象にヴェイユは共感をよせた。

(30) 労働総同盟(CGT)は一八九五年にリモージュ大会で創設された。加盟者の選別はなく、職種や政治的相違をこえて労働者の連帯をめざした。しかし第一次大戦の打撃により階級闘争が激化し、一九二一年にフランス社会党からコミンテルンを支持するフランス共産党が分裂すると、翌年、労働総同盟からコミンテルン系の「統一労働総同盟」(CGTU)が離脱した。

(31) ドイツ占領下のヴィシー政権時代にはおおっぴらに兵役準備をおこなえないので、青少年を対象として教育をかねた準兵営的な役割をはたす集団が存在した。第二部訳註(40)を参照。

(32) ニオベはタンタロスの娘でテーバイ王アムピオンの妃。子どもの数の多さ(ホメロスでは六男六女、ヘシオドスでは十男十女、ヘロドトスは二男三女、後世の通説では七男七女)を誇り、女神レトに勝っていると豪語して女神の怒りを買い、女神の子で弓矢の名手アポロンとアルテミスによって子どもを射殺された。ヴェイユは『イリアス』二四書の当該個所を「『イリアス』あるいは力の詩篇」のなかで訳出し、とくに挿話をしめくくる一節「(子どもたちの埋葬のあと)しかし彼女は食することを思った、涙に倦み疲れはてたそのときに」をうけて、「当人さえ自分の悲惨を感じられなくなるような、人間の悲惨の苦渋がこれほどまでに表現されたことはかつてなかった」と記した(*SG*(Simone Weil, *La Source grecque*, Paris, Gallimard, 1953)18)。

(33)「だれでも求める者はうけ、探す者はみいだし、扉を叩く者には開かれる。自分の子がパンをほしがるときに、だれが石を与えよう」(「マタイ福音書」第七章第八―九節)。

(34)「われわれが真理を知るのは、ただ理性によってのみでなく、また心情によってである」(パスカル『パスカル全集』第三巻、松浪信三郎訳、人文書院、一九五九年、断章二八二、一八二頁)。断章二四八―二五二では、真理に到達するには理性だけでなく、習慣のごとく心情を動かす自動機械も同時に動かす必要があると説く。

(35)トロイア遠征のギリシア勢の勇士フィロクテテスは途上で毒蛇にかまれ、傷の放つ悪臭とフィロクテテスの苦痛の呻きを嫌ったオデュッセウスの提案でレムノス島におきざりにされる。オデュッセウスへの憎悪と唯一の所持品であるヘラクレスの弓を胸にいだき、ひとり孤島の洞窟で生きのびる。だがフィロクテテスとその弓なしには勝利できないとの神託をうけたオデュッセウスの奸計により、心ならずもオデュッセウスとともにふたたび戦場にもどる(ソフォクレス『ピロクテテス』久保正彰訳、『ギリシア悲劇全集 Ⅱ』人文書院、二七一頁参照)。

(36) エレクトラはミュケナイ王アガメムノンとクリュタイムネストラの娘。愛人アイギストスと共謀して父アガメムノンを殺害した母への復讐を誓い、成長した弟オレステスの帰国を千秋の思いで待っている(ソフォクレス『エレクトラ』を参照)。父の殺害者たちへの隷従を拒むがゆえに虐待されるエレクトラに、ヴェイユは労働者の辛苦にみちた境遇をかさね、労働者のためにソフォクレスの『エレクトラ』の翻案を書いた。「かれらは〔……〕悲惨とさまざまな屈辱によって彼女の気力を挫こうと試みる。打擲する。日がな一日、もっともつらい仕事を課す。襤褸を着せっぱなしにする。食物もろくに与えない。何年もまえから、彼女はくる日もくる日も飢えに苦しむ」(SG 64)と。

(37) 一六世紀に活躍したフランスの人文主義者グリエルムス・ブダエウス(フランス名ギョーム・ビュデ)の名を冠したギリシア=ローマ古典叢書。ギリシア、ローマ、フランスの古典テクストに専門家による校訂と詳細な註がほどこされ、一九二〇年のプラトン『ヒッピアス(小)』を皮切りに現在では約八〇〇冊が刊行されている。

(38) 一九四〇年、ボーイ・スカウトをモデルに創設されたキャンプ。来るべき社会の担い手にふさわしい若者の養成プログラムをそなえ、一五歳から二〇歳の青年に健康的な生活、肉体労働、芸術活動などを共同生活のなかで教えた。

(39) 一九世紀後半、ロシアの知識人や学生が提唱した、都市労働者中心の西欧型ではなく、農業共同体を基盤とする社会主義をめざす「ナロードニキ(人民のもとへ)」運動への言及。一八四八年のフランスの二月革命の挫折を反面教師として、一八五〇年代末に理論化が始まり、一八七〇年代に実践の段階に達し、数千人の青年男女が農村に入っていった。

(40) ペタンが推進した国民革命のプログラムのひとつ。一九四〇年から四一年にかけて一五歳から一九歳を対象にする「フランスの仲間《コンパニヨン》」と二〇歳以上を対象にする「青年錬成所《シャンティエ》」が設けられた(アントワーヌ・レオン『フランス教育史』池端次郎訳、文庫クセジュ、一九六九年、一〇九―一一一頁を参照)。これらの教育施設はいわば兵営の代替物であり、ペタンの称揚する「労働・家族・祖国」(大革命のスローガン「自由・平等・友愛」の裏返し)に順応する青少年を育成する場であった。労働の祭典であるメーデー、家族を讃える母の日、祖国を祝うジャンヌ・ダルク祭の集中する五月には、国をあげての祝祭ムードが演出された。

(41) 第二部訳註(38)を参照。

(42) 英語「out of it」の訳。

(43) 英語「in it」の訳。

(44) 一九四〇年のパリ陥落後、ロンドンに亡命したド・ゴール将軍は解放をめざす「自由フランス」の創設を宣言し、イギリスのBBC放送をとおしてフランス本土にむかって対独抵抗《レジスタンス》運動への参加を呼びかけた。

(45) ラ・フォンテーヌ『寓話』八巻の二「靴直し屋と金満家」を参照。隣に住む靴直し職人が仕事をしながら歌う声がうるさくて眠れない金貸しが、大金を与えて仕事をしなくてよいようにした。ところが、こんどは靴直し職人のほうが金を盗まれるのではと心配して眠れなくなった。金を返すから歌と眠りを返してくれと、金貸しに頼みにくる話。

(46) 一九三九年のドイツのポーランド侵攻をさす。農民の厭戦気分については、ラ・フォンテーヌ『寓話』六巻の八「年よりとロバ」を参照。敵の襲撃にあい、ロバに逃げろと叫ぶ年よりに、ロバは答える。あなたは逃げればいい。わたしはだれのものでもかまわない。あいつはわたしに二倍の荷を負わせるわけじゃない。わたしたちの敵はわたしたちの主人なのだから、と。

(47) 集約耕作法(集約農業 culture intensive)とは「一定面積の土地に対し多量の資本や労働力を用い、土地を高度に利用する農業経営方法」(『広辞苑 第四版』)。

(48) 粗放耕作法(粗放農業 culture extensive)とは「一定面積の土地に対し、自然物・自然力の作用を主とし、資本・労働力を加えることの少ない農業」(『広辞苑 第四版』)。ちなみに、大規模な耕作地・機械用具・牧畜・加工設備が生産協同組合形式で共同所有される一方で、耕作地つき住宅を与えられた個々の農民にも集約耕作による個別収入の可能性が開かれる、とするヴェイユの提案は、ソヴィエト連邦で実施された大規模農業の生産協同組合(コルホーズ)を連想させる。

(49) カトリック派とプロテスタント派が王位継承権を主張して争ったユグノー戦争は道徳主義戦争でもあったので、道徳的見地から娼家が一時的に閉鎖されたが、ヴァロワ王朝最後の王アンリ三世のお墨付きで再開されると、ふたたび娼家通いは不問に付されるようになった。一八一六年に警視庁の管轄する娼婦の登録制が始まり、一九四六年のマルト・リシャール法による廃止までの一三〇年余、事実上、娼家は警視庁の管理下にあった。第三共和政下では、財務省も娼婦登録制度のおかげで売上の五割から六割を国庫におさめていた。

(50) ニコラ・レティフ・ドゥ・ラ・ブルトンヌ(一七三四—一八〇六)は、作家として当時の農民の暮らしや都市の頽廃や偽善を諷刺的な筆致で描き、思想家として農本主義的な共同体を構想する社会改革を提唱した。代表作に、『堕落百姓、または都会の危険』『パリの夜』などがある。

(51) パリ北東部に位置し、伝統的に労働者が多く住む界隈で、現在ではアラブ系やアフリカ系の住民も多い。

(52) ギリシアの著述家ヘシオドス(前八—七世紀)は『神統記』『労働と日々』の作者。『労働と日々』は善の源たる労働の尊さをうたいあげる。

(53) ウィリアム・ラングランドが作者とされる一四世紀イギリスの宗教詩。民衆の立場から宗教界・政界・支配階級・中産階級の腐敗を暴き、人間の最善の生きかたは農夫ピアズであると説く。

(54) 「compassion」は一般に「同情」「憐れみ」と訳されるが、「受難(passion)」と「共に(com)」の組成語なのでヴェイユの場合はほぼ例外なく「共苦」を意味する。

(55) マルセイユ時代の「カイエ」にはヴェイユ自身の体験(農家の手伝い)を反映してか農作業への言及が多い。「「もし一粒の麦が死なずば……」」というかわりに、畝に穀粒をまく農民が、言葉や比喩にたよる必要もなく、自分の動作と埋められた穀粒をながめることで、魂の死と復活について思いをめぐらすならば。この机が木製であることを知るのにわたしが言葉を必要としないのと同じだ。(どう読むか)。そうすればこの真理は農民の魂に深く沈みこむだろう」(OCVI-3 (Simone Weil, *Œuvres complètes VI-3*, Paris, Gallimard, 2002) 236)。ヴェイユが好んでとりあげる農作業にかかわる福音書の譬えは、小麦(生と死の循環「ヨハネ福音書」第一二章)や葡萄(キリストの血「ヨハネ福音書」第一五章)など古代の秘儀宗教やキリスト教の奥義にかかわる象徴でもある。

(56) 一九三七年五月から一一月までパリで国際博覧会が開催された。

(57) 「laïcité」には「非宗教性」「世俗性」「政教分離」「公教育の宗教から独立」など多義にわたる訳語が妥当する。大革命以後、ブルボン王朝に代表される絶対主義王政と結託したカトリック教会および修道会主導の教育への不信が根づよく残り、将来の国家を担う青少年を養成する公教育からいっさいの宗教色を払拭することが国是となった。もっとも紆余曲折をへて一七九三年に議会で可決されたのは、成人をも対象にする政治集会・演劇・国民祭典を広義の「公教育」として包括するブキエ案だった。第二部訳註(11)を参照。

(58) パリ司教区大神学校サン=シュルピスをさす。教皇庁にたいするフランスの自律性を主張するガリカニスムの伝統につらなる聖職者養成機関で、一六四二年の創立以来、一貫して聖職者や宣教師の養成の中核でありつづけた。

(59)　ペタンは共和派の反キリスト教的な教育による道徳的頽廃に敗戦の原因を求め、カトリック教会および修道会に宗教教育を託した。この時期の文相ジャック・シュヴァリエ(一八八二―一九六二)は熱心なカトリック信徒で、公立学校にまで選択科目の宗教教育を復活させ、教区司祭に週一回の教理問答を担当させた。この試みはシュヴァリエの更迭により半年もせずに頓挫する。

(60)　バカロレアは「大学入学資格」とも訳され、フランスでは建前としてバカロレア取得者はどの大学へも進学できる(現実には制限あり)。ただし有名大学校《グランド・ゼコール》(第二部訳註(12)を参照)に進学するには、バカロレア取得に加えて狭き門の入学試験に合格しなければならない。一九二四年、国立高等中学《リセ》の教科内容が男女同一になり、女性にもバカロレア合格の可能性が開かれた。さらに一九三〇年代に国立校の授業料が無償になるとバカロレアの受験者数もふえるが、それでもやはりバカロレア取得者は少数の知的選良とみなされた。

(61)　コルネイユ(一六〇六―八四)の『ポリュウクト』は古代ローマの聖人ポリュクトゥスの殉教譚に、ラシーヌ(一六三九―九九)の『アタリー』は『歴代誌 II』(第二二―二三章)で語られる背教の女王アタルヤに、『フェードル』はギリシアの秘儀宗教(への暗黙裡の言及)にそれぞれ題材をとっている。

(62)　ダンテ(一二六五―一三二一)の『神曲』は古典ラテン叙事詩、自伝文学、新プラトン主義的宇宙論の伝統を凝縮させたキリスト教的中世文学の華である。

(63)　ミルトン(一六〇八―七四)の『失楽園』は天使たちの叛逆、悪魔《サタン》の誘惑、原初の人間の堕罪、楽園からの追放をうたう壮大な叙事詩である。

(64) フランスの高等教育には、実用的な学問と一般教養を修得する単科大学《ファキュルテ》と、研究に専念する大学校《グランド・ゼコール》の二様の課程がある。上級教員を養成する高等師範学校は後者の範疇に属し、教授資格試験《アグレガシオン》に合格すると国立高等中学《リセ》や大学の教職につける。教授資格者《アグレジェ》は大学教員でなくても「教諭(instituteur)」ではなく「教授(professeur)」と呼ばれる。

(65) 障碍は同時に通路でもある。「隣合わせの独房にいるふたりの囚人が壁を叩いて合図をする。壁はふたりを隔てると同時に意思疎通を可能にもする。わたしたちと神もおなじだ。いっさいの隔たりは絆である」(*OCVI-3* 197)。

(66) 「もし、一粒の麦が地に落ちて死なずば、それは一粒のままとどまる。しかし、もし死ねば、ゆたかな実をむすぶだろう」(「ヨハネ福音書」第一二章第二四節)。第二部訳註(55)を参照。

(67) 「種まく人は、みことばをまく」(「マタイ福音書」第一三章第三節、「マルコ福音書」第四章第一四節)。

(68) 「天の国は芥子種のようなものだ。それを畑にまくと、どの種よりも小さいが、生長するとどの野菜よりも大きくなり、空の鳥がやって来て、その枝に巣をつくるほどの木になる」(「マタイ福音書」第一三章第三一—三二節、「マルコ福音書」第四章第三〇—三二節)。

(69) 一九世紀末、「労働者主義《ウヴリエリスム》」と呼ばれる対抗文化運動が高まる。その潮流にのって「民衆の家」「民衆文庫」「民衆大学」など労働者に教養を提供する施設や組織が生まれた。なかでも民衆大学は第一次大戦までにフランス国内に二二二を数えた。「民衆学校」にたいするヴェイユの考えは、時代と思想信条はことなるが、「民衆大学」にたいするジョルジュ・ソレルの考えにきわめて近い。かつては民衆大学で講義をおこなったソレルだが、われこそは民衆の導き手であると自負する知識人の思いあがりを『進歩の幻想』で痛烈に批判する。「この数年のあいだに、民衆大学に向かう最も知的な労働者たちが、ブルジョワジーの望む方向に完全に育っていったとしたら、社会主義は民主主義のお定まりのコースにはまってしまっただろう。〔……〕彼ら〔知的民主主義者〕は、民衆教育を、この威信の維持に有利な方向に誘導しようとした。つまるところ、労働者にむかって、労働者としての彼らの生活にとって知らなければならないことを教えるかわりに、ブルジョワをよろこばせるために書かれた本のなかにのみ見出される事柄に対して、彼らの好奇心を育てようと努力したのである」(川上源太郎『ソレルのドレフュス事件』中公新書、一九九六年、一二五—一二六頁からの抜粋引用、〔　〕内は引用者の補足)。

(70)　すでに一九三〇年代なかばの「カイエ」には「「労働者」の文化」への言及がみられる。「人間の偉大さとはたえず自己の生を再創造することにある。自己に付与されたものを再創造する。自己が甘受するものを鍛えあげる。労働を介して、自己の自然的存在を産出する。象徴を援用する科学を介して、宇宙を再創造する。芸術を介して、自己の身体と魂の盟約を再創造する。これらの創造行為が、他の二者と関係なく単独でみるならば、貧弱で、空疎で、浅薄であることに留意せよ。三者の一致、それが「労働者」の文化である」(*OCVI-1* (Simone Weil, *Œuvres comple-*

tes VI-1, Paris, Gallimard, 1994) 116)。

(71) ドイツのナチスの突撃隊(SA)の腕章や制服の色は褐色で、ソヴィエト共産党の旗や労働赤旗勲章の色は赤である。

(72)「狂喜の時代《レザネ・フォル》」と呼ばれた第一次大戦後の一九二〇年代、パリではジャズ、チャールストン、カクテルバーなどのアメリカ文化が人気を博し、人びとは享楽的な雰囲気に酔った。文壇ではジードやプルーストが時代の空気を描き、シュルレアリストやダダイスムが理性や分別に挑戦状をつきつけた。

(73) かつて大建造物の構築にたずさわった建築家・石工・彫刻家の同業組合《ギルド》に属する職人が「自由石工《フリーメイソン》」と呼ばれた。近代以降、「職業的フリーメイソン」から「思想的フリーメイソン」への移行が進み、職人でなくても加盟できるようになり、ユダヤ神秘主義、薔薇十字、キリスト教、共和主義、国際主義などが渾然一体となった折衷主義の信奉者をさすようになる。

(74)「かかわるものすべてを虚言に変えてしまう」という比喩は、自分がふれるものすべてを黄金に変える力を手にいれるが、食べものまで黄金になってしまい空腹に苦しめられる伝説的なミダス王を連想させる。

(75) ペタンのヴィシー政府は「労働・家族・祖国」を、第三共和政は「自由《リベルテ》・平等《エガリテ》・友愛《フラテルニテ》」をスローガンにかかげたが、前者は本家ナチスも顔負けのユダヤ人迫害に手をそめ、後者は積極的に海外領土の拡大にのりだすという「暴挙」におよんだ。第二部訳註(40)を参照。

(76) 原語はこれまで「国家」または「国民」と訳してきた「nation」であるが、ここではあえて「国民国家」と訳した。第一部訳註(26)を参照。

(77) 一般には「善」と訳される単数の「le bien」だが、ここではあえて「富」と訳した。

(78) ドイツとの休戦協定により、フランスはドイツとイタリアが直接管轄する北部占領地域とヴィシー政府が管轄する南部自由地域(一九四二年一一月以降占領地域)とに分断された。一九四〇年六月のパリ陥落後、ヴェイユ自身もすみやかに南下し、非占領地域(南部自由地域)のヴィシーを経由してマルセイユに住まいをさだめた。

(79) 「ラ・マルセイエーズ」はもともと大革命時にパリ入城をはたしたマルセイユ義勇軍の応援歌だったが、第三共和政初期に大革命を記念して国歌に昇格し、愛国心を鼓吹する道具とされた。

(80) エルンスト・ルナン(一八二三—九二)は有名な講演「国民とはなにか」で、国民とは人種ではなく霊的原理であり連帯のうちに生きる意志であると述べた。

(81) 「結晶化」(「結晶作用」とも)とはスタンダールが『恋愛論』(スタンダール『恋愛論』大岡昇平訳、新潮文庫、一九八六年、第一巻二章)で描いた現象。ザルツブルクの塩坑の奥深くに投げこまれた小枝は、二、三か月後にはダイヤモンドのごとき結晶につつまれ、もとの小枝は認められなくなる。同様に、恋する人間はあらゆる契機をとらえて恋の対象に美点をみいだし、やがて相手の真の姿を見失ってしまう。モリエール『人間嫌い』のエリアントはいう。「恋人はいつでも好きな人を褒めたてるものよ。いったん熱くなれば相手にけちをつけるどころか、好きな人のならなんだって好きになってよ。瑕があっても無瑕と思い込んで、都合の好い名を付けてしまいますよ」(モリエール『孤客』辰野隆訳、岩波文庫、一九七六年、第二幕第五場、四〇頁)と。

(82) 第一部訳註(16)を参照。

(83) シャルル五世(在位一三六四—八〇)は百年戦争のさなかに即位し、敗戦で累積した負債を解消すべく貨幣改鋳や課税強化を断行して臣民の反撥をまねく。ヴェイユによればフランス独特の王政嫌悪はシャルル五世の治世に始まる。「フランスにおいて王政をふたたび合法的なものとするには、王政復古をシャルル五世以降の事象にむすびつけてはならない。なぜならフランス君主政はシャルル六世の時世に専制君主政すなわち非合法的なものと化したからだ。それ以後、王政は王政であるがゆえに憎悪の対象とならなかった時代はない。このことはレス枢機卿、リシュリュー、モンテスキューを読むと顕著に感じとれる」(*OCVI-3* 271)。

(84) モンテスキュー『法の精神』のつぎの一節を参照。「君主政体はただ一人が統治するが、しかし確固たる制定された法律によって統治するところの政体である。これに反して、専制政体においては、ただ一人が、法律も規則もなく、万事を彼の意思と気紛れとによって引きずって行く」(モンテスキュー『法の精神 上』第一部第二編第一章、五一頁)。大法官ダゲソーはルイ一四世の死の直後、ある種の市民的友愛のないところに愛国心は育たないと語った。「〔フランスは〕大王国であるが、祖国はない。多くの民はいるが、今の時代には市民はほとんどいない」(フィリップ・コンタミーヌ「祖国のために死ぬこと」、ピエール・ノラ編『記憶の場 3』谷川稔監訳、岩波書店、二〇〇三年、八八頁)。

(85)「ロマンセ」とはイベリア半島において中世から一六世紀にかけて隆盛した詩体の総称。英雄シド(コルネイユ『ル・シッド』の主人公となる)の武勲をうたった一三世紀の詩『エル・シードの歌』(長南実訳、岩波文庫、一九九八年)が有名。

(86) 阿諛追従に耳を貸し思慮分別に背をむける傲慢な若い王のもとで、その父である黒太子《ブラック・プリンス》の築きあげた強国イングランドが求心力を失い瓦解していくさまを、「他を征服することをつねとしていたイングランドが、／恥ずかしくもみずからを征服してしまっているのだ」(シェイクスピア『リチャード二世』小田島雄志訳、白水Uブックス、一九八三年、第二幕第一場、五七頁)と、リチャード二世の叔父ランカスター公ジョン・オブ・ゴーントが嘆く。

(87) 幼少で王位についたシャルル六世(在位一三八〇―一四二二)は叔父たちを後見人とし、財政顧問官と戦争顧問官の進言をいれて戦費捻出のための課税と貨幣制度の改変をおこなった。アルマニャック派とブルギニョン派の内戦は英仏百年戦争の一部をなし、それぞれの思惑からイングランド王ヘンリー五世とむすぶことも辞さなかった。『パリ一市民の日記』(記主不明)は、パリを制したアルマニャック派が市中ではたらく殺人・掠奪・放火などの狼藉を「悪魔の所業」と断じ、アルマニャック派の暴虐に対抗するにはシャルル六世の娘カトリーヌ・ドゥ・ヴァロワをヘンリー五世の妃に差しだすのもやむをえないと、ブルギニョン派の推進したイングランドとフランスの両王家を婚姻でつなぐ同盟締結を支持している。ところがオルレアンにジャンヌ・ダルクが現れて劣勢を挽回、王太子はシャルル七世としてランスで戴冠式をおこなう。

(88) 神聖同盟と呼ばれる同盟は複数あるが、ここでは一六世紀初頭のフランス王ルイ一二世の領土的野心を警戒する周辺諸国による同盟をさすと思われる。教皇ユリウス二世を中核として、ヴェネツィア共和国、アラゴンのフェルディナンド二世、イングランドのヘンリー八世、神聖ローマ皇帝マクシミリアン一世などが利害をめぐり参集と離反をくり返した。

(89) アルマン・ジャン・デュ・プレシ・ドゥ・リシュリュー(一五八五―一六四二)はルイ一三世と王母マリ・ドゥ・メディシスの信任を得て、枢機卿と宰相を兼任して王国の実質的な支配権をにぎる。リシュリューは万人によるブルボン王政への服従とフランスの国威高揚を追求し、なによりも「国家理性《レゾン・デタ》」を優先した。

(90) ナポレオンの退位後、ルイ一六世の弟ルイ一八世がブルボン家を王位に復帰させ、さらにその弟のシャルル一〇世が後を襲うが、一部の反動貴族や聖職者をのぞき、ブルジョワや民衆には総じて不評であった。

(91) パリ伯アンリ・ロベール・フェルディナン・マリ・ルイ・フィリップ・ドルレアン(一九〇八―九九)は、オルレアン家のフランス王ルイ・フィリップの血統につらなる。王政復古主義者にはボナパルト派(ボナパルティスト)、ブルボン派(レジティミスト)、オルレアン派(オルレアニスト)の三集団があり、本書が執筆された一九四三年時点でブルボン派の一部とオルレアン派の支持を得ていたのがパリ伯アンリである。

(92)　シャルル・モーラスとレオン・ドーデを編集主幹とする右翼王党派の機関誌『アクシオン・フランセーズ』の第一面にかかげられた政治信条「千年かけてフランスを築いた四〇人の王」への言及。

(93)　「良い樹は良い実をむすぶが、悪い樹は悪い実をむすぶ。良い樹が悪い実をならせることはできず、悪い樹が良い実をならせることもできない。〔……〕実によって彼らを見分けることができよう」(「マタイ福音書」第七章第一五―二〇節)を参照。「実によって見分ける」とは個人にせよ国家にせよ本質は行為によって判断すべしとの比喩。

(94)　南仏《ミディ》と総称されるロワール河以南の地は、一三世紀にフランス王国に併合されるまでは、トゥールーズ、カルカッソンヌ、ベジエ、アルビ、ナルボンヌ、モンペリエ、プロヴァンスなどの都市をかかえ、独自の言語(オック語)を有する(広義の)ラングドックと呼ばれる一大文明圏であった。とくにトゥールーズはヴェネツィア、ローマにつぐヨーロッパ第三の都市で、代々レモンを名乗る伯爵の所領として栄華を誇り、名声でも経済力でも政治力でもフランス王を凌駕していた。加えて、自由な精神風土は異端カタリ派と吟遊詩人《トゥルバドゥール》に活躍の舞台を与え、ロマネスク建築の傑作の揺籃となった。一二〇八年、教皇インノケンティウス三世は異端討伐のアルビジョワ十字軍をラングドックに送り、歴代のフランス諸王もこれを支持した。カタリ派最後の城塞となった岩山モンセギュールは一二四四年に陥落し、アルビジョワ十字軍は勝利をおさめる。最後のトゥールーズ伯レモン七世の歿後、ラングドックはフランス王の支配下に入り、北フランスを核とする中央集権化が進んだ。

(95)「ラングドック」という名は文字どおり「オックのことば」を意味する。「ジャンヌ・ダルクより二世紀以上もまえに、祖国《パトリ》――いうまでもなくフランスならぬ祖国――への感情が彼らの主たる原動力となった。彼らは祖国を示すための一語さえもっており、それを〈ことば〉と呼んでいた」とヴェイユは祖国と言語の関連性を指摘する(*EHP* 66-74)。

(96)『アルビジョワ十字軍の歌』(前半は十字軍支持の教会参事会員、後半は十字軍を敵視するプロヴァンスの詩人によって書かれた中世の叙事詩)は、十字軍の緒戦に大量虐殺の犠牲となったベジエの命運を悲痛な調子で描く。カタリ派の異端者をひきわたせとの勧告をベジエ住民が拒否したという理由で、カタリ派とカトリックの別なく全住民の約三万人が惨殺された。

(97)カルヴァン主義の牙城ラ・ロシェル(フランス西部)近くの街サントンジュに育ったアグリッパ・ドービニエ(一五五二―一六三〇)は、若き日のアンリ四世(のちにカトリックに改宗)に仕えた熱烈なカルヴァン主義者で、博学の人文主義者《ユマニスト》にして才気あふれる詩人であった。カトリックの腐敗や欺瞞を痛烈に皮肉る叙事詩や年代誌を著して物議をかもし、晩年は亡命先のジュネーヴですごす。息子コンスタンは父の不興にもかかわらずカトリックに改宗し、さらにコンスタンの娘フランソワーズ(マントノン侯爵夫人)はルイ一四世の寵愛を得て、王妃の死後、ひそかに王と結婚する。

(98)モンモランシー公アンリ二世(一五九五―一六三二)はラングドック総督で将軍。ルイ一三世の弟ガストン・ドルレアンに与してリシュリューに叛逆するも敗北し、トゥールーズで処刑される。

(99) アルビ派はカタリ派の別名。伝統的な霊肉二元論の流れをくむキリスト教の異端とされるが、極度に厭世的な教義にはマニ教などの異教的要素も多分に含まれている。たとえば一三世紀後半に編纂されたロンバルディアのカタリ派の理論書『二原理の書』は、邪悪と不正が跳梁する不完全きわまるこの世界を創造したのは悪魔《サタン》であり、善なる神は天使やキリストなどもっぱら善きもののみを創造したと主張し、旧約聖書の「創造主なるヤーウェ」は悪魔にほかならないと断じる。旧約聖書のなかで預言書や詩篇しか認めなかった点でも、ヴェイユの聖書理解に近い。ヴェイユはカタリ派の研究者への手紙にこう書いた。「カタリ派がある種の奇蹟であったというのは、それがひとつの宗教であって、たんなる哲学ではなかったからです。一二世紀のトゥールーズの周辺には、もっとも気高い思想が、たんに一部の個人の精神においてのみならず、人間的環境《ミリュー》のなかで生き生きと息づいていたと、わたしはいいたいのです。思うにそれこそ哲学と宗教の唯一の相違だからです。つまり教条的ではない宗教であるかぎりにおいてですが。思想というものは、人間的な環境に受肉してはじめて、存在の充溢に達するのです。そして、わたしが環境という言葉で意味しているのは、外部の世界へと開かれ、それをとりまく社会にすっぽりと潤され、この社会の全体と接触をたもっているなにかであって、ひとりの師のまわりに集う弟子たちからなる閉じられた集団ではないのです。このような環境が醸しだす雰囲気のなかで息づくことができない場合、すぐれた精神の持ち主は哲学を生みだします。ですが、そのようなものは二流の方途にすぎず、その思想は実在性の程度において劣っています」(*PSO*(Simone Weil, *Pensées sans ordre concernant l'amour de Dieu*, Paris, Gallimard, 1962) 65–66)。

(100) 南仏吟遊詩人《トゥルバドゥール》は叶わぬ愛の対象である貴婦人へとむけられた宮廷愛《アムール・クルトワ》を主題として、独特の語法と隠喩にみちた抒情詩をラングドック語でうたいあげた。見返りをいっさい求めずに純粋に愛する境地とは、ヴェイユによれば力の行使の断固たる拒否であり俗世からの解脱である。したがって、力ではなく愛による嘆願に生命を賭する吟遊詩人と、「力への嫌悪をつきつめていく過程で非暴力の実践に到達し、力の領域に属するもの、すなわち肉的であり社会的であるものをことごとく悪に由来させる教義を作りあげた」カタリ派とは、ラングドックの地に結実したひとつの現実の表と裏を構成する。

(101) シャルル六世の叔父ブルゴーニュ公フィリップ二世の率いるフランス軍は、一三八二年、ローズベックの戦いでガン(ヘント)の民兵軍に勝利し、フランドル伯の歿後、フランドルはブルゴーニュ公爵領となる。第二部訳註(87)を参照。

(102) フランス王ルイ八世の子アンジュー伯シャルルは一二六六年にシチリアの王位を得たが、一二八二年、その重税と圧政に反撥するイタリア系住民が暴徒化し、四千人ものフランス系住民を虐殺した。教会で夕べの祈りを捧げる時刻に勃発したのでシチリアの晩禱(晩鐘)と呼ばれた。

(103) アンヌ・ドゥ・ブルターニュ(一四七七—一五一四)は独立国としてのブルターニュ公国最後

の支配者。ブルターニュ併合をもくろむフランス王シャルル八世の侵攻をうけ、シャルルとの不本意な結婚に同意するが、ケルト系民族であるブルターニュ人の矜持と独立の象徴として愛された。

(104)　中世のブルゴーニュ伯領は現在のフランシュ＝コンテ地方(フランスの東部、スイスと国境を接し、首府はブザンソン)とほぼかさなる。領土的野心に燃えるルイ一四世は執拗にネーデルラントに戦争を仕掛けた。一六七八年のナイメーヘン条約によりブルゴーニュ伯領は崩壊し、領地はフランスに併合される。

(105)　ストラスブールは神聖ローマ帝国内にあって自由を謳歌してきたが、一六八一年、ルイ一四世の大軍に包囲され降伏した。行政や宗教の自由とひきかえに、自前の砲兵隊や民兵の放棄とフランス駐屯部隊の常駐を強いられた。

(106)　フィリッポ・アントニオ・パスカレ・デ・パオリ(一七二五―一八〇七)はジェノヴァ共和国やフランスの支配に抵抗し、「祖国の父」と呼ばれるコルシカ独立戦争の英雄。現在もコルシカではナポレオンよりも人気がある。

(107)　「ピオン」とは学寮の舎監から連想される高圧的で権威主義的な人物をさす俗語。

(108)　一四世紀には厳しい課税に反撥して各地で叛乱があいついだ。一三八二年には、シャルル六世の間接税と直接税の導入に反撥し、ルーアン、パリ、ガン(ヘント)、リヨンで民衆があいついで蜂起し、のちにマイヨタンの乱と呼ばれる騒擾となる。

(109) 一六四八年、宰相マザラン(第二部訳註(120)を参照)の推進する絶対王権に反撥するパリ高等法院、都市政治の民主化を求める民衆、不遇をかこつ中小の帯剣貴族の三つの集団の利害が複雑にからんだフロンドの乱が勃発。一六五二年にようやくフロンド派の敗北が決定的になる。

(110) テオフィル・ドゥ・ヴィオー(一五九〇―一六二六)は旺盛な諧謔精神と猥雑な生命力にあふれる詩や劇作で一世を風靡した一七世紀の詩人。地方のプロテスタントの小貴族の生まれだが、パリで自由思想家《リベルタン》の環境に出入りし、当代きっての自由思想家と噂される。ルイ一三世の寵をうけるが、母后マリ・ドゥ・メディシスの後ろ盾でリシュリューが一六二二年に枢機卿、二四年に宰相となると、政争に巻きこまれ、放縦と無神論のかどで追放、「永遠の日蝕のなか、日に二時間、太陽の光線が闇をごまかして忍びこむ」(「獄中のテオフィル」)独房に幽閉される。二年の過酷な獄中生活で健康をそこない、解放後まもなく三六歳で夭逝する。

(111) レス枢機卿と呼ばれたジャン・フランソワ・ポール・ドゥ・ゴンディ(一六一三―七九)はマザランに叛旗をひるがえす高等法院のフロンドの乱に参加し、教会組織の権限拡大をはかるが、フロンド鎮圧後は、失脚、投獄、恩赦、蟄居の身となり、後半生は文筆活動に専念。自身が参与した政治状況を記した『回想録《メモワール》』は一七世紀フランス文学の古典とされ、ヴェイユの愛読書のひとつである。

(112) 百科全書派とは全三五巻からなる啓蒙主義の記念碑的集大成『百科全書』(一七五一―七二年)の刊行にたずさわった、編集人ディドロとダランベールをはじめとする、一八四人におよぶ当代の進歩派知識人の総称である。「出版という伝達の目標から大規模な集成が要求され、さらにその大規模な集成が、巨大集団の統一戦線を要求した〔……〕。『百科全書』という巨大な仕事があってはじめて、知識人たちの共同戦線が組みえたといえる。十八世紀の啓蒙思想家たちを「百科全書派」と呼ぶのは故ないことではない」(ディドロ、ダランベール編『百科全書』桑原武夫訳編、岩波文庫、一九七一年、「『百科全書』について」三九五頁)。

(113)　モンテスキューは『法の精神』のなかで貴族政・君主政・民主政を多角的に比較しつつ、さりげなく民主政をもっともすぐれた政体として描きだす。「共和国への愛は、民主政の国においては、民主政への愛であり、民主政への愛とは平等への愛である」(モンテスキュー『法の精神上』第一部第五編第三章、一〇七頁)。また民主政にひそむ独裁への傾きへの言及もある。「民主政には避けるべき両極端がある。民主政を貴族政または一人統治へと導く不平等の精神、そして、民主政を一人による専制政治へと導く極端な平等の精神である。というのは、一人による専制政治はついには征服となるから」(『法の精神　上』第一部第八編第二章、二二五頁)。

(114)　シャルル・モーリス・ドゥ・タレイラン゠ペリゴール(一七五四―一八三八)は高位聖職者にして辣腕政治家として一世を風靡した。「あらゆる政体に仕えた」とあるのは、ルイ一六世の聖別式に聖職者として参列したのを皮切りに、オータンの司教に任命され、大革命初期には三部会の議長をつとめ、ロベスピエール全盛期には亡命し、総裁政府時代には外務大臣に返り咲き、ナポレオンにも重用されるが、やがてナポレオンに逆らい、ルイ一八世の復古王朝では外務大臣としてウィーン会議で外交手腕を発揮し、七月王政になってもルイ・フィリップの第一顧問におさまる、というタレイラン一流の卓抜した処世術をさす。

(115) 普仏戦争敗北と第二帝政崩壊をうけて屈辱的な停戦条件をのんだ臨時政府に失望した民衆が、国民衛兵中央委員会の指揮下に集結し、一八七一年三月、ジャコバン派・ブランキ派・プルードン派・インターナショナル派など革命的諸派の寄合所帯的なパリ・コミューンを結成する。五月、ヴェルサイユに退いていた中央政府の反攻が始まり、コミューン兵はテュイルリ宮や市庁舎に火を放ち、ヴェルサイユ政府軍はコミューン兵の殲滅をもって報復した。死者数は二万とも三万ともいわれ、パリの大火と虐殺の記憶はながらく民衆とブルジョワジーの双方を戦慄させた。マルクスは論考「フランスの内乱」でパリ・コミューンについて「これは、労働者階級が社会を先導することができる唯一の階級であることが、富んだ資本家だけを除いてパリの中産階級の大多数――小売店主、手工業者、商人――によってさえ公然と認められたはじめての革命であった」(マルクス『マルクス・コレクションⅥ』辰巳伸知・細見和之・村岡晋一・小須田健・吉田達訳、筑摩書房、二〇〇五年、三八頁)と賞讃し、覚醒した労働者たるプロレタリアートによる革命理論を提唱した。

(116) 軍人としても学者としても有能な皇太子フリードリヒは国民に愛されていたが、父ヴィルヘルム一世と宰相ビスマルクに疎んじられ、ようやく一八八八年に帝位につくも三か月後に病没する。

(117) アルザス地方の中心都市はストラスブール(第二部訳註(105)参照)で、大半の住民はフランス語ではなく標準ドイツ語に近いアレマン語を話し、ドイツ人でもなくフランス人でもなくアルザス人であると自負している。ちなみにヴェイユの父ベルナールはストラスブール出身である。大革命後のフランス国民軍は、侵攻した土地の住民にむかって「主権在民、封建課税と特権身分の廃止」を宣言し、侵略戦争に人民解放の大義(の外見)を与えることができた。

(118) 悪魔《ディアボロス》はイエスに世界の国々をみせて、つぎの言葉で誘惑する。「この国々のいっさいの権力と栄光とをあなたにあげよう。これらすべての権勢はわたしの手にゆだねられたので、わたしがこれと思う人に与えるのだ。あなたがわたしを拝むなら、すべてはあなたのものになろう」(「ルカ福音書」第四章第八節)。

(119) コルネイユ『オラース』の献辞への言及。前作『ル・シッド』が大当たりしたにもかかわらず批評家にこきおろされた苦い経験から、時の権力者に庇護される必要をおぼえたコルネイユは、『オラース』初版をリシュリューに献呈し、なおかつ献辞にたっぷりと追従をもりこんだ。コルネイユの悲劇では、主人公はきまって愛国主義と人道主義の葛藤に苦しむが、やはりきまって最終的には祖国愛を恋心や友情に優先させる。リシュリューにはきわめて都合のよいイデオロギーといえる。

(120) ジュール・マザラン(一六〇二—六一)はイタリア生まれだがフランスに帰化し、ルイ一三世妃アンヌ・ドートリッシュやリシュリューの庇護をうけ、ルイ一三世とリシュリューの死後は、母后アンヌとともに幼いルイ一四世の後見役をつとめ、リシュリューの創設した「枢機卿＝宰相」体制を完成させた。

(121) サン＝シモン公爵(一六七五—一七五五)はルイ一四世の宮廷生活の印象を『回想録』に書きとめ、ラ・ブリュイエール(一六四五—九六)は格言集『人さまざま』を著し、リズロットすなわちルイ一四世の弟フィリップ・ドルレアンの妃エリザベト・シャルロット・ドゥ・バヴィエール(一六五二—一七二二)は大量の書簡を書いた。一般にヴェイユは後世の歴史家の著作よりも同時代人の証言や記録を尊重していた。

(122) モリエールすなわちジャン＝バティスト・ポクラン(一六二二—七三)は『人間嫌い』『タルチュフ』『ドン・ジュアン』などで人間の弱さや愚かしさを笑いとばした。

(123) イタリアの詩人ルドヴィコ・アリオスト(一四七四—一五三三)の物語詩『狂えるオルランド』に登場する、存在しないという唯一の欠点をのぞき、あらゆる長所をかねそなえている名馬。

(124) フランス大革命期にはつぎつぎと議会が生まれては消えていった。まず一七八九年に成立した第三身分の議員を中核とする立憲国民議会。さらに一七九一年に成立したジロンド派優勢の立法議会。さらに一七九二年の王権停止後に成立し、総裁政府設立の一七九五年まで存続した国民公会。国民公会はさらに「ジロンド派」「モンターニュ派」「テルミドール派」主導の三期に分けられる。

(125) 宿敵タレイランが外交畑の風見鶏だとすると、ジョゼフ・フーシェ(一七五九—一八二〇)は警察官僚として激動の時代を生きぬいた。旧体制下では修道院系学校の舎監として、革命勃発後はジロンド派、ジャコバン派、テルミドール派の議員として、総裁政府および統領政府では警視総監として、ナポレオン一世の時代には警察大臣として、ナポレオン失脚後の王政復古でも警察大臣としておさまるも、最終的にはルイ一六世の処刑に賛同したかどで追放される。密偵を雇い諜報網をはりめぐらせて得た情報力でナポレオンさえ怖れさせた。

(126)　一八〇八年にリヨンで生まれた人形芝居の主役ギニョールは、厚かましく世知にたけ屁理屈をこねて扱いにくいが憎めない庶民を体現する。やがて子どもむけの人形芝居をさす名詞に転化する。

(127)　医療・福祉・労働にかんする法を総称して社会法と呼ぶ。フランスでは一九三六年に成立した左翼連合の人民戦線政府が、労働者によるゼネストの勢いに後押しされて、週四〇時間制、有給休暇、労働組合の地位向上などの社会法を実施した。

(128)　国際的な教会や政党とは、教皇を頂点とする序列《ヒエラルキア》を有するカトリック教会、およびソヴィエト連邦(すなわちスターリン独裁体制)を宗主国とするコミンテルン系共産党をさす。

(129)　国際連盟規約第二三条の「人道的・社会的・経済的任務」に、男女および児童のために公平かつ人道的な労働条件の確保、海外領土の住民にたいする公正な待遇、人身売買や阿片その他の有害薬物の取引の監視がうたわれている。

(130)　リュシアン・レヴィ=ブリュル(一八五七—一九三九)は『未開社会の思惟』で「未開人」の

思惟の特徴は矛盾率を介さない「前論理性」であると述べた。

(131)「アナテマ・シット」というラテン語はカトリック教会による破門宣告の文言。破門には教育的懲戒というべき期限つきの「小破門」と、信徒集団からの完全追放を意味する無期限の「大破門」とがあり、主としてユダヤ教とキリスト教で実践されてきた。プロテスタント派の諸教会では制度化されていない。スピノザは不敬虔と無神論のかどで大破門の宣告をうけた。

(132)「古い律法」とはキリスト教からみて「旧約」と総称されるユダヤ教の掟(狭義には聖書の最初の五書「創世記」「出エジプト記」「レヴィ記」「民数記」「申命記」)をさす。

(133)古代ギリシアや小アジアにおける秘儀宗教は地域限定的で、かならずしも他宗教を排外するものではなかった。ヴェイユの念頭にあるのはエレウシスの秘儀、オルフェウス教、ピュタゴラス派、マニ教などであろう。

(134)「洞窟」の比喩(プラトン『国家』五一四a—五一五cを参照)へのヴェイユの言及は数多い。以下にギリシア語原典からのヴェイユ訳を転記する。「人びとが地下の洞窟に棲まっていると考えてくれたまえ。この洞窟は光にむかって幅いっぱいに開いている。彼らはこの洞窟に子どものころから棲んでいる。脚と頸を鎖につながれてね。だから彼らは身動きもならず、自分の前方しか見ることができず。鎖のせいで頭をめぐらせることもできないでいる。かなり後方で、彼らの上方で燃えている焔が光を彼らのほうに投げかける。焔と、鎖につながれた人びとを横切るように、上方に一本の道があって、それにそって壁が築かれている。からくり人形師が自分たちと公衆とのあいだに立てて、そのうえから出しものを見せるような仕切台みたいなものだ。いま、木や石でできた人間や動物をかたどった人形やあらゆる種類の工作物を壁から出るようなぐあいに高くかかげて、この壁沿いに通過する人びとを思い描いてくれたまえ。これらを担う人びとは、当然ながら、あるときは喋りあるときは黙っている」(SG 98–99)。この一節をうけてヴェイユは以下のように分析する。「われわれは懲らしめをうけて生まれる。ピュタゴラス派の概念である。原罪は問題になっていないが、この種の過誤は暗示されている。それほどこの描写には刑罰の色彩、牢獄の色彩が濃い。/われわれには虚偽しか与えられていない。われわれ自身さえ虚偽である。われわれは自分を見ていると信じている。ところが自分の影しか見ていない。「汝自身を知れ」は洞窟のなかでは実行不可能な掟だ。われわれは工作物の影しか見ない。われわれが棲み、その影(外観)しか見ないこの世界は人工的なもの、戯れ、模造品である。熟慮にあたいする対比である。/われわれは無意識のなかに生まれ、生きている。われわれはみずからの悲惨に気づいていない。みずからが懲らしめられていること、虚偽のうちにあること、受動的であること、さらには無意識であることもむろん知らない。事態はまったくのところ例の物語が文字どおりほんとうであるかのごとく生起している。このような囚徒たちであれば、全霊をあげてみずからの虜囚状態に執着するだろう。これは不幸による堕落がおよぼすつねに変わらぬ作用である。魂はもはやそこから離れられなくなるまでに不幸にしがみつくのである(諦めの代替物《エルザッツ》)」(SG 100–102)。

(135)「バビロン捕囚」は、紀元前六世紀、新バビロニアの侵攻によってイスラエルの南王国ユダが滅亡し、国の主だった人びとが首都バビロンに囚われた史実をさす。この時期に預言者エレミヤやエゼキエルが現れ、国の滅亡はユダヤの罪にたいする神の審判と説き、一方で無名の預言者(第二イザヤと呼ばれる)が「イザヤ書」第五三章で他者の贖罪のために「苦しむ義人」の表象を描きだした。この時期の苦難の経験がユダヤの宗教に内面化と深化をもたらした。「詩篇」第一三七は遠い異国バビロニアにあって故国イスラエルをしのぶ望郷の歌として知られる。「バビロンの流れのほとりに座り/シオンを思って、わたしたちは泣いた。/竪琴は、ほとりの柳の木々に掛けた。/わたしたちを捕囚にした民が/歌をうたえと言うから/わたしたちを嘲る民が、楽しもうとして/「歌って聞かせよ、シオンの歌を」と言うから。/どうして歌うことができようか/主のための歌を、異教の地で」(荒井章三『ユダヤ教の誕生』講談社選書メチエ、一九九七年、一八七―一八八頁からの訳を引用)。

(136) 主禱文の冒頭の呼びかけ「天にいますわれらの父」(「マタイ福音書」第六章第九節)の「父《パーテル》」からラテン語・イタリア語を介して一六世紀に「祖国《パトリ》」という語が派生した。

(137) 「あなたがたは地上のだれかを、われらの父と呼んではならない。あなたがたの父はただひとり、すなわち天にいます父だけだからである」(「マタイ福音書」第二三章第九節)。

(138) この「父」は「天」または「隠れたところ」(「マタイ福音書」第六章、第一八章)にあるがゆえに、この世界の外に住まう超越的な存在である。

(139) 「マタイ福音書」第六章第二〇―二一節。

(140)　ローマの占領下にあったユダヤ人がカエサルに税金をおさめることは是か非かを問われて、イエスは「カエサルのものはカエサルに、神のものは神に返せ」(「マルコ福音書」第一二章第一七節)と答える。政治イデオロギーと信仰の分離すなわち政教分離を説いた一節と解される。

(141)　一四三一年に異端者として刑死したジャンヌ・ダルクは五〇〇年近くたった一九二〇年に列聖される。その後、一九四〇年代にかけてジャンヌ・ダルク人気は再燃し、多分に煽動的で排外的な愛国主義に利用された(ミシェル・ヴィノック「ジャンヌ・ダルク」、ピエール・ノラ編『記憶の場 3』三一―六六頁を参照)。

(142)　それぞれ「ルカ福音書」第一四章第二六節、第一八章第一九節のキリストの言葉。

(143)　シャルル・ドゥ・フーコー(一八五八―一九一六)は将校としてモロッコにおもむくが、数年後カトリックに改宗してトラピスト修道会に入り、最後はアルジェリアで隠修士となって現地の人びとやムスリムへの伝道をおこなう。第一次大戦中、過激なムスリムに殺された。

(144)　第二部訳註(118)を参照。

(145)　「帽子の羽飾り《プリュム・オ・シャポー》」はロスタンの『シラノ・ド・ベルジュラック』で、死にゆくシラノが愛するロクサーヌに看取られて最後に口にする「帽子の羽飾り《パナシェ》」(「心意気」「ダンディズム」の意)を連想させる。

(146)　アクシオン・フランセーズは一九世紀末のフランス世論を二分したドレフュス事件を機に、シャルル・モーラスを総裁にいただく君主主義・国粋主義・排外主義をかかげる極右同盟として、一八九九年に誕生。モーラスは祖国愛の感情をこう述べる。「祖国、それは畑、壁、塔、家である。それは祭壇と墓である。それは父、母、兄弟といった生きている人間、庭で遊ぶ子供、小麦を作る農夫、バラを作る園芸家、商人、職人、労働者、兵士である。世の中でこれよりも具体的なものはない」(Charles Maurras, *De la politique naturelle au nationalisme intégral*, Librairie Philosophique, Paris, J. Vrin, 1972 p. 157. 引用と訳は深澤民司『フランスにおけるファシズムの形成』岩波書店、一九九九年、一六九頁)。モーラスは君主政とともにカトリック信仰をフランス国家の基盤とみなしたが、信仰そのものを尊重するのではなく、「何世紀にもわたる制度によって組織された精密な儀礼に基づく慣習と公論の共同体」(『フランスにおけるファシズムの形成』一七六頁)を統一原理として顕彰した。正統性にのっとった「持続」を国家原理とみなすモーラスにとって、過去との「断絶」の象徴であるフランス大革命は憎むべき大失態であった。

(147) プラトン『国家』四九三a—四九三cの「巨獣」の比喩の一節。プラトンは煽動に付和雷同する大衆の臆見や嗜好、すなわち世論を「巨獣」と呼んだ。以下に当該個所のヴェイユ訳を引用する。「巨大な獣を想像してくれたまえ。この獣の世話をする人間は獣の怒りや欲望をわきまえるようになり、どのようにこれに近づくべきか、どのあたりからこれに触れるべきか、どういうとき、またどういう理由でこれが苛立ったりおとなしくなったりするか、どういう気分のときにどういう吼え声を発する習性があるか、どういう言葉がこれを静めたり苛立たせたりするか、といったことがわかるようになる。時間をかけて実践的にこういうことをすべて修得したと想定してみよう。するとくだんの人間はこれを叡智だと称し、そこからひとつの方法論をみちびきだして、他人に教授するための材料とするというわけだ。こうした意見や欲望のうちで、どれが美しいか醜いか、どれが善いか悪いか、どれが正か不正かなどは、まったくのところ皆目わかっていないのだし、機嫌をそこねるものを悪と称するにすぎない。ほかに規準はないのでね。必要やむをえないことがらを義しく美しいものと称するのだ。それというのも、くだんの人間は、必然の本質と善の本質がどの点でじっさいに異なっているかを、自分でみぬくことも他人に例証することもできないからなのだ」(SG 89–90)。つまり巨獣(世論)の嗜好(意見)はつねに誤っているとはかぎらないが、たまたま真理に合致した意見にいたったとしても、本質的に真理とはなんの関係もない。巨獣の道徳とは処世術の域をでないのである。

(148)　第一部訳註(4)を参照。

(149)　『イリアス』二一書でトロイアの王子リュカオンが「あなたの両膝にすがります。アキレウスよ。わたしを思いやり、憐れんでください。/嘆願者としてここにいるのです、おお、ゼウスの子よ、尊敬にあたいする者よ」と命乞いをする(SG 31 を参照)。

(150)　「フィリピ人への手紙」第二章第六―八節。

(151)　「イストロス河に達するに先立ち、ダレイオスが最初に攻略したのは霊魂の不滅を信じているゲタイ人であった。〔……〕ゲタイ人は無謀にも抵抗したがたちまちにして屈服せしめられた。彼らはトラキア人の中では最も勇敢でかつ正義心の強い部族である」(ヘロドトス『歴史 中』松

平千秋訳、岩波文庫、一九七二年、巻四 九三、五六頁)。

(152) 紫と緋色の衣を着て、宝飾で身を飾り、「神をけがす名に満ち、七つの頭と十本の角をそなえた」獣の背に乗った「大淫婦」はローマ帝国の擬人化とされる(「黙示録」第一七―一八章)。

(153) 「外挿法」とはもともと数学で「補外法」と呼ばれる方式であるが、広義には既知の知識体系を未知の領域に拡大適応して仮説や結論をみちびきだす方法全般をさす。

(154) 「幸いなるかな、肉の大地のために死ぬ者/たとえ正義の戦争にかぎるとしても」で始まる有名な詩集『エヴァ』への言及。シャルル・ペギー(一八七三―一九一四)は若き日にジャン・ジョレスの社会主義に傾倒し、パリ・コミューンを「共和政の神秘」として讃えるが、のちにカトリック信仰に回帰し、その回心体験をうたった『ジャンヌ・ダルクの愛の神秘』を著す。

(155) ヴェルサンジェトリクスを凱旋行進の見世物にし、投獄し、殺したのはカエサルである。第一部訳註(15)を参照。

(156) 第一次大戦が始まると同時に、予備役中尉だった四一歳のペギーは「これを最後の戦争とすべく、共和国の一兵士として」歩兵隊に志願し、動員の一か月後、マルヌ会戦の前日に戦死する。

(157) キリストは弟子たちに「わたしは道であり、真理であり、生命である」と語った(「ヨハネ福音書」第一四章第六節)。

(158) パウロはかつてキリスト教徒を迫害する側だったが、劇的な回心を経験してキリストの使徒となり、ガラテヤの教会にあてた書簡に「わたしはキリストとともに十字架につけられました。

もはやわたしが生きているのではなく、キリストがわたしのうちに生きておられるのです」（「ガラテヤ人への手紙」第二章第一九―二〇節）と記した。

(159)　神殿での礼拝や祭儀への奉仕を中心とする保守的・親ローマ的なサドカイ派とことなり、学者による律法解釈を尊重する進歩的・愛国的なファリサイ派は、イエスの生きた時代にはユダヤ教の指導的立場にあった。福音書ではしばしば厳しい批判の対象となる（「マタイ福音書」第二三章）。他方、ファリサイ派からはローマの税を徴収する売国奴として蔑まれていた収税人だが、イエスはそのひとりマタイを弟子として召しだし、ほかの収税人たちとも食卓をともにした（「マタイ福音書」第九章第九―一〇節）。

(160)　アルビジョワ十字軍の侵攻をうけて壊滅したラングドックの都市文明への言及。第二部訳註(94)(95)(96)(98)(100)を参照。

(161)　一九二〇年から二四年まで政権を担当した保守陣営ブロック・ナショナルは、一九二四年五月の下院選挙で左翼カルテルに敗れた。同年一〇月、フランスはようやくソヴィエト連邦を承認する。

(162)　一九三二年には失業者が六〇〇万人（とくに二〇歳以下の失業者は手当なし）をこえ、七月の総選挙ではナチスの政党が二三〇議席を獲得して第一党となり、翌年一月にはヒトラー内閣が成立する。一九三二年八月、ヴェイユは青年労働者の実態を確かめにベルリンとハンブルクをおとずれ、そのときの見聞を「待機するドイツ」「ドイツの状況」などの時事的な論考に結実させた

(*OCII-1* (Simone Weil, *Œuvres complètes II-1*, Paris, Gallimard, 1988) 120–195)。

(163) 一九三六年五月の選挙では社会党・急進社会党・共産党などの人民戦線派が三七六議席を得て、二二二議席の右翼を圧倒した。この勝利に勢いづけられてゼネストが燎原の火のごとく全国に拡がり、全国で約二〇〇万の労働者がこの運動に参加した。結果的に獲得した各種の成果(第二部訳註(19)を参照)は労働者につかのまの歓びと自信を与えると同時に、ブルジョワジーの心にはながく尾をひく恐怖心を植えつけることになった。前年に工場就労を経験したヴェイユは工場占拠中のかつての同僚をおとずれ、「女子製錬工の生活とストライキ(職場占拠)」などの記事を書いた(*OCII-2* (Simone Weil, *Œuvres complètes II-2*, Paris, Gallimard, 1991) 349–369)。ハンナ・アレントは『人間の条件』(一九五八年)第三章「労働」の註でシモーヌ・ヴェイユの『労働の条件』(Simone Weil, *La condition ouvrière*, 1951)について以下のように記した。「労働の問題にかんする膨大な文献のうちで、問題を偏見と感傷なしに扱った唯一の本だといってもおそらく誇張ではない。彼女は工場における自分の経験を日々述べているその日記のモットーとして、「多くが意志に逆らう、必然が重くのしかかるゆえに」というホメロスの詩行を選んだ。そして、最後には労働と必然から解放されるという希望はマルクス主義の唯一のユートピア的要素であり、同時にマルクス主義に鼓舞された革命的労働運動の真の原動力であると結論づけている。それはマルクスが宗教こそそうであると信じたあの「人民の阿片」である」(ハンナ・アレント『人間の条件』志水速雄訳、ちくま学芸文庫、一九九四年、二二〇頁)。

(164) 原始キリスト教徒と呼ばれるイエスの直弟子やその弟子の世代は、復活したイエス・キリストがまもなく地上に来臨し、同時に世の終わりが到来すると信じていた。共産主義者もマルクスが予言したプロレタリア革命の到来は近いと信じていた。

(165) 祭司長や長老のさしむけた群衆がイエスを捕らえにやってきたとき、弟子たちはみなイエスをおいて逃げさった（「マタイ福音書」第二六章）。第二部訳註(185)を参照。

(166) いわゆる「奇妙な戦争《ドロール・ド・ゲール》」と呼ばれる一年間のこと。宣戦布告はされたもののフランスとドイツのあいだに実際の戦闘行為はほとんどおこなわれなかった。

(167) 乳飲み子のゼウスを育てた山羊のアマルテイアの角には思いのままに果物や飲料をあふれさせる力があったので、「豊饒の角《コルヌ・コピアエ》」と呼ばれた。

(168) 「ヨハネの手紙　第一」第四章第二〇節。

(169) ペタンの国民革命はゆるぎなき位階制と権威主義を是とする伝統的な右翼思想であって、ファシズムに内在する疑似革命的な転覆力も潜勢力もなかった。第二部訳註(40)を参照。

(170) 第二部訳註(40)を参照。

(171) ジャンヌ・ダルクをめぐる歴史的な文書は大別して二種類ある。ひとつは弾劾裁判記録（一四三一年）でフランス語の尋問詳細調書とそのラテン語訳からなる。もうひとつはラテン語で書かれた名誉回復裁判記録（一四五六年）である。一九世紀なかば、両裁判記録はジュール・キシュラの手で「フランス歴史学会叢書」（全五巻）として完全刊行された。

(172)「マタイ福音書」第二三章第三七節。

(173)十字架の道行のあとを嘆きながらついてくる女たちに、イエスは「わたしのことで泣くのではなく、自分自身と自分の子どものために泣きなさい」(「ルカ福音書」第二三章第二八節)といい、十字架上のイエスは自分を迫害する者たちのために「父よ、彼らをお赦しください。彼らはなにをしているのかを知らないのです」と祈った(「ルカ福音書」第二三章第三四節)。

(174)大スキピオ・アフリカヌス(前二三六—一八三)は第二次ポエニ戦争でカルタゴの勇将ハンニバルを破ったローマの将軍。「ポエニ」とはラテン語でフェニキア人を意味する。

(175)アッピアノス『ローマ史』第三書第一部「ポエニ戦争」一二章八四節以降(*Appian's Roman History I*, Loeb Classical Library, London, 1912)を参照。アッピアノスは二世紀前半のアレキサンドリア生まれのギリシア人だが、ローマ市民権を得て、皇帝アントニヌス・ピウス時代に『ローマ史』(全二四巻)をギリシア語で著した。

(176)小スキピオ・アフリカヌス(前一八五—一二九)は大スキピオの子の養子。第三次ポエニ戦争でカルタゴの息の根をとめたローマの将軍。

(177)スタンダールことアンリ・ベイル(一七八三—一八四二)の『赤と黒』の主人公ジュリアン・ソレルは、ナポレオン没落後に復古した反動的な王政期に赤(軍人)か黒(聖職者)によって出世しようとする野心的な若者である。スタンダール自身もナポレオン軍の兵士として従軍した。

(178)第二部訳註(12)を参照。

(179)　警察と公認売春との関係については第二部訳註(49)を参照。

(180)　「名誉がわれらの武勲におもねって、それにいかなる価値を付与しようとも、平和の王のもとに生き、法の聖なる尊厳に従うにまさるはない」(頌歌《オード》「一六二〇年の平和について」)。

(181)　本来は議会で可否を問うて決定すべき事項を、議会の委任にもとづき、政府が発布する政令。戦争勃発直前の一九三九年、議会は第三次ダラディエ内閣に国防にかかわる政令発布を一任した。その翌年、立法権を放棄した議会はペタンに憲法制定権を与え、みずからの権限を放棄した。

(182)　一五世紀に生きたフランス最大の詩人ともいわれるフランソワ・ヴィヨンの『遺言の歌』二二節一七二行の引用。「青春の時代が、おれには名残惜しい、／たれよりもかれよりも青春を楽しんだ、／老いの門口に立った、その日まで、／青春は立ち去る日をおれに隠していた、／青春は歩いて立ち去りはしなかった、／馬ででもない、ああ、どんなふうだったか、／突然、飛び立って、行ってしまった、／なにひとつ、このおれに残すことなく」(『遺言の歌　上』堀越孝一著、小沢書店、一九九九年、二六頁)。

(183)　一八七五年に可決された共和政憲法が一九四〇年七月一〇日の法案によって終焉を迎え、新憲法が制定されてペタンが国家首席に就任した。

(184)　「ロンドンのフランス人」とはド・ゴールを中心にロンドンに集結し、「自由フランス」(一九四二年七月、国内の対独抵抗運動《レジスタンス》との合体を明確にすべく「戦うフランス」に改名)を構成した雑多な政治信条からなる人びとをさす(J＝F・ミュラシオル『フランス・レジスタンス史』福本直之訳、文庫クセジュ、二〇〇八年、一四―二三頁を参照)。

(185) ペテロはイエスの一番弟子との気負いから、弟子たちの離散や裏切りを告げるイエスの言葉にも、ほかの者はいざしらず自分だけはぜったいにイエスを裏切らない、たとえ生命を失うことになってもついていくと自信たっぷりに宣言する。しかしイエスの予言が実現し、心ならずも裏切ってしまったペテロはイエスの言葉を思いだし、「はげしく泣いた」(「マタイ福音書」第二六章)。

根《ね》をもつこと（上）〔全2冊〕
シモーヌ・ヴェイユ著

2010年2月16日　第1刷発行
2023年6月5日　第6刷発行

訳　者　冨原眞弓《とみはらまゆみ》

発行者　坂本政謙

発行所　株式会社 岩波書店
〒101-8002 東京都千代田区一ツ橋2-5-5

案内 03-5210-4000　営業部 03-5210-4111
文庫編集部 03-5210-4051
https://www.iwanami.co.jp/

印刷・三秀舎　カバー・精興社　製本・松岳社

ISBN 978-4-00-336902-9　Printed in Japan

読書子に寄す

―岩波文庫発刊に際して―

岩波茂雄

真理は万人によって求められることを自ら欲し、芸術は万人によって愛されることを自ら望む。かつては民を愚昧ならしめるために学芸が最も狭き堂宇に閉鎖されたことがあった。今や知識と美とを特権階級の独占より奪い返すことはつねに進取的なる民衆の切実なる要求である。岩波文庫はこの要求に応じそれに励まされて生まれた。それは生命ある不朽の書を少数者の書斎と研究室とより解放して街頭にくまなく立たしめ民衆に伍せしめるであろう。近時大量生産予約出版の流行を見る。その広告宣伝の狂態はしばらくおくも、後代にのこすと誇称する全集がその編集に万全の用意をなしたるか。千古の典籍の翻訳企図に敬虔の態度を欠かざりしか。さらに分売を許さず読者を繋縛して数十冊を強うるがごとき、はたしてその揚言する学芸解放のゆえんなりや。吾人は天下の名士の声に和してこれを推挙するに躊躇するものである。このときにあたって、岩波書店は自己の責務のいよいよ重大なるを思い、従来の方針の徹底を期するため、すでに十数年以前より志して来た計画を慎重審議この際断然実行することにした。吾人は範をかのレクラム文庫にとり、古今東西にわたって文芸・哲学・社会科学・自然科学等種類のいかんを問わず、いやしくも万人の必読すべき真に古典的価値ある書をきわめて簡易なる形式において逐次刊行し、あらゆる人間に須要なる生活向上の資料、生活批判の原理を提供せんと欲する。この文庫は予約出版の方法を排したるがゆえに、読者は自己の欲する時に自己の欲する書物を各個に自由に選択することができる。携帯に便にして価格の低きを最主とするがゆえに、外観を顧みざるも内容に至っては厳選最も力を尽くし、従来の岩波出版物の特色をますます発揮せしめようとする。この計画たるや世間の一時の投機的なるものと異なり、永遠の事業として吾人は微力を傾倒し、あらゆる犠牲を忍んで今後永久に継続発展せしめ、もって文庫の使命を遺憾なく果たさしめることを期する。芸術を愛し知識を求むる士の自ら進んでこの挙に参加し、希望と忠言とを寄せられることは吾人の熱望するところである。その性質上経済的には最も困難多きこの事業にあえて当たらんとする吾人の志を諒として、その達成のため世の読書子とのうるわしき共同を期待する。

昭和二年七月

《ドイツ文学》〔赤〕

ニーベルンゲンの歌 全二冊 相良守峯訳
若きウェルテルの悩み ゲーテ 竹山道雄訳
ヴィルヘルム・マイスターの修業時代 全三冊 ゲーテ 山崎章甫訳
イタリア紀行 全三冊 ゲーテ 相良守峯訳
ファウスト 全二冊 ゲーテ 相良守峯訳
ゲーテとの対話 全三冊 エッカーマン 山下肇訳
スペインの太子 ドン・カルロス シルレル 佐藤通次訳
改訳 オルレアンの少女 シルレル 佐藤通次訳
ヒュペーリオン —希臘の世捨人 ヘルデルリーン 渡辺格司訳
青い花 ノヴァーリス 青山隆夫訳
夜の讃歌・サイスの弟子たち 他一篇 ノヴァーリス 今泉文子訳
完訳 グリム童話集 全五冊 金田鬼一訳
黄金の壺 ホフマン 神品芳夫訳
ホフマン短篇集 池内紀編訳
O侯爵夫人 他六篇 クライスト 相良守峯訳
影をなくした男 シャミッソー 池内紀訳

流刑の神々・精霊物語 ハイネ 小沢俊夫訳
冬物語 —ドイツ ハイネ 井汲越次訳
芸術と革命 他四篇 ワーグナア 北村義男訳
ブリギッタ・森の泉 他一篇 シュティフター 宇多五郎 高安国世訳
みずうみ 他四篇 シュトルム 関泰祐訳
村のロメオとユリア ケラー 草間平作訳
沈鐘 ハウプトマン 阿部六郎訳
地霊・パンドラの箱 ルル二部作 F・ヴェデキント 岩淵達治訳
春のめざめ F・ヴェデキント 酒寄進一訳
花・死人に口なし 他七篇 シュニッツラー 番匠谷英一 山本有三訳
ゲオルゲ詩集 手塚富雄訳
リルケ詩集 高安国世訳
ドゥイノの悲歌 リルケ 手塚富雄訳
ブッデンブローク家の人びと 全三冊 トーマス・マン 望月市恵訳
トオマス・マン短篇集 実吉捷郎訳
魔の山 全二冊 トーマス・マン 関泰祐 望月市恵訳
トニオ・クレエゲル トオマス・マン 実吉捷郎訳

ヴェニスに死す トオマス・マン 実吉捷郎訳
車輪の下 ヘルマン・ヘッセ 実吉捷郎訳
青春はうるわし 他三篇 ヘッセ 関泰祐訳
漂泊の魂 クヌルプ ヘルマン・ヘッセ 相良守峯訳
デミアン ヘルマン・ヘッセ 実吉捷郎訳
シッダルタ ヘッセ 手塚富雄訳
ルーマニア日記 カロッサ 高橋健二訳
幼年時代 カロッサ 斎藤栄治訳
指導と信従 カロッサ 国松孝二訳
ジョゼフ・フーシェ —ある政治的人間の肖像 シュテファン・ツワイク 高橋禎二 秋山英夫訳
変身・断食芸人 カフカ 山下肇 山下萬里訳
審判 カフカ 辻瑆訳
カフカ短篇集 池内紀編訳
カフカ寓話集 池内紀編訳
三文オペラ ブレヒト 岩淵達治訳
ドイツ炉辺ばなし集 —カレンダーゲシヒテン ヘーベル 木下康光編訳
悪童物語 ルウドキヒ・トオマ 実吉捷郎訳

ウィーン世紀末文学選　池内紀編訳
ティル・オイレンシュピーゲルの愉快ないたずら　阿部謹也訳
チャンドス卿の手紙 他十篇　ホフマンスタール　檜山哲彦訳
ホフマンスタール詩集　川村二郎訳
インド紀行 全二冊　ボンゼルス　実吉捷郎訳
ドイツ名詩選　生野幸吉・檜山哲彦編
聖なる酔っぱらいの伝説 他四篇　ヨーゼフ・ロート　池内紀訳
ラデツキー行進曲 全二冊　ヨーゼフ・ロート　平田達治訳
暴力批判論 他十篇 —ベンヤミンの仕事1　ベンヤミン　野村修編訳
ボードレール 他五篇 —ベンヤミンの仕事2　ベンヤミン　野村修編訳
パサージュ論 全五冊　ヴァルター・ベンヤミン　今村仁司・三島憲一・大貫敦子・高橋順一・塚原史・細見和之・村岡晋一・山本尤・横張誠・與謝野文子・吉村和明訳
ジャクリーヌと日本人　ヤーコプ　相良守峯訳
ヴォイツェク ダントンの死 レンツ　ビューヒナー　岩淵達治訳
人生処方詩集　エーリヒ・ケストナー　小松太郎訳
第七の十字架 全二冊　アンナ・ゼーガース　山下肇・新村浩訳

《フランス文学》〔赤〕

ラブレー第一之書 ガルガンチュワ物語　渡辺一夫訳
ラブレー第二之書 パンタグリュエル物語　渡辺一夫訳
ラブレー第三之書 パンタグリュエル物語　渡辺一夫訳
ラブレー第四之書 パンタグリュエル物語　渡辺一夫訳
ラブレー第五之書 パンタグリュエル物語　渡辺一夫訳
ピエール・パトラン先生　渡辺一夫訳
ロンサール詩集　ロンサール　井上究一郎訳
エセー 全六冊　モンテーニュ　原二郎訳
ラ・ロシュフコー箴言集　二宮フサ訳
ブリタニキュス ベレニス　ラシーヌ　渡辺守章訳
ドン・ジュアン —石像の宴　モリエール　鈴木力衛訳
いやいやながら医者にされ　モリエール　鈴木力衛訳
守銭奴　モリエール　鈴木力衛訳
完訳 ペロー童話集　新倉朗子訳
ラ・フォンテーヌ寓話 全二冊　ラ・フォンテーヌ　今野一雄訳
カンディード 他五篇　ヴォルテール　植田祐次訳

ルイ十四世の世紀 全四冊　ヴォルテール　丸山熊雄訳
美味礼讃 全二冊　ブリアーサヴァラン　関根秀雄・戸部松実訳
アドルフ　コンスタン　大塚幸男訳
近代人の自由と古代人の自由・征服の精神と簒奪 他一篇　コンスタン　堤林剣・堤林恵訳
恋愛論 全二冊　スタンダール　杉本圭子訳
赤と黒 全二冊　スタンダール　桑原武夫・生島遼一訳
ゴプセック・毬打つ猫の店　バルザック　芳川泰久訳
艶笑滑稽譚 全三冊　バルザック　石井晴一訳
レ・ミゼラブル 全四冊　ユーゴー　豊島与志雄訳
ライン河幻想紀行　ユーゴー　榊原晃三編訳
ノートル＝ダム・ド・パリ 全二冊　ユーゴー　辻昶・松下和則訳
モンテ・クリスト伯 全七冊　アレクサンドル・デュマ　山内義雄訳
三銃士 全二冊　デュマ　生島遼一訳
エトルリヤの壺 他五篇　メリメ　杉捷夫訳
カルメン　メリメ　杉捷夫訳
愛の妖精（プチット・ファデット）　ジョルジュ・サンド　宮崎嶺雄訳
ボードレール 悪の華　鈴木信太郎訳

ボヴァリー夫人 全二冊　フローベール　伊吹武彦訳
感情教育 全二冊　フローベール　生島遼一訳
紋切型辞典　フローベール　小倉孝誠訳
サラムボー 全二冊　フローベール　中條屋進訳
未来のイヴ 全二冊　ヴィリエ・ド・リラダン　渡辺一夫訳
風車小屋だより　ドーデー　桜田佐訳
サフォ パリ風俗　ドーデー　朝倉季雄訳
プチ・ショーズ —ある少年の物語　ドーデー　原千代海訳
少年少女　アナトール・フランス　三好達治訳
テレーズ・ラカン 全二冊　エミール・ゾラ　小林正訳
ジェルミナール 全三冊　エミール・ゾラ　安士正夫訳
獣人 全二冊　エミール・ゾラ　川口篤訳
氷島の漁夫　ピエール・ロチ　吉氷清訳
マラルメ詩集　渡辺守章訳
脂肪のかたまり　モーパッサン　高山鉄男訳
メゾンテリエ 他三篇　モーパッサン　河盛好蔵訳
モーパッサン短篇選　高山鉄男編訳

わたしたちの心　モーパッサン　笠間直穂子訳
地獄の季節　ランボオ　小林秀雄訳
対訳 ランボー詩集 —フランス詩人選(1)　中地義和編
にんじん　ルナアル　岸田国士訳
ぶどう畑のぶどう作り　ルナアル　岸田国士訳
ジャン・クリストフ 全四冊　ロマン・ローラン　豊島与志雄訳
トルストイの生涯　ロマン・ロラン　蛯原徳夫訳
ベートーヴェンの生涯　ロマン・ロラン　片山敏彦訳
フランシス・ジャム詩集　手塚伸一訳
三人の乙女たち　フランシス・ジャム　手塚伸一訳
狭き門　アンドレ・ジイド　川口篤訳
法王庁の抜け穴　アンドレ・ジイド　石川淳訳
精神の危機 他十五篇　ポール・ヴァレリー　恒川邦夫訳
ドガ ダンス デッサン　ポール・ヴァレリー　塚本昌則訳
シラノ・ド・ベルジュラック　ロスタン　辰野隆・鈴木信太郎訳
地底旅行　ジュール・ヴェルヌ　朝比奈弘治訳
八十日間世界一周　ジュール・ヴェルヌ　鈴木啓二訳

海底二万里 全二冊　ジュール・ヴェルヌ　朝比奈美知子訳
死霊の恋・ポンペイ夜話 他三篇　ゴーチエ　田辺貞之助訳
火の娘たち　ネルヴァル　野崎歓訳
パリの夜 —革命下の民衆　レチフ・ド・ラ・ブルトンヌ　植田祐次編訳
牝猫（めすねこ）　コレット　工藤庸子訳
シェリ　コレット　工藤庸子訳
シェリの最後　コレット　工藤庸子訳
生きている過去　レニエ　窪田般彌訳
ノディエ幻想短篇集　篠田知和基編訳
フランス短篇傑作選　山田稔編訳
シュルレアリスム宣言・溶ける魚　アンドレ・ブルトン　巖谷國士訳
ナジャ　アンドレ・ブルトン　巖谷國士訳
ジュスチーヌまたは美徳の不幸　サド　植田祐次訳
とどめの一撃　ユルスナール　岩崎力訳
フランス名詩選　安藤元雄・入沢康夫・渋沢孝輔編
繻子の靴 全二冊　ポール・クローデル　渡辺守章訳
A・O・バルナブース全集 全二冊　ヴァレリー・ラルボー　岩崎力訳

心変わり　ミシェル・ビュトール　清水徹訳

悪魔祓い　ル・クレジオ　高山鉄男訳

楽しみと日々　プルースト　岩崎力訳

失われた時を求めて　全十四冊　プルースト　吉川一義訳

子ども　全二冊　ジュール・ヴァレス　朝比奈弘治訳

シルトの岸辺　ジュリアン・グラック　安藤元雄訳

星の王子さま　サン＝テグジュペリ　内藤濯訳

プレヴェール詩集　小笠原豊樹訳

ペスト　カミュ　三野博司訳

《別冊》

増補 フランス文学案内　渡辺一夫　鈴木力衛

増補 ドイツ文学案内　手塚富雄　神品芳夫

ことばの花束 —岩波文庫の名句365—　岩波文庫編集部編

ことばの贈物 —岩波文庫の名句365—　岩波文庫編集部編

愛のことば —岩波文庫から—　岩波文庫編集部編

世界文学のすすめ　大岡信　奥本大三郎　川村二郎　小池滋　沼野充義編

近代日本文学のすすめ　大岡信　加賀乙彦　菅野昭正　曾根博義　十川信介編

近代日本思想案内　鹿野政直

近代日本文学案内　十川信介

ポケットアンソロジー この愛のゆくえ　中村邦生編

スペイン文学案内　佐竹謙一

一日一文 英知のことば　木田元編

声でたのしむ 美しい日本の詩　大岡信　谷川俊太郎編

《東洋文学》〔赤〕

楚辞　小南一郎訳注
杜甫詩選　黒川洋一編
李白詩選　松浦友久編訳
唐詩選　全三冊　前野直彬注解
完訳 三国志　全八冊　小川環樹・金田純一郎訳
西遊記　全十冊　中野美代子訳
菜根譚　洪自誠／今井宇三郎訳注
浮生六記 —浮生夢のごとし—　沈復／松枝茂夫訳
阿Q正伝・狂人日記 他十二篇（吶喊）　魯迅／竹内好訳
魯迅評論集　竹内好編訳
家　全二冊　巴金／飯塚朗訳
新編 中国名詩選　全三冊　川合康三編訳
遊仙窟　張文成／今村与志雄訳
唐宋伝奇集　全二冊　今村与志雄訳
聊斎志異　全二冊　蒲松齢／立間祥介編訳
白楽天詩選　全二冊　川合康三訳注
文選　全六冊　川合康三・富永一登・釜谷武志・和田英信・浅見洋二・緑川英樹訳注
曹操・曹丕・曹植詩文選　川合康三編訳
ケサル王物語 —チベットの英雄叙事詩　アレクサンドラ・ダヴィッド＝ネール、アプル・ユンテン／富樫瓔子訳
バガヴァッド・ギーター　上村勝彦訳
朝鮮民謡選　金素雲訳編
尹東柱詩集 空と風と星と詩　金時鐘編訳
アイヌ神謡集　知里幸惠編訳
アイヌ民譚集 付 えぞおばけ列伝　知里真志保編訳

《ギリシア・ラテン文学》〔赤〕

ホメロス イリアス　全二冊　松平千秋訳
ホメロス オデュッセイア　全二冊　松平千秋訳
イソップ寓話集　中務哲郎訳
アイスキュロス アガメムノーン　久保正彰訳
アイスキュロス 縛られたプロメーテウス　呉茂一訳
アンティゴネー　ソポクレース／中務哲郎訳
ソポクレス オイディプス王　藤沢令夫訳
ソポクレス コロノスのオイディプス　高津春繁訳
バッカイ —バッコスに憑かれた女たち　エウリーピデース／逸身喜一郎訳
ヘシオドス 神統記　廣川洋一訳
ヘーシオドス 仕事と日　松平千秋訳
女の議会　アリストパネース／村川堅太郎訳
アポロドーロス ギリシア神話　高津春繁訳
ギリシア・ローマ抒情詩選 —花冠　呉茂一訳
黄金の驢馬　アープレーイユス／呉茂一・国原吉之助訳
オウィディウス 変身物語　全二冊　中村善也訳
ギリシア・ローマ神話 付 インド・北欧神話　ブルフィンチ／野上弥生子訳
ギリシア・ローマ名言集　柳沼重剛編
ローマ諷刺詩集　ペルシウス、ユウェナーリス／国原吉之助訳

《南北ヨーロッパ他文学》〔赤〕

ダンテ 新生 山川丙三郎訳
珈琲店・恋人たち ゴルドーニ 平川祐弘訳
夢のなかの夢 タブッキ 和田忠彦訳
カヴァレリーア・ルスティカーナ 他十一篇 G・ヴェルガ 河島英昭訳
カルヴィーノ イタリア民話集 全二冊 河島英昭編訳
むずかしい愛 カルヴィーノ 和田忠彦訳
パロマー カルヴィーノ 和田忠彦訳
カルヴィーノ アメリカ講義 —新たな千年紀のための六つのメモ 米川良夫 和田忠彦訳
まっぷたつの子爵 カルヴィーノ 河島英昭訳
魔法の庭・空を見上げる部族 他十四篇 カルヴィーノ 和田忠彦訳
ペトラルカ ルネサンス書簡集 近藤恒一編訳
ペトラルカ 無知について 近藤恒一訳
美しい夏 パヴェーゼ 河島英昭訳
流刑 パヴェーゼ 河島英昭訳
祭の夜 パヴェーゼ 河島英昭訳
月と篝火 パヴェーゼ 河島英昭訳

休戦 プリーモ・レーヴィ 竹山博英訳
ウンベルト・エーコ 小説の森散策 和田忠彦訳
バウドリーノ 全二冊 ウンベルト・エーコ 堤康徳訳
タタール人の砂漠 ブッツァーティ 脇功訳
七人の使者・神を見た犬 他十三篇 ブッツァーティ 脇功訳
ラサリーリョ・デ・トルメスの生涯 会田由訳
ドン・キホーテ 前篇 全三冊 セルバンテス 牛島信明訳
ドン・キホーテ 後篇 全三冊 セルバンテス 牛島信明訳
娘たちの空返事 他一篇 モラティン 佐竹謙一訳
プラテーロとわたし J・R・ヒメーネス 長南実訳
オルメードの騎士 ロペ・デ・ベガ 長南実訳
セビーリャの色事師と石の招客 他一篇 ティルソ・デ・モリーナ 佐竹謙一訳
ティラン・ロ・ブラン 全四冊 J・マルトゥレイ M・J・ダ・ガルバ 田澤耕訳
ダイヤモンド広場 マルセー・ルドゥレダ 田澤耕訳
完訳 アンデルセン童話集 全七冊 大畑末吉訳
即興詩人 全二冊 アンデルセン 大畑末吉訳
アンデルセン自伝 大畑末吉訳

ここに薔薇ありせば 他五篇 ヤコブセン 矢崎源九郎訳
フィンランド叙事詩 カレワラ 全二冊 リョンロット編 小泉保訳
王の没落 イェンセン 長島要一訳
イプセン 人形の家 原千代海訳
イプセン 野鴨 原千代海訳
令嬢ユリェ ストリントベルク 茅野蕭々訳
ポルトガリヤの皇帝さん ラーゲルレーヴ イシガオサム訳
アミエルの日記 全四冊 河野与一訳
クオ・ワディス 全三冊 シェンキェーヴィチ 木村彰一訳
山椒魚戦争 カレル・チャペック 栗栖継訳
ロボット (R・U・R) チャペック 千野栄一訳
白い病 カレル・チャペック 阿部賢一訳
灰とダイヤモンド 全二冊 アンジェイェフスキ 川上洸訳
牛乳屋テヴィエ ショレム・アレイヘム 西成彦訳
完訳 千一夜物語 全十三冊 豊島与志雄 渡辺一夫 佐藤正彰 岡部正孝訳
ルバイヤート オマル・ハイヤーム 小川亮作訳
ゴレスターン サアディー 沢英三訳

アブー・ヌワース アラブ飲酒詩選　塙 治夫編訳
王書 —古代ペルシャの神話・伝説　フェルドウスィー 岡田恵美子訳
中世騎士物語　ブルフィンチ 野上弥生子訳
コルタサル短篇集 悪魔の涎・追い求める男 他八篇　木村榮一訳
遊戯の終わり　コルタサル 木村榮一訳
秘密の武器　コルタサル 木村榮一訳
ペドロ・パラモ　ファン・ルルフォ 杉山晃 増田義郎訳
燃える平原　ファン・ルルフォ 杉山晃訳
伝奇集　J.L.ボルヘス 鼓直訳
創造者　J.L.ボルヘス 鼓直訳
続審問　J.L.ボルヘス 中村健二訳
七つの夜　J.L.ボルヘス 野谷文昭訳
詩という仕事について　J.L.ボルヘス 鼓直訳
汚辱の世界史　J.L.ボルヘス 中村健二訳
ブロディーの報告書　J.L.ボルヘス 鼓直訳
アレフ　J.L.ボルヘス 鼓直訳
語るボルヘス —書物・不死性・時間ほか　J.L.ボルヘス 木村榮一訳

20世紀ラテンアメリカ短篇選　野谷文昭編訳
フエンテス短篇集 アウラ・純な魂 他四篇　木村榮一訳
アルテミオ・クルスの死　フエンテス 木村榮一訳
グアテマラ伝説集　M.A.アストゥリアス 牛島信明訳
緑の家 全二冊　バルガス＝リョサ 木村榮一訳
密林の語り部　バルガス＝リョサ 西村英一郎訳
ラ・カテドラルでの対話　バルガス＝リョサ 旦敬介訳
弓と竪琴　オクタビオ・パス 牛島信明訳
失われた足跡　カルペンティエル 牛島信明訳
ラテンアメリカ民話集　三原幸久編訳
やし酒飲み　エイモス・チュツオーラ 土屋哲訳
薬草まじない　エイモス・チュツオーラ 土屋哲訳
マイケル・K　J.M.クッツェー くぼたのぞみ訳
ミゲル・ストリート　V.S.ナイポール 小沢自然 小野正嗣訳
キリストはエボリで止まった　カルロ・レーヴィ 竹山博英訳
クァジーモド全詩集　河島英昭訳
ウンガレッティ全詩集　河島英昭訳

クオーレ　デ・アミーチス 和田忠彦訳
ゼーノの意識 全二冊　ズヴェーヴォ 堤康徳訳
冗談　ミラン・クンデラ 西永良成訳
小説の技法　ミラン・クンデラ 西永良成訳
世界イディッシュ短篇選　西成彦編訳

《ロシア文学》〔赤〕

- オネーギン　プーシキン　池田健太郎訳
- スペードの女王・ベールキン物語　プーシキン　神西清訳
- 外套・鼻　ゴーゴリ　平井肇訳
- 日本渡航記 —フレガート「パルラダ」号より　ゴンチャロフ　井上満訳
- ルージン　ツルゲーネフ　中村融訳
- 貧しき人々　ドストイエフスキイ　原久一郎訳
- 二重人格　ドストエフスキー　小沼文彦訳
- 罪と罰　全三冊　ドストエフスキー　江川卓訳
- 白痴　全二冊　ドストエーフスキイ　米川正夫訳
- カラマーゾフの兄弟　全四冊　ドストエーフスキイ　米川正夫訳
- アンナ・カレーニナ　全三冊　トルストイ　中村融訳
- 幼年時代　トルストイ　藤沼貴訳
- 戦争と平和　全六冊　トルストイ　藤沼貴訳
- トルストイ民話集 人はなんで生きるか　他四篇　中村白葉訳
- トルストイ民話集 イワンのばか　他八篇　中村白葉訳
- イワン・イリッチの死　トルストイ　米川正夫訳
- 復活　全二冊　トルストイ　藤沼貴訳
- 人生論　トルストイ　中村融訳
- かもめ　チェーホフ　浦雅春訳
- ワーニャおじさん　チェーホフ　小野理子訳
- 桜の園　チェーホフ　小野理子訳
- チェーホフ 妻への手紙　全二冊　湯浅芳子訳
- ゴーリキー短篇集　上田進・横田瑞穂訳編
- どん底　ゴーリキイ　中村白葉訳
- かくれんぼ・毒の園　他五篇　ソログープ　中山省三郎・昇曙夢訳
- アファナーシエフ ロシア民話集　全二冊　中村喜和編訳
- われら　ザミャーチン　川端香男里訳
- 悪魔物語・運命の卵　ブルガーコフ　水野忠夫訳
- 巨匠とマルガリータ　全二冊　ブルガーコフ　水野忠夫訳

《東洋思想》〔青〕

- 易経 全二冊 — 高田真治・後藤基巳訳
- 論語 — 金谷治訳注
- 孔子家語 — 藤原正校訳
- 孟子 全二冊 — 小林勝人訳注
- 老子 — 蜂屋邦夫訳注
- 荘子 全四冊 — 金谷治訳注
- 新訂 孫子 — 金谷治訳注
- 荀子 全二冊 — 金谷治訳注
- 韓非子 全四冊 — 金谷治訳注
- 史記列伝 全五冊 — 司馬遷／小川環樹・今鷹真・福島吉彦訳
- 春秋左氏伝 全三冊 — 小倉芳彦訳
- 塩鉄論 — 曾我部静雄訳註
- 千字文 — 小川環樹・木田章義注解
- 大学・中庸 — 金谷治訳注
- 仁学 —清末の社会変革論 — 譚嗣同／西順蔵・坂元ひろ子訳注
- 章炳麟集 —清末の民族革命思想 — 西順蔵・近藤邦康編訳
- 梁啓超文集 — 岡本隆司・石川禎浩・高嶋航編訳
- マヌの法典 — 田辺繁子訳
- ガンディー獄中からの手紙 — 森本達雄訳
- ウパデーシャ・サーハスリー —真実の自己の探求 — シャンカラ／前田専学訳

《仏教》〔青〕

- ブッダのことば —スッタニパータ — 中村元訳
- ブッダの真理のことば・感興のことば — 中村元訳
- 般若心経・金剛般若経 — 中村元・紀野一義訳註
- 法華経 全三冊 — 坂本幸男・岩本裕訳注
- 日蓮文集 — 兜木正亨校注
- 浄土三部経 全二冊 — 中村元・早島鏡正・紀野一義訳註
- 大乗起信論 — 宇井伯寿・高崎直道訳注
- 臨済録 — 入矢義高訳注
- 碧巌録 全三冊 — 入矢義高・溝口雄三・末木文美士・伊藤文生訳注
- 無門関 — 西村恵信訳注
- 法華義疏 全二冊 — 聖徳太子／花山信勝校訳
- 往生要集 全二冊 — 源信／石田瑞麿訳注
- 教行信証 — 親鸞／金子大栄校訂
- 歎異抄 — 金子大栄校注
- 正法眼蔵 全四冊 — 道元／水野弥穂子校注
- 正法眼蔵随聞記 — 懐奘編／和辻哲郎校訂
- 道元禅師清規 — 大久保道舟訳注
- 一遍上人語録 —付 播州法語集 — 大橋俊雄校注
- 一遍聖絵 — 聖戒編／大橋俊雄校注
- 南無阿弥陀仏 —付 心偈 — 柳宗悦
- 蓮如文集 — 蓮如／笠原一男校注
- 蓮如上人御一代聞書 — 稲葉昌丸校訂
- 日本的霊性 — 鈴木大拙／篠田英雄校訂
- 新編 東洋的な見方 — 鈴木大拙／上田閑照編
- 禅堂生活 — 鈴木大拙／横川顕正訳
- 大乗仏教概論 — 鈴木大拙／佐々木閑訳
- 浄土系思想論 — 鈴木大拙
- 神秘主義 キリスト教と仏教 — 鈴木大拙／坂東性純・清水守拙訳
- 禅の思想 — 鈴木大拙

ブッダ最後の旅 —大パリニッバーナ経　中村元訳
仏弟子の告白 —テーラガーター　中村元訳
尼僧の告白 —テーリーガーター　中村元訳
ブッダ神々との対話 —サンユッタ・ニカーヤI　中村元訳
ブッダ悪魔との対話 —サンユッタ・ニカーヤII　中村元訳
禅林句集　足立大進校注
ブッダが説いたこと　ワールポラ・ラーフラ　今枝由郎訳
ブータンの瘋狂聖 ドゥクパ・クンレー伝　ゲンドゥン・リンチェン編　今枝由郎訳
梵文和訳 華厳経入法界品　梶山雄一　丹治昭義　津田真一　田村智淳　桂紹隆　訳注

《音楽・美術》〔青〕

ベートーヴェンの生涯　ロマン・ロラン　片山敏彦訳
音楽と音楽家　シューマン　吉田秀和訳
モーツァルトの手紙 —その生涯のロマン 全二冊　柴田治三郎編訳
レオナルド・ダ・ヴィンチの手記 全二冊　杉浦明平訳
ゴッホの手紙 全三冊　硲伊之助訳
ロダンの言葉抄　高村光太郎訳　高田博厚　菊池一雄　編
ビゴー日本素描集　清水勲編
ワーグマン日本素描集　清水勲編
河鍋暁斎戯画集　山口静一　及川茂　編
葛飾北斎伝　飯島虚心　鈴木重三校注
ヨーロッパのキリスト教美術 —十二世紀から十八世紀まで 全二冊　エミール・マール　柳宗玄　荒木成子　訳
近代日本漫画百選　清水勲編
ドーミエ諷刺画の世界　喜安朗編
デューラー自伝と書簡　前川誠郎訳
蛇儀礼　ヴァールブルク　三島憲一訳
セザンヌ　ガスケ　與謝野文子訳
迷宮としての世界 —マニエリスム美術 全二冊　グスタフ・ルネ・ホッケ　種村季弘　矢川澄子　訳
日本洋画の曙光　平福百穂
映画とは何か 全二冊　アンドレ・バザン　野崎歓　大原宣久　谷本道昭　訳
漫画 坊っちゃん　近藤浩一路
漫画 吾輩は猫である　近藤浩一路
ロバート・キャパ写真集　ICPロバート・キャパ・アーカイブ編
北斎 富嶽三十六景　日野原健司編
日本漫画史 —鳥獣戯画から岡本一平まで　細木原青起
世紀末ウィーン文化評論集　ヘルマン・バール　西村雅樹編訳
ゴヤの手紙 全二冊　大高保二郎　松原典子　編訳
丹下健三建築論集　豊川斎赫編
丹下健三都市論集　豊川斎赫編

岩波文庫の最新刊

三木 清著
構想力の論理 第一
パトスとロゴスの統一を試みるも未完に終わった、三木清の主著。〈第一〉には、「神話」「制度」「技術」を収録。注解＝藤田正勝。（全二冊）
〔青一四九‐二〕 定価一〇七八円

ジュリアン・グリーン作／石井洋二郎訳
モ イ ラ
極度に潔癖で信仰深い赤毛の美少年ジョゼフが、運命の少女モイラに魅入られ……。一九二〇年のヴァージニアを舞台に、端正な文章で綴られたグリーンの代表作。
〔赤N五二〇‐一〕 定価一二七六円

バジョット著／遠山隆淑訳
イギリス国制論（下）
イギリスの議会政治の動きを分析した古典的名著。下巻では、政権交代や議院内閣制の成立条件について考察を進めていく。第二版の序文を収録。（全二冊）
〔白一二二‐三〕 定価一一五五円

大泉黒石著
俺の自叙伝
ロシア人を父に持ち、虚言の作家と貶められた大正期のコスモポリタン作家、大泉黒石。その生誕からデビューまでの数奇な半生を綴った代表作。解説＝四方田犬彦。
〔緑二二九‐一〕 定価一一五五円

……今月の重版再開……

川合康三選訳
李商隠詩選
定価一一〇〇円
〔赤四二‐一〕

鈴木範久編
新渡戸稲造論集
定価一一五五円
〔青一一八‐二〕